閱讀力

The Power
of
Reading

聶震寧——著

【導讀】

二〇一六年初，我忽然做了一個決定，要把對社會閱讀問題的研究重點轉移到閱讀力研究上。而在此之前的十年裡，我只是在提高國民閱讀率、改善國民閱讀狀況方面做些努力，為此寫下過數十萬字的文稿，結集成《捨不得讀完的書》出版。

現在，促使我把注意力轉移到閱讀力研究上，因素是多方面的，其中一個重要因素就是在媒體上獲知中美大學生閱讀狀況的比較現狀後，對我有特別大的觸動。

二〇一六年初，媒體披露，有專業機構對中美兩國著名大學學生做了「二〇一五年全年學生借閱圖書情況」的調查，公布出來的調查情況是：美國排名前十的大學的圖書館學生借閱量排在前四位的是柏拉圖的《理想國》、湯瑪斯．霍布斯的《利維坦》、尼可洛．馬基維利的《君主論》和撒母耳．亨廷頓的《文明的衝突》；中國排名前十的大學的圖書館學生借閱量最高的依次是《平凡的世界》、《三體》、《盜墓筆記》、《天龍八部》、《明朝那些事兒》。

我感覺到這一調查結果頗具意味，於是在多次演講中加以引用，而且，每次引用都會引發現場笑聲，甚至在大學中演講，同樣引發笑聲。事後我就尋思，原本是想透過這種比較，讓我們的讀者們，特別是大學生讀者們感到汗顏，感到恥辱，然後知恥而後勇，奮起閱讀那些更為厚重的人文著作。可是，效果並不如我所預期的那樣，那些笑聲內涵其實還是有些複雜的。這是為什麼呢？

看來，我們只用一種高蹈的歐美學術標準來衡量我們的閱讀實踐，並不能說明全部問題。一個民族的閱讀文化，自然還會有民族的閱讀性格、審美特點和思維方式需要予以理解。但是，無論如何，這當中還是存在著閱讀力高下強弱的問題。這也就是閱讀界專業人士經常提出的「為什麼讀」、「讀什麼」和「怎麼讀」的問題，這些問題幾乎是閱讀學永恆的問題，有如哲學上「你是誰」、「從哪裡來」和「到哪裡去」的永遠追問。

其實，閱讀力問題應當被看成是人類閱讀研究的起點和歸宿。我既然有興趣涉足於閱讀學，那麼，就應當在閱讀力問題的研究上多下一些工夫。

二〇一六年初，還有一件關於閱讀的事情觸動我轉向閱讀力研究。當時我在中國南方一所省級重點大學與大學生們座談讀書生活。在提問階段，一位女同學提問道：「我是中文系的學生。但我很想讀哲學書，可是總是讀不懂，請問老師怎麼辦？」

我告訴她，閱讀要循序漸進，要弄懂一些基本概念，要找這方面的老師請教，在老師的指導下去閱讀一兩本哲學入門書籍。接著，我又說，提高閱讀力需要長期的訓練，提高閱讀力需要更多的閱讀。我的回答沒有引起同學們的掌聲。會場上較為靜寂，尷尬的靜寂。我意識到我的回答很難令大家特別是那位女同學滿意。而當時我的回答只能是這個水準，因為那時我在閱讀問題上的興趣還停留在鼓動更多的人來讀書上，而這位同學和在場的更多同學卻希望我能告訴他們如何才能提高閱讀力。

瞭解到大學生們對於提高閱讀力的強烈需求，我啟動了閱讀力的研究之旅。大學生如此急迫地提出閱讀力問題，可見他們已經深感自己在這方面的不足。照說，一個人進入大學學習階段，應當具備了比較好的閱讀能力。可是，很長時間以來，大學生在成為大學生之前，深陷應試教育的泥淖，而我們的應試教育又嚴重地脫離閱讀能力的培養，這就使得他們到了大學之後才開始關注閱讀力的養成。

我們知道，歐美發達國家的國民教育早就比較普遍地提倡「席明納」（Seminar，即「研討班」）教學方法，這是一種起源於德國並廣泛應用於歐美學校教育的教學模式，強調以學生為主體，培養學生的綜合能力，尤其在大學教學中廣泛運用。採用「席明納」教學方法，往往是以學生大量的閱讀為基礎。而我們的中小學教育正好並不以學生的閱讀做為基礎，而似乎是以知識點的掌握和應試能力做為基礎。這就是說，我們的中小學生，從一開始上學起，就基本上要告別大量的自主閱讀。

近些年來，在國家推廣全民閱讀的形勢下，校園閱讀也漸次推廣起來，可是，在教學與閱讀脫節的教育體制下，我們的校園閱讀也不會迅速得到很大改觀。美國有一位對中小學生閱讀有專門研究的專家到中國華東某省省會城市考察，指出那裡的小學生閱讀明顯滯後，其中突出的例證是，一年級中國兒童每年的閱讀量大概是四千九百字，還不到美國兒童閱讀量的六分之一；許多小學三年級以上的學生，主要在閱讀動漫書、繪本書，而這應當是三年級以前學生的主要讀物。其實，何止是小學高年級學生主要在閱讀動漫，現在就是中學生、大學生也都在輕輕鬆鬆的讀動漫。很顯然，這就是閱讀力弱化的問題。

事實上，關於閱讀力問題，已經引起人們越來越廣泛的關注，這是在提倡全民閱讀的背景下，一個順理成章的結果。二〇一六年，我以《如何提高閱讀力》為題全年發表過十多場演講，我發現，較之於過去演講關於閱讀的其他問題，聽眾明顯注意力更為集中。我明白，這是因為許多人急於想掌握提高閱讀力的方法。就像平常我們見到過的那種實務性演講，有需求者總是特別關注，因為舉凡屬於方法一類的知識，必須切實學習才行。

然而，提高閱讀力，卻不只是傳授一些方法就可以做到的。不可想像，一個過去不愛讀書、較少讀書或者讀書較少有心得的人，只要把一些方法傳授給他，就能使得他迅速成長為有志於進行終身閱讀的飽讀之士？一個閱讀者，對於閱讀的歷史、閱讀的內涵及其文化意義有了比較正確的認識，在此基礎上，又能掌握閱讀的科學方法，其閱讀力才可能得到較大提高。

閱讀力，其實就是學習力、思想力、創新力的一部分，一個人是如此，一個社會更是如此。為此，本書主題雖然是談閱讀力，卻要從人類閱讀的歷史講起。人類閱讀歷史的變遷，無疑也是人類閱讀力發展變化的重要軌跡。

【目次】

一 無始無終的閱讀史

587
FEDERAL SUPPLEMENT
656
FEDERAL SUPPLEMENT
657
FEDERAL SUPPLEMENT
658
FEDERAL SUPPLEMENT
659
FEDERAL SUPPLEMENT
660
FEDERAL SUPPLEMENT
661
644
645
FEDERAL SUPPLEMENT
673
674
675
676
677

一 無始無終的閱讀史

在中國，閱讀史方面的書籍出版不多，書業推廣也很少用力。有人認為，原因是此類書比較專業，屬於小眾需求。這種看法有一定的道理。不過，我認為有一個原因不能不被提及，那就是，在我們過去的國民教育體系中，幾乎不曾開設過閱讀課程，小學沒有，中學沒有，大學也沒有，閱讀學方面的知識只是在一些相關課程中捎帶傳授，一個沒有開設過系統課程的專業知識，其專業書籍受重視程度往往就會大為降低，因此，閱讀學方面的書籍在中國一直出版得比較少。

至於閱讀史方面的書籍，所能見到的則少之又少——當然，做為一種專業性相對比較強的書籍，閱讀史方面的書籍並不需要有多少種類，我們只是希望，種類可以不多，但讀者不要太少。

近幾年我讀過的閱讀史方面的著作，感覺收穫比較大的是加拿大阿爾維托．曼古埃爾的《閱讀史》和紐西蘭史蒂文．羅傑．費希爾的《閱讀的歷史》；前一本的作者是一位加拿大作家，這本書趣味性比較濃一些，在書中能夠讓我們感受到人類歷史上似乎比較真實的閱讀生活場景，讓我們讀到一些世界性大作家的故事，比較親切；後一本的作者是一位紐西蘭文化學者，書的學術氣息比較濃厚，條分縷析，易於理解記憶。

儘管這兩本書有許多不同（當然會有許多不同，要不然商務印書館怎麼會出版曼古埃爾的《閱讀史》之後不久，又出版費希爾的《閱讀的歷史》，因為它們基本不重複），但是，有一點卻是相同的，那就是，談到閱讀，他們都充滿了熱情。

費希爾的《閱讀的歷史》是一本學術性的著作，可是開篇就熱情四射，他寫道：「世間最神奇的事莫過於閱讀。」接著，又寫道：「古往今來，不論長幼，誰都無法否認它的重要性……對我們大多數人來說，它永遠是文明之聲……」

曼古埃爾的《閱讀史》扉頁則引用了法國十九世紀著名作家福樓拜的一句名言：「閱讀是為了活著。」大師箴言，啟人心智。

在閱讀成為當今社會熱詞的情形下，幾乎所有學校都把閱讀當作隨時要提及，甚至規定的內容，甚至幾乎所有稍微正規一些的機構、企業、社團組織乃至社會活動中，也都言必稱要推廣閱讀。一方面這是令人欣慰的，這是社會閱讀自覺性空前加強的展現；另一方面，又覺得這樣簡單化地重複下去，把閱讀說成了象徵性語言，說著說著就俗了、淺了、傻了。

為了在社會熱潮中不被失去自我，為了提高閱讀的自覺性和自主性，提高閱讀力，我們不妨多瞭解一些人類閱讀史方面的知識。這也是值得重視的人文閱讀，與人類文化史、文明發展史、精神發展史相關，可以開闊視野，增長知識，其中不少知識還不無趣味——這是一句誠實話，我們不妨想想，有多少人留意過人類閱讀的前世今生，又有多少人瞭解過人類文明發展與閱讀關係密切到何等程度，人類的閱讀從什麼時候開始？

事實上，人類的閱讀無始無終，在我們這個星球，人類自從成長為人類，就開始有了自覺的閱讀；而人的生命一旦誕生，閱讀就已與生俱來，正可謂人類的閱讀無始無終。

1、閱讀先於文字

我並沒有在這裡整理閱讀史的打算。我只是希望透過閱讀史的一些知識，讓讀者們對於人類的閱讀發生、變遷和發展增添一點知識，從而拓寬自己對閱讀的理解和想像。

閱讀是人類最主要的認知過程，是人類最重要的獲取資訊知識的方法。閱讀把人類廣泛地聯繫起來——無論是上下數千年甚至更為久遠，無論是縱橫幾萬里乃至浩瀚的星空——閱讀在這當中發揮著不可或缺的作用。

有人說自從有了文字就有了閱讀，其實不準確，應當說，自從有了人類就有了閱讀。農民閱讀土地和莊稼，牧民閱讀草原和羊群，漁夫閱讀河海和魚汛，星相家閱讀浩瀚星空，尋寶人閱讀山丘溝壑，大自然閱讀生態萬物。一塊石頭，賭石人閱讀含玉的蛛絲馬跡，地質學家閱讀礦脈，園藝家閱讀造型之美。人與人，有情人閱讀對方的表情，以便準確做出下一步的情感行為，父母閱讀新生嬰兒神祕的表情，兒女閱讀父母臨終前最後一滴淚水的含意，如此等等，都是先於文字的閱讀。

「閱盡人間春色」是閱讀，「讀你的感覺像三月」是閱讀。體育競賽中說優秀運動員善於「閱讀比賽」，已經成了不少媒體體育節目主持人的常用說法。曼古埃爾的《閱讀史》指出：「一個社會可以沒有書寫的存在——很多社會的確就是如此，但是沒有社會可以缺乏閱讀而存在。」

中國有句諺語：不識字，但要識事。我們社會還要求人要「閱世」、「閱歷」，成語有「察言觀色」、「暗送秋波」，也都是先於文字的閱讀，是一種經驗式的閱讀，是一種尋求事物意義的閱讀。在文字產生之前，這樣的閱讀毫無疑問曾長久地存在過，憑藉這樣的閱讀，人類才能生存繁衍下來並創造出包括文字在內的一切文明成果。

閱讀先於文字。這幾乎是一個不需要求證的事實。而注意到這一事實，將有助於我們對閱讀文化的正確理解。

閱讀先於文字，也就是說，人類的閱讀首先是為了認識事物、趨利避害，而不是首先為了文字。在文字產生之前，閱讀只關乎意義。文字形成之後，文字的語音、字形、書寫乃至圖畫、書寫、文辭等逐步成為閱讀的對象，現在更是擴大到了影音，超越了文字，然而，還是要守住閱讀的本源，即閱讀首先在於為了物件的意義。

清末光緒年間，金石學家王懿榮從那些散落在藥鋪裡的中華龍骨上的刻紋閱讀出意義，解讀出這是一種契文，即甲骨文，這就是追尋意義的閱讀獲得的意想不到的好處。緊隨其後，又有考古學家透過中華龍骨上的記載，找到了河南的安陽小屯，在那裡以及後來在其他地方先後發掘搜集到十五萬片甲骨卜辭，在龜甲與牛胛骨上刻的文字總字數達到三千五百個左右。

從甲骨文字的結構來說，除了象形以外，形聲、會意、假借等比較進步的造字方法已普遍被應用。足見在三千多年前的商朝，漢字已達到了相當完備的程度。而且由此可以推斷，中華文字在商朝以前還應當有一個很長的發展形成過程，其歷史可以繼續向前延伸。這就是閱讀史上超越文字而又恩惠於文字的一次閱讀。

2、文字提升閱讀

人類社會什麼時候有了文字閱讀?迄今為止,尋找得到最早的實證是西元前三二〇〇年古巴比倫蘇美爾人的楔形文字。至於中華民族的文字到底最早形成於哪個年代,還需要不斷地去考證。目前僅就一百多年來考古發現,證明中華民族早在西元前一七〇〇年就有了基本完善的文字——甲骨文。而在五、六千年前的仰紹文化、大汶口文化中還發現在陶器上刻劃的符號有數十種之多,其中有些與甲骨上所見的字類似,因而有人認為它們就是早期文字。

至於在龍山文化早期的陶罐上發現的朱書可以肯定就是文字,表示中國的漢字至少已有四千年以上有文字的歷史。而根據先秦許多史書上的記載,中華文字出現的年代還應當更早。譬如相傳造字的倉頡,就是古代整理文字的一個代表人物。據《說文解字》,倉頡是黃帝時期造字的史官,被尊為「造字聖人」。他所處的年代大約為西元前二十六世紀。據此推測,四、五千年前,我國的文字就已經較為成熟了。

「河圖洛書」一直被看成中華文明的重要起源。雖然我們現在還不能把「河圖洛書」臆斷為文字載體,可是無論如何也說明這是一次十分重要的閱讀。創造文字,閱讀文字,乃是人類走出蠻荒、結成社會、邁向文明的一大步。

《淮南子・本經》中記載:「昔者倉頡作書,而天雨粟,鬼夜哭。」足見這是多麼重大的一件事，可謂驚天地、泣鬼神。自有文字產生，從根本上提升了人類閱讀的作用和價值。阿爾維托・曼古埃爾指出，即將成為書寫者的人必須能夠先識別和辨認符號的社會系統，然後才可能將其記載於書頁上；對大部分文字社會而言，閱讀是社會形成契約的初始，學會閱讀便是一個人在社會上的通關儀式。

自有文字之後，所謂閱讀就專指對書寫在物體表面上的連續文本符號的理解，現在，當然也包括從電子螢幕上獲取編碼資訊的閱讀。人們一旦獲得這樣的閱讀能力，就主要透過文字來理解事物，獲取人生經驗。對絕大多數的閱讀者來說，閱讀文字往往先於實踐之前，再透過此後實踐來印證或者糾正文字所給予的資訊和知識。這種倒逆式的學習成為人類加快進步的主要路徑。最能夠說明閱讀對於人類提升認知能力的名言是中國的一句俗話，即「秀才不出門，能知天下事」。

土耳其著名作家帕慕克對閱讀文字的好處有過一番很有趣的理解，他在《白色城堡》一書裡寫道：「人生猶如單趟車旅，一旦結束，你就不能重來一次了。」「但是假如你能一卷在握，不管那本書多麼複雜或艱澀，假如你願意的話，當你讀完它時，你可以回到開頭處，再讀一遍，如此一來就可以對艱澀處有進一步的瞭解，也會對生命有進一步的領悟。」閱讀是一件多麼美好的事情，它可以使得我們對生命有過很多次的體驗和領悟。

對於識字的人，閱讀很自然會成為自己生活的一部分。西班牙大文豪賽凡提斯一直酷愛閱讀，甚至連丟落在街道上的碎紙片他都會撿起來讀。著名英國女作家維吉尼亞・吳爾芙每年都要重讀一次莎士比亞的《哈姆雷特》，而且都會將讀後感記下來。「這實際上便是在記錄自己的傳記，因為我們對生命所知更多時，莎士比亞就會進一步評論我們對世界的理解。」

而識字的人一旦孤立獨處，想到的第一件事情往往就是閱讀。中國著名詩人、翻譯家綠原先生（原名劉仁甫），在二十世紀五〇年代遭遇冤案入獄七年，他竟然藉此孤獨的遭遇在監獄裡自學德語，出獄後翻譯了德國文學經典名著《浮士德》和不少德語文學作品。

奧地利著名作家茨威格有一部著名的中篇小說《象棋的故事》，寫的是一個銀行職員落入德國納粹的監獄，監禁使他孤獨得幾乎發瘋，一個偶然的機會他偷到一本書，卻是他從不感興趣的棋譜書，是國際象棋著名對局，在百無聊賴、孤苦無援下他只好用閱讀這本棋譜度過牢獄中的日日夜夜，豈料從此陷入獨自對弈的魔怔。

文字的魅力在於，人們一旦認識它就再也離不開它。文字對於閱讀的提升一度達到登峰造極的地步。曾有過這樣的故事，某些文字的東西被當成宗教或者幫派的秘笈而受到誓死保護。在武俠小說中，俠士通常會捨命保護門派的秘笈，到底是什麼，作者始終不說，總之是一些很神聖的文字。在古代印度社會，地位最低的首陀羅種姓的人是不准識字的，甚至不准他們聽誦《吠陀經》，所以他們幾乎全是文盲。

舉凡宗教，幾乎都把經卷看成是宗教屬性中不可更改的一部分，許多宗教把寺廟僧侶誦經做為每日必修之課。佛教徒誦經是為了來生轉世，基督教徒祈禱是為了死後靈魂上天堂，這些都是透過文字來表達重要意思。

中國古人認為一個成功的人士一定要「讀萬卷書，行萬里路」。古人還將家族的傳承寄託在閱讀之上，即「忠厚傳家久，詩書繼世長」。在傳統的中國人看來，無論是居廟堂之高，還是處江湖之遠，閱讀均不可或缺。不僅是「學而優則仕」，還要「仕而優則學」，說是「萬般皆下品，唯有讀書高」也不為過吧！

3、朗讀先於默讀

說到朗讀和默讀，孰先孰後，人們通常很少去想它。今天的一般讀者，常常會脫口而出：「默讀先於朗讀。」因為我們在提倡情形下也是如此，拿到一篇文字，總會先默讀瀏覽一遍，而不是拿過文稿就朗讀。

有人問，談這個問題有意義嗎？我們今天要談朗讀和默讀，做為對閱讀史發展、變化過程的瞭解，做為今天對閱讀方法的正確掌握，還是有意義的。朗讀先於默讀，這是閱讀史研究已經證實的。以聽為讀，自有多種緣由。在西元前七世紀，古希臘大約只有百分之五的人識字，能閱讀的更是寥寥無幾，加上書籍極少，那時候的公共閱讀總是以聽為讀。

閱讀史研究專家認為，已知最早的公共閱讀始於希臘，也就是說，希臘較高水準的識字人就是朗讀者。希臘語中的「閱讀」一詞就是取「我讀，我認識，我大聲朗讀」之意，一直到中世紀的多數歐洲語言裡「閱讀」一詞也都有「朗讀、背誦、播送、宣告」的意思。古希臘時期，醫生甚至會開出「閱讀」的處方，讓病人透過聽別人的朗讀來調養心神。而不少希臘人以及羅馬人，還有過養一名受過專門閱讀訓練的奴隸為主人朗讀的風氣。

阿爾維托．曼古埃爾認為，在西元十世紀前，雅典人、羅馬人的正常閱讀方式是大聲朗讀。而早在西元前七世紀，到亞述圖書館查找資料的亞述學者，「肯定都是在隆隆嘈雜聲中閱讀」。「在雅典或珀珈馬的時代，旁邊另有幾十個讀者各攤開刻寫板或卷軸，喃喃自唸著各類故事……我們找不到有抱怨希臘或羅馬圖書館的噪音的記載。」直到西元前五世紀，希臘哲學家蘇格拉底還是堅決反對書寫和默讀，他對他的學生柏拉圖一再強調口述的重要性。柏拉圖當然要尊崇恩師的教誨，但又不能不把乃師的思想記錄下來，這才有了柏拉圖的《對話錄》等一些口語體的著作，並一直流傳到今天。

中華民族的閱讀也是一個從朗讀到默讀的過程。比蘇格拉底更早出現的孔子，也是一個強調口述、反對書寫的哲學家、教育家。「述而不作」是他的信條，這個信條一直流傳至今。

當然，現在「述而不作」已經成了一些學人的典範，有的人滔滔不絕卻極少著述，有的本來就是懶得寫作而自況。

我們透過一些文獻典籍也可以瞭解到先秦時期以聽為讀的閱讀情形。戰國時期的儒家集大成者荀子，在他的《勸學篇》裡，透露出當時閱讀以朗讀為主的情形：「君子之學也，入乎耳，著乎心，布乎四體，形乎動靜。」「小人之學也，入乎耳，出乎口；口耳之間，則四寸耳，曷足以美七尺之軀哉！」「君子知夫不全不粹之不足以為美也，故誦數以貫之，思索以通之……」從這些名句裡，我們可以得到一個資訊，當時的閱讀學習是首先聽到——入耳，然後才是入腦。學習則是「誦之」。

宋朝理學集大成者朱熹在其《朱子讀書法》中談道：「大凡讀書，且要讀，不可只管思。口中讀，則心中閑，而義理自出。」由此可以想見，這裡說的讀書乃是指那種要動口的誦讀。讀魯迅的《從百草園到三味書屋》，寫到三味書屋的先生大聲喊道：「『讀書！』於是大家放開喉嚨讀一陣書，真是人聲鼎沸……先生自己也唸書。後來，我們的聲音便低下去，靜下去了，只有他還大聲朗讀著：『鐵如意，指揮倜儻，一座皆驚呢；金叵羅，顛倒淋漓噫，千杯未醉呵……』我疑心這是極好的文章，因為讀到這裡，他總是微笑起來，而且將頭仰起，搖著，向後拗過去，拗過去。」以前讀了這一段文字，只覺得舊學死讀書讀死書可笑而且害人，現在回過頭來一想，發現這竟然是一段十分真切的古代流傳下來的閱讀場景的描寫，讓我們得以窺見朗讀在中國傳統閱讀中的普及和傳承。

早期古代的朗讀與書籍載體的形態密切相關。中國古代竹簡、木牘時代，竹簡、木牘製作不易，搬動也很不容易。據史書記載，秦始皇總攬朝政，一天要讀的竹簡有一百二十斤之多。西漢時期，東方朔給漢武帝寫一封信，曾用了三千根竹簡，要兩個人才抬得動。成語「學富五車」，是描述戰國時代的名家惠施勤奮好學的。他每次出門，都要帶上五車竹簡在路上閱讀。這車當時一般都是牛車。五車竹簡加起來也沒幾部書，一輛牛車裝一部《春秋左傳》都不得了。照這麼個演算法，現代一般讀書人都稱得上學富幾十車、上百車了。正因為書籍製作的不易，所以古人書寫惜墨如金，形成極為精練的文章。

古希臘、古羅馬用的是莎草紙，莎草紙採集和製作也是十分不易。也有使用羊皮紙的，但可想而知，羊皮炮製成比較薄的羊皮紙，多麼費工費時費料。古印度用的是處理過的棕櫚樹葉和樺樹皮，也有用竹簡和木牘，有的地方還用鐵筆刻字，然後用燈黑把字塗黑。面對如此笨重的書籍，為了提高閱讀的效率，最好的辦法只能是一人高聲朗讀，眾人豎耳靜聽，又經濟，又有較高的效率。

古代的朗讀還與傳統書寫不夠完善有關。中國古代的書寫長期沒有句讀標點，這也造成初學者閱讀的困難，被迫要先聽先生誦讀而後跟讀，學生想不誦讀都不行。西方書寫的標點具體化是在西元七世紀後，中國則是在十五世紀才有粗略的斷句記號，而標點的具體化則是西學東漸後的二十世紀之初。書寫標點符號具體化的滯後也使得閱讀者依賴聽讀的時代延後。

中國古代長篇小說四大名著中有三部成書於說書人長期說書之後，《三國演義》、《水滸傳》、《西遊記》的故事已經由許多民間說書人多次表演給一般觀眾們聽，然後才由文人作家集中整理創作而成。這一事實也可以說明，聽書之所以成為中國大眾的愛好是與書寫不夠完善有關的。

人類閱讀肯定是一個「聯覺」過程，聽覺、視覺甚至觸覺都在同時發揮作用。閱讀者只要在足夠時間裡擁有文本，其閱讀既可以朗讀、誦讀，也可以默讀、速讀，而默讀的速度肯定高於朗讀，默讀代替朗讀成為人們普遍閱讀的方法只不過是早晚的事情。隨著文本書寫不斷完善，隨著斷文識字的人越來越多，隨著閱讀文本越來越容易獲得，個體默讀也就越來越普遍。在默讀成為普遍的閱讀方式後，朗讀也就退位為一種輔助性的閱讀方式。不過，正如古希臘人認為朗讀具有娛樂性，中國古代書院的會講具有廣場性，朗讀做為一種大眾閱讀的形式，至今還一直為人們所樂於採用，成為一種藝術形式。

中國傳統的說書藝術一直傳承下來，袁闊成、單田芳、劉蘭芳等說書藝術大家一直受到許多觀眾和聽眾的歡迎。近來在中國微信上非常紅的「為你讀詩」微信公眾號，每晚十點鐘播送一首詩歌，粉絲達到一百多萬。有人為此驚呼詩歌的春天來了。詩歌的春天是否來了還有待判斷，但很多人喜歡傾聽朗讀卻是事實，其實，喜歡傾聽朗讀乃是人的原始審美和原始記憶。

4、出版擴展閱讀

中國古代有四大發明彪炳於世，其中關於閱讀文本傳播的發明就有兩項，一是漢朝的造紙術，二是宋朝的印刷術，足顯中國閱讀史的悠久和輝煌。

據《史記》記載，中國早在周朝，就有朝廷的圖書館，當時稱為「守藏室」，而古代哲人老子就曾經擔任過朝廷圖書館的館長，當時官職為「守藏史」。到西元六世紀，也就是唐朝，雕版印刷可以印刷出高清晰度的文本。那時候還沒有現代形態的書籍裝訂，書籍形態主要是卷軸，通常一書會有好幾卷。現在中國出版業還將同一種書籍中的分冊稱為「卷」，就與卷軸的形態有關。

在書籍裝訂成冊之前，做為卷軸向書籍的過渡形態，唐朝出版工匠還有過龍鱗裝、蝴蝶裝等書裝形式。現存北京故宮的唐中葉王仁昫寫本《刊謬補缺切韻》一書就是龍鱗裝。龍鱗裝又稱魚鱗裝，外觀與卷軸無異，舒展開後頁張邊沿有規律地翹起，呈現鱗狀而得名，偶遇風吹頁張微微捲起呈旋風狀，故又稱旋風裝。此書鈐有宋宣和四枚玉璽，明朝宋濂作序，加鈐清乾隆帝諸璽，又兼紙墨考究，被視為稀世之珍。

唐末宋初，出版業則進入冊頁制度，即把零散頁張黏貼起來，做成冊頁書。宋朝則已經出現蝴蝶裝的包背書，當時中國書刊印刷業的水準遠遠領先於世界。到了明朝有了線裝書，出版業更是大規模發展。據稱，一直到西元十八世紀中期，漢語出版的書籍比其他所有語言出版的書籍的總和還要多。當時的傳統市場主要有三類出版方式，即官刻、私刻和坊刻，多數印刷商一直垂青於雕版印刷。

中國古代出版物大量出現主要在十四世紀。因為明朝朝廷重視教育，初等教育形成規模，學校遍布全國，成為原有私塾的補充，辦教育第一位的就是需要課本，當時這些課本主要來自浙江、四川、福建等省，亦即出版史上所說的浙版、蜀版和建版圖書。與此同時，大量提供人們消遣的小說也乘勢而上。

宋元時期的「說話」技藝發展到明朝後期，逐漸被說書所代替，有不少人整理宋元話本，並模仿創作了很多短篇白話小說，這種小說被稱為「擬話本」。擬話本的作品專集很多，但真正反映出中國古代白話短篇小說最高成就的是「三言二拍」，即馮夢龍編選的《警世通言》、《醒世恆言》、《喻世明言》和凌濛初寫作的《初刻拍案驚奇》、《二刻拍案驚奇》。

到了十八世紀，中國出版物市場一時間彩色連環畫暢銷，十九世紀則街頭小報風靡。十九世紀在廣州街頭，甚至出現沿街挑擔販賣書的小販，他們收購舊書或到書庫領取新書，分裝在兩個箱子裡，走街串巷，挨家挨戶叫賣。這樣的小販還從事租書業務。可見當時的閱讀平民化、市場化特點非常明顯。

自十九世紀晚期起，西方印刷技術被引進到上海，極大地促進了中國現代出版業的發展，擴展了商業化的閱讀市場。著名文化學者李歐梵等將中國現代大眾文化的產生追溯到上海的出版業，認為自一八九五年後，上海的雜誌和小報把政治消息與新觀念傳播給了中國讀者；此外，教科書、工具書、小說和科學書籍重塑了中國的國民素質。當時的商務印書館和中華書局不僅是新式文化的先鋒，也是技術革命的先鋒，與傳統出版業去中心化的特徵相反，技術基礎使上海成為全國最重要的出版中心和閱讀中心。

西方社會的閱讀在出版技術的促進下也出現過革命性的變化。西元十四世紀中國造紙術經阿拉伯國家傳入西歐，十五世紀中期在歐洲大部分地區取代羊皮紙。一四五〇年，金屬活字印刷術在德國美茵茲問世，約翰尼斯・谷騰堡發明的印刷技術核心是活字技術和螺旋式壓印機，據科學史家分析應與中國的技術發明相關。

中國的活字技術在西元十一世紀就見諸《夢溪筆談》一書的記載，雖然是泥活字而非金屬活字，可是這一設計思想無疑是世界首創，當時，中國的雕版印刷壓力原理的技術也已經使用千年，在東亞地區廣泛運用，這兩項技術應當對谷騰堡技術的發明產生過影響，就技術問世的先後來說，中國的印刷術無疑對世界文明做出了重大貢獻。

當然，做為一種具有產業價值的技術，谷騰堡技術的發明無疑是具有劃時代意義的。史蒂文・羅傑・費希爾指出：美茵茲谷騰堡的發明堪稱種種進步之源。其影響力之巨大、發展之迅速，為大多數人所始料不及。一四五〇年整個歐洲僅有一家印刷所，但到了一五〇〇年，就出現了兩百二十個印刷中心，一千七百餘家印刷所，已知印刷的圖書兩萬七千餘種，印量超過一千萬冊。僅僅在兩代人的時間裡，歐洲讀者數量由幾萬驟增至幾十萬。

谷騰堡技術的發明和產業化正值歐洲文藝復興濫觴時期，進步的人文主義作品得到空前的大傳播，莎士比亞的作品膾炙人口，馬丁・路德宗教改革的著作產生了無與倫比的影響。

其《聖經》德譯本受到印刷業的極大支持。《新約》在馬丁・路德的居住地維騰堡兩年再版四次，之後在其他幾個地方再版達到六十六次，有力地支持了宗教改革，使得教堂內的經書飛入尋常百姓家。

法國大作家雨果在他的小說名篇裡這樣預言印刷術對後世的影響，他指出：「人的思維隨著思維方式的轉變，也將改變其外在表現形式；每一代人的主流思想將會用一種新的材質以新的方式來展現；石刻書，何等堅固，何等持久，即將讓位於紙書，相較之下這些紙卻比石頭更加堅固，更加持久。」可以說，過去一千多年來，印刷技術的發明使得人類的閱讀發生了不啻是天翻地覆的變化，甚至對社會發展、思想進步也做出了史無前例的貢獻。

新的千年早已來臨，人類社會正置身於又一輪的技術革命中，那就是以數位技術為代表的資訊技術革命。資訊技術革命首先就是一場閱讀領域的革命。人類的閱讀生活又一次面臨著重大的甚至是顛覆性的改變。數位技術使得人類的知識存取幾乎有心想事成一般的高效率，網際網路使得無邊無際的人群的閱讀幾乎有信手拈來一般的便捷，而互動式的出版和傳播使得人們的思維方式和輿論交流的自由度極大擴展，傳統媒體與新興媒體融合後將以從未有過的快節奏和精準度為人們提供閱讀的即時文本。數位技術將進一步擴展人類社會的閱讀。人類的閱讀歷史正在續寫新的華章。

5、忙時看螢幕，閒時讀書

所謂「忙時看螢幕，閒時讀書」，是我的一個建議，意思是，在網際網路時代，在繁忙的生活中，人們不妨利用零星時間在手機上、電子閱讀器上讀一些自己喜歡讀的東西，同時，一定要擠出閒置時間讀些紙書。

我的這個建議受到了不少朋友的歡迎，這些朋友有的主張閱讀紙書，有的迷戀於手機閱讀，不過，他們似乎對於把兩種閱讀結合起來的設想並不反感。

數位技術正在大規模地擴展人類的閱讀，而全民閱讀的呼聲卻前所未有地高漲起來。這兩者之間看起來完全是歷史的巧合，實則卻有某些內在的規律值得關注。

全民閱讀，是聯合國教科文組織在一九七二年首次提出的倡議，一九八二年再次提出。一九九五年，聯合國教科文組織決定，把兩位世界大文豪——西班牙的賽凡提斯和英國的莎士比亞的忌日，即四月二十三日這一天確定為「世界讀書日」，並鄭重發表宣言：「希望散居在世界各地的人，無論你是年老還是年輕，無論你是貧窮還是富裕，無論你是患病還是健康，都能享受閱讀的樂趣，都能尊重和感謝為人類文明做出過巨大貢獻的文學、文化、科學、思想大師們，都能保護智慧財產權。」

新世紀以來，一個全民閱讀活動正在中國蓬勃開展。這既是中國經濟社會發展和精神文化生活必然提出的要求，也是對聯合國教科文組織宣言的積極回應。

綜觀人類閱讀史，歷史上從未有過宣導全民閱讀，更不要說推廣全民閱讀的活動。可以說，全民閱讀是人類閱讀史上的一大進步。閱讀從來就是個人的事情，即便在歷史上有過文人群體閱讀的雅集、團體或者是為了一本書的比較廣泛的閱讀活動，但從未有過覆蓋全民的閱讀活動。因而，其意義自有其特殊性。

閱讀的意義，在我們看來，當然首先關乎學習，但又並不限於學習。閱讀的功能除了學習外還關乎人的精神趣味。一個臨終老人的閱讀，學習對他已經毫無意義，但他要讀，只能認為與其精神生活的需要相關。

閱讀關乎人的進步，但又並不限於人的進步；閱讀能夠改變命運，但並不能確認一定能改變命運。閱讀的目的除了為了進步外還可以為了消遣。閱讀一本驚險小說，閱讀者閱讀的預期是緊張與快樂，而這時人生進步通常不會成為其目的。

全民閱讀關涉全民，因而其意義必定豐富多樣，不可整齊劃一，簡單從事。我記得讀到過這樣一個段子，有一個哲學家，曾經這樣來回答別人的提問：「如果今天是你生命中的最後一天，你選擇做什麼？」他說閱讀。又問他：「如果你已經被囚禁在牢房裡，你要做什麼？」他說閱讀。又問他：「如果已經到了世界末日，你今天打算做什麼？」他還是說閱讀。

還有一個段子，說的是美國一個著名的成功學家，有人問他：「如果你的事業失敗了，你要做什麼？」他說閱讀吧！又問他：「如果你失業了，你要做什麼？」他說要提升自己，閱讀吧！又請教他說：「如果我失戀了，我怎麼辦？」他說：「你閱讀吧！」

全民閱讀的意義的最大公約數還是「享受閱讀的樂趣」。古人說的「開券有益」乃是一種至善而平和的勸讀方法，讀以致學，讀以修為，讀以致樂，甚至讀以消遣，都是全民閱讀認可的閱讀價值觀。在一定意義上，全民閱讀最主要的目的就是閱讀，如果還要加上什麼限制詞，那就是「有益的閱讀」，讓閱讀成為人們生活的一部分。而做為一種社會化的活動，我們也希望透過全民閱讀，改善全民的精神生活，涵養全民的精神氣質，弘揚社會主流價值觀，鑄就國家的文化根基。正如史蒂文・羅傑・費希爾的名言，閱讀「永遠是文明之聲」。

早在一九七二年聯合國教科文組織發出全民閱讀呼籲的時候，數位技術還是科學家實驗室裡的一個重要項目，激動人心的蜂窩通信技術也還被限制在特殊的用途中。而今，在全民閱讀活動蓬勃推廣的重要關頭，數位技術又已經成為激動人心的新寵。閱讀專家們正在號召增加圖書的閱讀量，行動網路的閱讀卻在催生更多的低頭一族。厚厚的大部頭書籍有被越來越薄的智慧手機取代的危險，快速的抽拉瀏覽已經使得傳統的速讀技術望塵莫及，讀微電影比讀長文稿當然是開心一刻，讀八卦趣聞比起讀八股社評自然是輕鬆時分。碎片化、膚淺化、瀏覽式閱讀正在受到傳統閱讀所詬病，而智慧手機閱讀我行我素照樣招搖過市。傳統閱讀正在遭遇新興閱讀的挑戰。然而，回望人類的閱讀歷史，閱讀方式、閱讀內容、閱讀載體、閱讀效果，特別是出版擴展閱讀、推動閱讀，一直是在變化發展之中。閱讀先於文字，因而閱讀包羅萬象，一個讀書人既要「讀萬卷書」也要「行萬里路」，既可以讀文字，也可以讀看影音，只要是在閱讀中，你就是一個讀者。

文字提升閱讀，同樣，影音也會提升閱讀的效率。朗讀先於默讀，默讀在超越朗讀之後，人們依然在朗讀這裡找到樂趣，可以讓朗讀成為全民閱讀的一種形式。出版擴展閱讀，那麼，數位技術難道對閱讀只可能是一種倒退或者破壞？做為一種通信工具的普及，數位行動終端業已建立起對大面積人群的服務，正朝著人們生活的各個角落拾遺補闕，這時候，人類閱讀歷史的進程難道可以背對這一切而抱著竹簡木牘或者羊皮紙永不撒手嗎？答案當然是不言自明的。一個閱讀社會的養成所要做的只能是善待一切閱讀方式，堅守人類閱讀認知規律，推動傳統閱讀與新興閱讀的融合，既不要讓全民閱讀變成全民看螢幕——迄今為止，閱讀紙書依然是維持著人類閱讀的深度和完整度的主要保證，同時，有鑑於全民閱讀的當代生活性特徵，在閱讀上也不妨做一點融合，即：忙時看螢幕，閒時讀書，全民都以讀文讀圖為快樂生活。如能是，全民閱讀必將為全民的精神生活昇華做出貢獻。

二 閱讀史上的好風景

FEDERAL SUPPLEMENT
644
656
657
658
659
660
661
673
674
675
676
677

二 閱讀史上的好風景

我曾經以「閱讀的好時代和壞時代」為題做過演講，從正反兩個方面討論如何推進閱讀社會建設。有人覺得好，認為有反思；也有人覺得講得還不夠透徹，認為應當把閱讀好時代的標準講清楚。

其實，閱讀時代的好或者壞，不是誰能給出標準的一件事情，因為，每個時代在閱讀上有良好表象或者相反，終歸是後人總結觀察的結果。

要瞭解閱讀史上好時代的標準，還不如從閱讀史的變遷大體總結一下其中一些共性的東西，藉此形成當代閱讀社會的自覺追求。對一個現代社會的讀書人，瞭解閱讀史上一些具有共性的良好因素，回顧一下閱讀史上的一些好風景，對於提升閱讀的自覺性，提高閱讀力，是不無益處的。

1、閱讀好時代特徵（一）：社會轉型

綜觀歷史，舉凡閱讀狀況良好的時代，往往會是社會轉型期。

大家知道，春秋戰國，諸子百家，那是一個了不起的思想激盪、文化繁榮的時代，也就是一個轉型時代，是從諸侯分封制向封建制轉型的時代。當時各種學說層出不窮，儒家、法家、道家、兵家、陰陽家、名家、墨家、雜家、縱橫家，百家爭鳴。儘管當時的書籍還只是竹簡、木簡、絹帛，閱讀並不方便，但依然讓我們感覺到那是一個閱讀的好時代。正如我們在第一章裡所討論過的，春秋戰國時期的閱讀不像現代人閱讀那麼方便。一篇幾千字的著作，寫在竹簡上，就可能有幾十斤重，也許正因為書籍的獲取頗為不易，反倒使得閱讀者的交流要緊密得多，思想的碰撞也來得直接，人們對於閱讀的需求也來得比較強烈。

漢朝也是一個轉型時代。應當說，這個轉型時代是從秦始皇開始，一直到劉邦登基，中央集權的政治體系基本穩固下來。其後，恢復禮法，採取與民休養生息、清靜無為的黃老政策，鼓勵生產，輕徭薄賦，恩威並施，修復了多年戰爭帶來的巨大破壞，形成「文景之治」，是中國成為大一統時代以來，第一次被傳統歷史學家稱羨的治世時代。

其後，漢武帝劉徹在位期間採取了一系列改革措施，銳意進取，使得漢朝的政治、經濟、軍事變得更為強大，中央集權得到了極大的加強。在文化上，廢除了漢朝開朝之初奉行的「黃

老學說、無為而治」的治國思想，改以罷黜百家，獨尊儒術，積極治國。

漢朝社會的轉型，尤為重要的是奠定了漢民族的文化框架，使得西漢所尊崇的儒家文化成為當時和其後的中原王朝以及東亞地區的社會主流文化。到現今，「漢人」仍為多數中國人的自稱，而華夏族逐漸被稱為「漢族」，華夏文字亦被定名為「漢字」。漢武帝儘管獨尊儒術，卻也兼用儒、法、道、陰陽、縱橫等各家人才，這種儒術為尊，「王霸道雜之」的思想文化結構，逐漸成為中國歷經兩千年的主流思想。

漢武帝時期開創了朝廷主導的教育事業，在京師長安設太學，主要是開展儒家經學教育。一開始太學生只有五十多人，可是這項事業一直持續發展下去，到東漢光武帝劉秀時期，太學生一度多達三萬人。試想，皇帝身邊有數萬中青年人在誦讀儒家經典，討論各家學說，這是何等壯觀的讀書景象！

漢朝的轉型，還表現在對外交流上。漢朝主動實行「走出去」和「引進來」的國策。絲綢之路就起源於漢朝，成為世界上最為重要的幾個通道之一。東漢的漢明帝時期，佛教東渡首次來到中國，在洛陽營建第一座佛教寺廟白馬寺，中國第一部漢譯佛教經典是在白馬寺譯出的《四十二章經》。與此同時，東漢的張道陵創立道教，這也是影響中國歷史的大事。

唐朝與漢朝一樣，是中華民族最重要的轉型期之一。漢朝的轉型對中華民族政治經濟的影響具有奠基作用，而唐朝的轉型對中華民族社會文化的影響則具有精神引導價值，故而後世言必稱「漢唐」。

唐初即出現了重文的社會風氣。當時文學治國的理念深入人心，政治主體結構較之於往昔發生了異質性的變化，形成了文治化轉型的趨勢。到了盛唐開元、天寶年間，文人政治已經成為客觀現實。在這個轉型時期，中外文化的交流、交融相當頻繁，成為一種社會生活的常態。文化人異常活躍，藝術創新閱讀，特別是閱讀詩歌，蔚成風氣，促成中國詩歌創作鼎盛階段的到來。

宋朝也是一個轉型時代。宋朝是從五代十國武人專權向文官制度轉型的時代，因而也是一個閱讀受到很高推崇的時代。宋朝從此前的武人專權跋扈的弊端中汲取了深刻教訓，明確強調文治，注重任用科舉出身的文臣。整個宋朝，不斷增加科舉取士的人數，每年由科舉入仕的平均人數大約是唐朝的五倍，是元朝的三十倍，明朝的四倍，清朝的三．四倍，可謂空前絕後。這些透過科舉考試精選出來的，富有較高文史知識素養的文臣，受到了宋朝政府的重用。所以，宋朝社會提倡閱讀是非常有力可靠的。直到今天還被人們經常引用的勸讀詩句「書中自有千鍾粟，書中自有黃金屋，書中自有顏如玉」，就來自於宋真宗趙恆所作的《勵學篇》。古代詩詞中，宋朝關於閱讀的詩詞比重也最大，其中詩人陸游就寫有關於閱讀的詩歌近三百首，蘇東坡、黃庭堅等都有關於閱讀的名詩名句。「腹有詩書氣自華」這一名句就出自蘇東坡的筆下。

中國古代書院起自唐朝，繁榮於宋朝。宋朝書院特別盛行，著名的白鹿洞書院、嶽麓書院都在宋朝達到鼎盛時期。古代書院相當於我們今天的研討會、培訓班、論壇，絕大多數是民間開辦，其目的不是為了科舉趕考，而是讀書，以探討各種學說和道德倫理、社會問題為主。古代書院的盛行也讓我們看到社會閱讀的興旺。

晚清民國當然也是個社會轉型期，那是三千年未有之大變局。那個時期的閱讀異常活躍，最主要的因素還是西學東漸，讀物空前豐富。舉一個例子，清朝曾國藩是進士出身的朝廷高官，他的大兒子曾紀澤雖然自幼受到嚴格的傳統教育，通經史，工詩文，還是提出要學英語和西方科學文化，曾國藩欣然應允。二兒子曾紀鴻提出要學數學，曾國藩也遂了他的心願，後來曾紀鴻成了數學家。說明那個時代的學習、閱讀是比較活躍的。至於民國初期，那時候圖書市場上湧現出大量的西方思想文化學術名著，可見社會閱讀的需求強烈。

全面抗戰爆發後，鄒韜奮先生於一九三二年創辦的生活書店一度引領過全國的閱讀風氣。生活書店起初只在上海經營，後來在武漢開了一家分店，出書量並不大，一九三八年起，年度出書量達到六百種，成為很受歡迎的出版機構。一九三九年發展到五十六個分支店。那時年輕人讀書的熱情高漲，抗戰的書籍熱銷，各種有價值的思想、文化、知識、文學的書籍也都受到捧場，馬克思主義著作、西方文化著作紛紛引進，書店成了年輕人的精神聖地。

在桂林，國民黨桂系將領白崇禧乘車路過一條街道，看到街邊有個店鋪門口有很多人，就問這是賣戲票嗎？身邊的人告訴他，這是生活書店。此事給白將軍留下深刻印象。書店竟然能辦得門庭若市，這是什麼原因呢？原因之一就是當時社會急遽轉型，進入全民抗戰時代，廣大青年熱血沸騰，抗戰自救的熱情空前高漲，出現了閱讀的好景象。

2、閱讀好時代特徵（二）：寫作活躍

春秋戰國、諸子百家時期的寫作十分活躍。周天子已經不行了，諸侯割據，紛紛延攬人才，各種人才都努力以學說獨創取勝，春秋戰國時期思想文化的寫作相當繁榮，成為中華民族文化誕生的輝煌時期。

漢朝，中國第一部紀傳體通史，也是二十四史中的第一部《史記》誕生，為以後兩千年正史的編纂提供了規範。中國歷史上第一部內容完整的斷代史《漢書》誕生，更是成為以後歷代王朝撰寫本朝歷史的範本。漢朝其他史書還有《東觀漢記》、《漢紀》和《吳越春秋》

等。很多西方學者認為，漢朝的作家所開創的史學標準，直到十八世紀都一直領先於世界。漢朝還出現了《說文解字》，為後來的漢文字寫作立下了規矩。

漢朝政府設立樂府，搜集民間詩歌，即為樂府詩，後世的《樂府詩集》、《玉臺新詠》中便搜集了不少漢朝樂府詩，長篇敘事詩《孔雀東南飛》也是寫成於漢朝末年。賦是一種新的文學體裁，司馬相如的《子虛賦》、《上林賦》，張衡的《二京賦》等均為千古傳頌的文學名篇。漢朝時期，隸書亦漸漸取代小篆成為主要書寫字體，而隸書的出現則奠定了現代漢字字形結構的基礎，成為古今文字的分水嶺。這一時期，還出現了標點符號的雛形。

唐朝繼承隋朝開創的科舉制度，並且有所創新。科舉對知識的普及和民間的讀書風氣，發揮了相當的推動作用。雖然這種推動是出於一般人對功名的追求，而不是普遍的閒適性質的閱讀，可是畢竟也客觀上帶動了閱讀的社會風尚。唐朝的科舉考試除了要考歷史文化知識，還要加考詩賦。賦體篇幅比較長，不好判卷，到了唐玄宗時期，考詩賦就改成了考詩歌，詩歌短小，一目了然好判卷。「以詩取士」由此形成，民間學子紛紛學習詩歌寫作。唐朝詩歌成了中華民族文學的頂峰。

宋朝文人治國，寫作繁榮勢所必然。宋朝的散文寫作較之於唐朝要發達得多，唐宋八大家就有六位在宋朝。宋詞的繁榮也是空前絕後，直到今天依然成為讀者精神生活的美味佳餚。此外，濫觴於唐朝開元年間的古代書院，到了宋朝達到鼎盛時期。古代書院成為文化交流、學術探討的重要場所，書院裡的討論稱為「會講」，也是寫作者智慧激盪的好環境。嶽麓書院曾經有過「朱張會講」的美談。書院主教張栻與應邀而來的朱熹「會講」，趕來聽講的人有數千人，「一時輿馬之眾，飲水池立涸」，盛況可想而知。因為朱熹和張栻的意見不合，在這裡就理學問題討論過三天三夜。

明朝的寫作則是一個不斷地由理學為主流向世俗化發展的過程。當時八股文寫作越發應試化，而八股文形式上又很繁瑣，因而，考生們備考時就需要大量的參考書，當時的時文（即八股文）彙編出版成風。這是當時寫作陳腐的一面。然而，也許正因為詩文令人生厭，做為一種文化上的反叛，世俗社會所需求的通俗小說寫作也就符合邏輯地發展起來。被世人稱為「四大奇書」的《三國演義》、《水滸傳》、《金瓶梅》、《西遊記》就在明朝誕生。與此同時，話本寫作越來越趨向文人創作化，白話短篇小說寫作十分活躍，佳作紛呈，在第一章介紹到的著名的短篇小說集「三言二拍」就是當時最重要的代表性作品。

說到明朝寫作繁榮，還有一個很典型的例證。萬曆年間，著名書畫家董其昌曾官至禮部尚書，因搶佔一位叫綠英的窮人家姑娘，姑娘的父親四處告狀，得到了百姓和眾多文人的同情，輿論一時大嘩。很快就有人寫成小說《黑白傳》，廣為流傳。又有說書人在小說的基礎上添油加醋，董其昌的醜行被傳得沸沸揚揚，成為上自官府、下至民間的笑料，最終釀成焚燒董家的事件。董其昌人倒沒事，可是他多年收藏的古今書畫古董頃刻間化成灰燼。有史學家指出，事後董其昌並不認為焚燒董家是民眾打砸行為，而是士人搗亂行為。士人即文人，文人的創作鼓動了造反，這也從另一方面讓我們看到當時民間寫作所富有的活力。

晚清民國時期，那個時候的寫作也是百家爭鳴。無論是馬克思主義還是德國的古典哲學、法國的啟蒙主義、英國的資本主義、美國的實用主義，都成為寫作的新鮮內容。小說革命、文學革命，激發了寫作的繁榮。現實主義、浪漫主義、為藝術而藝術、新感覺派、鴛鴦蝴蝶派，不一而足，民國時期的文學創作稱得上是二十世紀中國文學的輝煌時期。

3、閱讀好時代特徵（三）：出版繁榮

春秋戰國時期還沒有現代意義上的出版。當時是竹簡木牘抄寫，成本比較高，複製能力很弱，而且不利於傳播。後來是絹帛，比較利於傳播了，可是成本更高。但是，較之於龜板刻劃，已經比較普及了，算是有了很大的進步和繁榮。

漢朝處於中國文字載體由甲骨、青銅、石頭發展到簡牘乃至紙張的轉型時代。西漢時期，

簡牘仍較流行，竹簡烘焙、防蛀的技術更為成熟。秦人對於竹簡製作技術已經較成熟，但第一次用文獻把此工藝記錄下來的是在漢朝。

紙張在西漢已經出現，「灞橋紙」、「金關紙」、「中顏紙」就是西漢時期的。東漢出現了以植物纖維為原料的「蔡侯紙」。「蔡侯紙」的出現是紙張技術產業化的飛躍，大大便利了書籍的出版，對閱讀的普及有著巨大的貢獻。漢朝時期抄書的人越來越多，甚至出現了一種抄書人的職業，大大增加了書籍的複製量。出版種類也急遽增加。漢朝出版的六藝之書即有「一百三家，三千一百二十三篇」。文學書籍也極豐富，有「詩賦百六家，千三百一十八篇」。漢朝還開了書籍貿易之先。

先秦時期著書，無名無利，不過是作者想發表自己的思想，所謂「各著書，言治亂之事，以干世主」。漢朝產生了專門從事書籍複製的人和專門從事書籍買賣的行業，書籍開始進入市場，書籍貿易開始。書肆出現，而且不是個別現象，經營方式靈活，敞開售書，允許自由閱覽，客觀上還發揮了當時尚未出現的公共圖書館的作用。

唐朝出版業已經趨向成熟。中國是印刷術的故鄉，在唐朝，印刷出版業已經發展起來。雖然當時複製出版物仍然是人工手抄居多，可是雕版印刷已經有所普及。今天我們在博物館裡能夠看到，唐朝的出版商在印賣的出版物上刻印有「成都府成都縣龍池坊卞家」、「京中李家」、「上都東市刁家太郎」等，均已打出字型大小，有地點，有姓氏，有的還有排行，亮牌子，招客戶，可見當時的出版物市場已經形成。只是當時的書籍主要是經折裝、旋風裝、蝴蝶裝、包背裝等形式，宋朝主要還是冊頁，明朝才大規模出現今天人們所看到的線裝書。

前些時熱播的古裝電視連續劇《武媚娘傳奇》中，唐朝初年的武媚娘居然在皇宮裡翻閱線裝書，實在是鬧了一個常識性的笑話。早些年拍攝的電視連續劇《西遊記》，也鬧過這方面的笑話，唐僧師徒曬的經書竟然也是線裝的。唐僧這些人物的背景也是唐朝，唐朝那個時候實在還不曾有線裝書技術。

宋朝的雕版印刷大為盛行，還發明了活字印刷術。宋朝的出版經營更是空前繁榮發展。官刻、私刻、坊刻都有較大發展。特別是坊刻，也就是民營出版業，使得市場化經營空前活躍。南宋時期，在坊刻這一行業中，浙版書、蜀版書、建版書，成一時之盛。三大版之一的建版，今人可能比較陌生，主要是指福建省建陽地方出版的圖書。建版書當時佔全國市場比例很高。

南宋儘管只是中華大地的半壁江山，偏安一隅，然而文化和出版相當繁榮。由於書籍的普及，以往士大夫的生活倫理逐步影響了普通民眾，與此相適應，那時產生了「朱子讀書法」，朱子的教學遊歷主要以福建為中心，與當時建版書尤其盛行應當有一定的關係。

宋朝出版在官刻、私刻、坊刻三大系統之外，還有寺觀刻書和書院刻書兩大系統也十分重要。宋朝出版業善本迭出，宋版書五大系統刻書的整體品質比較好，一直是後世翻刻古籍的範本。值得一提的是宋元時代，書院教育遍布各地，在刻書事業上形成了不同於官、私、坊刻的新特點，其書目主要圍繞教學和研討，涉及學術面廣，直接服務於學術思想和教學內容的流派傳承，如《朱子語類》、《嶽麓書院課藝》、《國朝文類》等。宋朝書院發展到元朝，全國共有兩百二十七所，刻書品質達到較高水準，其中園沙、梅溪、西湖書院刻本聞名於世。

明朝尤其是晚明時期也是中國古代書籍出版的活躍期。據楊繩信《中國版刻綜錄》一書記載，整個宋朝共有三百一十九年，出版書籍三百六十二種，在宋至明末六百八十四年裡，能查到出版時間的書籍三千九十四種，可以確認有兩千一十九種出版於晚明嘉靖、萬曆至崇禎這大約一百年間，佔比例百分之六十五，可見當時的書籍出版十分盛行。書籍的形態從以前的卷本變為冊本，宋朝那些只是以寫本形式流傳而顯得彌足珍貴的書籍現在竟然較易尋覓得到，為此大學士蘇東坡在他的名篇《李君山房記》中埋怨「書益多，世莫不有，然學者益以苟簡」。

出版業繁榮不僅要看書籍出版數量，更要看書市的活躍程度。萬曆年間，書籍出版「異書輩出」，種類繁多，吸引各種讀者。當時南京三山街也就是今天南京的夫子廟一帶，那是明朝南京最為繁華的地段，明人彩繪《南都繁會圖卷》上繪有三山街的一百零九個店鋪招牌，其中有不少即標明「書鋪」、「畫寓」、「刻字鐫碑」字樣。

清初作家孔尚任創作的歷史傳奇劇《桃花扇》，劇中書商蔡益所的唸白就描繪了一番南京書市的繁榮景象：「天下書籍之富，無過俺金陵；這金陵書鋪之多，無過俺三山街；這三山街書客之大，無過俺蔡益所。（指介）你看《十三經》《二十一史》、九流三教、諸子百家、腐爛詩文、新奇小說，上下充箱盈架，高低列肆連樓。」作家把許多相互間差距極大的書籍放在一起來唸白，剛說完《十三經》《二十一史》，就說九流三教，才說罷諸子百家，立刻說腐爛詩文，產生一種混搭的幽默感，盡顯當時出版業的開放繁榮景象。

到了晚清，中國開始從歐洲進口現代印刷機器，出版業有了快速發展。西元一八九七年，夏瑞芳、鮑咸恩、鮑咸昌、高鳳池四人在上海創辦商務印書館，就是從歐洲買來新式印刷機，以印刷商務會計簿冊起步，後來才轉入圖書出版。維新人士張元濟先生於一九〇二年應邀加入商務印書館，他組織編輯出版新式學堂中小學課本，出版新式字典及「世界文庫」等，成為中國現代出版業的開端。

二十世紀初期，上海民間出版風起雲湧，商務印書館、中華書局、良友出版公司、世界書局、開明書局、生活書店等一大批優秀出版機構應運而生，快速發展，為變革中的社會提供了寶貴的精神食糧，為廣大民眾的閱讀生活做出了貢獻。

歐洲也有類似的情況。我們在第一章中介紹過，西元一四五〇年之前，偌大個歐洲只有一家印刷所，谷騰堡發明印刷機後，不到五十年，全歐洲迅速發展出兩百五十多家印刷中心，一千七百多家印刷所。印刷術的發展使得閱讀迅速發展。僅僅兩代人的時間，歐洲的讀者從幾萬增至幾十萬，甚至推動了宗教革命和文藝復興運動。

4、閱讀好時代特徵（四）：政策開明

政府的政策是鼓勵閱讀還是輕視閱讀，甚至是封殺閱讀，這是閱讀好時代還是壞時代最重要的特徵。周朝就有圖書館——藏室。春秋戰國，諸侯鼓勵上策論，鼓勵閱讀。秦始皇焚書坑儒，儘管後人說焚燒的只是儒家典籍，醫農工商的書籍還是放得過的，可是無論如何那也不會是一個鼓勵閱讀的時代。

在中國古代，做為宣導讀書的政策，最開明也最有效的莫過於開科考試。

漢朝採取「選舉入仕」的辦法，主要由各地官員羅致名士，逐級推選人才，交由朝廷策試，通過者就可以成為官員。只是當時詔舉沒有定期，不像後來的科舉選拔那麼規制化。此

外，漢朝還有童子科人才選拔，年齡在十二～十六歲，能夠「博通經典」的人才方得以選入太學培養，日後可以做官。

隋唐時期基本成形的科舉制度，對於天下讀書人無疑具有強大的吸引力和推動力。從中國有文字記載的歷史來看，只要是比較風清氣正的朝代和社會，官員們普遍好讀書，原則上不讀書是做不成官的，「學而優則仕」，成了一個悠久的良性傳統。古代歷朝的大多數官員是自幼入學，經過若干年嚴格的訓練和伏案閱讀，透過讀書增長知識，提升自我的品格，有抱負的更是養成高遠的思想境界，這才能「入仕」。這就是說，是讀書造就了人才，讀書成就了官員。沒有若干年寒窗苦讀的人，沒有對經典學問有一定造詣的人，是不可能通過嚴格的科舉考試進入官場的。官員一旦進入官場，日後晉升的條件，不僅要看其政績，也要看其文化修養的高下，後者是前者的鋪墊和補充。用人政策是最大的導向。古代讀書人「入仕」的政策，自然對社會閱讀的風氣有許多好的引導和激勵。

舉凡延續時間比較長的朝代，都是比較鼓勵閱讀的時代。延續時間比較長的朝代，朝廷常常還會組織編修大型類書，讓天下讀書人為之振奮向學。初唐及中唐時期的類書《北堂書鈔》、《藝文類聚》、《初學記》、《白氏六帖》最為著名。

《藝文類聚》是唐高祖時由歐陽詢主編的唐朝第一部官修類書。《初學記》是唐玄宗時的官修類書，被認為是類書編修中的精品。宋朝的宋太宗親自審讀規模很大的《太平御覽》，收集摘錄一千六百多種古籍的重要內容。明朝永樂皇帝（明成祖）朱棣，一俟政權穩定，即下令編撰《永樂大典》（初名《文獻大成》），是一部比《太平御覽》規模還要大的百科全書式的文獻集，彙集了古今圖書七、八千種。這當然是偃武修文的盛舉，也是皇帝重視文章和閱讀的重要信號，對於社會閱讀風氣的形成大有益處。

清朝康熙皇帝下旨彙編《古今圖書集成》，乾隆皇帝主持編修《四庫全書》，其中得失姑且不去論它，卻也都是當時朝廷重視文章書籍，帶動社會閱讀的重要舉措。

中國古代書籍出版初期，大致是由官署刊行，整個宋元兩代，也一直是官方出版為主流。到了明朝，官刻本數量雖然在增加，可是私人出版已經盛行，整個明朝的私刻本書籍總量超過了官刻本。與此同時，用來經營賺錢的坊間刻本數量更是快速增長，可以用繁盛來形容當時書市的情景。據張秀民《明朝南京的印書》一文統計，晚明時期南京官私刻書機構達二十餘所，民間書坊更有三山堂、三樂齋、文英堂、文進齋、芥子園、寶仁堂、萃文書屋、富春堂、世德堂、文林閣、大業堂、嘉賓堂、少山堂、奎璧齋、孝友堂、三多齋、九如堂等五十七家，數量非常可觀。特別引起現代出版史專家感興趣的是，當時的官府竟然也在刊刻通俗小說，其中有《三國演義》《水滸傳》，還有其他通俗性書籍《山歌》、《四時歌曲》等。當時出版業進一步世俗化、市場化的趨勢，當然十分有利於推動社會閱讀。

晚清時期的社會閱讀管理越來越趨向放鬆，儘管還發生過官署禁書的事件，但是，非常明顯，晚清政府對文化的管理已經是強弩之末。同治七年，朝廷要求各省查禁有傷風化的書籍，只有江蘇巡撫丁日昌最為下力氣，著力實施了查禁淫詞小說、邪說傳奇的行動，查禁了《紅樓夢》、《西廂記》一類有言情內容的書籍戲曲和《水滸傳》一類的邪說傳奇，而且把禁書名目清清楚楚地開列出來，鬧鬧騰騰，張榜公布於大街鬧市，等於為民間老百姓的快樂閱讀開了一個書目，引得人們好奇心頓起，於是，「雪夜閉門讀禁書」成了文人雅士最為快樂的事情。就是不識字讀不了書的文盲，也難免尋著讀書人講禁書、聽故事，以致於有人說：「按以上各書，羅列不可為不廣，然其中頗有非淫穢者。且少年子弟，雖嗜淫豔小說，奈未知真名，亦無從遍覽。今列舉如此詳備，盡可按圖而索，是不啻示讀淫書者以提要焉夫？」這一次晚清最大規模的禁書反而成為一次閱讀大普及，在閱讀史上留下了一個笑談。

晚清時期，西風東漸，真正能夠動搖清朝統治的不再是什麼淫詞小說、邪說傳奇，而是從西方引進的先進思想。可是當時官員對於這一類書籍顯得十分駑鈍，未能做出禁毀的反應。而許多洋務大臣，像曾國藩、張之洞等，不僅不會追查閱讀異端邪說的事情，甚至還帶頭主張「師夷長技以制夷」。在兩江總督曾國藩的倡議下，建造了中國第一艘輪船，建立了第一所兵工學堂，印刷翻譯了一批西方書籍，安排了第一批赴美留學生，對中國近代政治、軍事、文化、經濟等方面都產生了深遠影響。

湖廣總督張之洞在「戊戌變法」前夕，寫下名篇《勸學篇》，強調「中學為體，西學為用」，一時成為中國學界的主導思想之一，而對於以往「一心唯讀聖賢書」的讀書人，無疑是一次教育革命，對於整個社會的閱讀政策有著顛覆性的改變。洋務運動以來，譯書院、同文館一類的翻譯出版機構陸續開辦，使得大量的外國先進思想著作能夠透過翻譯進入近代中國社會，晚清民初閱讀繁榮景象由此形成。

5、閱讀好時代特徵（五）：名人領讀

中國民間歷來十分注意用名人勤學苦學的故事來帶動後人的閱讀。

最古老的名人學習故事是「學富五車」的故事。先秦時期的著名思想家惠施，是先秦名家學派的代表人物，讀書多，知識淵博，受到和他同時代的莊子稱讚：「惠施多方，其書五車。」後來就用「學富五車」來表示一個人的知識淵博。

「懸樑刺股」講的是兩個古老的苦讀故事。一是「錐刺股」，說的是戰國著名謀士蘇秦

發憤讀書的故事，讀書到深夜，每當要打瞌睡時，他就用錐子刺一下大腿來提神；二是「頭懸樑」，說的是西漢儒學大師孫敬刻苦讀書，每到深夜，怕自己睡著就把頭髮用繩子繫在屋樑上。

「囊螢映雪」成語分別說的是晉朝車胤和孫康日以繼夜、苦學不倦的故事。兩人家裡都很貧困，夜裡沒有照明讀書的條件，車胤就把很多螢火蟲捉在一起，藉著螢火蟲的光讀書，孫康則是映著雪夜裡的微光讀書。

「鑿壁偷光」成語說的是西漢著名經學家、丞相匡衡自幼貧寒，把鄰居家牆壁裂縫鑿大，藉著鄰居家的燈光讀書的故事。

「帶經而鋤」的典故說的是漢朝位至三公的兒寬勤學的故事，兒寬受業於孔子的十一世孫孔安國，家裡很窮，只能一邊打工一邊讀書，他鋤地的時候都帶上經書，一到休息時就誦讀，後來才有了大的出息。

「負薪掛角」講的是漢朝名臣朱買臣和隋朝名臣李密讀書的故事。關於朱買臣的人生經歷有不少故事。原先他家裡很窮，妻子難以忍受，因此離他而去。為了維持生活，他每天都得上山砍柴，但是他好學不倦，常常背著柴一邊走一邊看書，這就是「負薪」的故事。

「掛角」的故事出自隋朝的李密。李密是一個勤學的人，騎牛外出，怕在路上浪費時間，於是把書掛在牛角上，邊走邊讀，成為後人稱頌的人物。後來的《三字經》稱頌道：「如負薪，如掛角。身雖勞，猶苦卓。」

儘管現代社會對古人苦學故事的價值意義存在不同的看法，然而，不能不承認，名人讀書的故事對後來學子確實具有示範榜樣的領讀作用，對於這一點，似乎還是有共識的。

關於讀書，還有許多名人故事。《三國志》一書裡關於吳國大將呂蒙讀書的故事得到廣泛傳頌。三國時期，吳將呂蒙，一直在軍隊裡生活，沒有認真讀書。一天，吳王孫權對呂蒙說：「你應當讀書，增加點學問。」呂蒙說：「我在軍隊裡事情太多，沒機會。」不過，從那以後呂蒙還是發憤讀書，研究兵法史書。一次，吳國都督魯肅去看望呂蒙，發現呂蒙進步很大，他說：「想不到你刻苦學習，已經不是以前的阿蒙了。」呂蒙說：「士別三日，當刮目相看。」「刮目相看」這個意為令人用新的眼光來看待的成語一直用到現在。

「袒腹曬書」講的是東晉時期的郝隆，無書不讀，有博學之名。當時每年的七月七日這一天有曬衣的風俗，富貴人家自然將綾羅綢緞高高掛起，大有炫富的意思。郝隆是一介平民，無富可炫，於是袒胸露腹，仰面朝天躺在太陽下。人家問他這是在做什麼，他傲然而答：「我在曬書。」

漢朝的中央集權，雖有秦政制的沿用，卻也有賴於文化立國——董仲舒「獨尊儒術」的主張得到漢武帝的採納，有了比較統一的文化，比較明確的價值觀，開創了文化昌盛的時期。董仲舒做為一名普通儒生，在漢武帝下詔徵求治國方略時，奉上自己的策論《舉賢良對策》，提出了「天人感應」、「大一統」學說和「罷黜百家，表彰《六經》」的主張，受到了漢武帝的採納，使得漢武帝加強集權統治，為當時社會政治和經濟的穩定做出了貢獻。董仲舒即便到了晚年辭官回家，朝廷每逢大事，還會讓使者及廷尉到他家，問他的意見，可見一直受到漢武帝的重視。像董仲舒這樣如此成功的儒生，在當時自然會帶動許多讀書人仿效。與此同時，當時漢武帝在長安開太學，從學生中選拔官吏，使得儒學在各郡縣得以推廣和傳播，大大提高了讀書人的地位，也使得社會上讀書風氣更加濃厚。

唐朝從初唐開始，就形成了比較好的讀書風氣，這與唐太宗十分重視文化，親自參與修史有直接關係。唐太宗主張「以銅為鏡，可以正衣冠；以史為鏡，可以知興替；以人為鏡，可以知得失」，藉歷史上的成敗得失為鑑戒，顯然是在提倡讀書明理。

到了盛唐，唐玄宗酷愛詩歌，對詩人青睞有加，給予很高禮遇，科舉考試以詩取士，對於當時社會上讀詩寫詩蔚成風氣發揮了極大的導向作用。宋朝的皇帝大都有領頭讀書的表現。前面我們說過宋真宗寫過「書中自有顏如玉」的「勸讀文」，還有一個成語「開卷有益」也是宋朝皇帝的創造。宋朝的筆記文《澠水燕談錄》記載了這個成語典故。北宋初年，宋太宗命文臣編寫《太平總類》，他親力親為，每天要讀兩三卷，計畫一年內全部看完，為此這部大書就更名為《太平御覽》。宋太宗說到做到，如果遇上有事不能讀完當天的書，第二天一定要補回來。曾有大臣覺得皇帝每天要處理許多國家大事，還要讀這麼多書，太辛苦了。就勸宋太宗少看些，以免過度勞神。宋太宗回答道：「開卷有益，朕不以為勞也。」由於刻苦讀書，宋太宗學問十分淵博，在處理朝政事務上，也就彰顯出了理性，凸顯出了智慧。大臣們見皇帝如此勤奮讀書，也紛紛仿效，努力讀書，以致於當時讀書的風氣很盛，連平常不怎麼讀書的宰相趙普，也開始攻讀《論語》，後來還留下了「半部《論語》治天下」的美譽。而宋太宗的「開卷有益」也就成了流傳至今的成語。

6、閱讀好時代特徵（六）：蔚成風氣

前面我們談到閱讀史上那些具有典範意義的時代特徵，實際上已經描繪了不同特點的社會閱讀風氣。可以說，舉凡稱得上是閱讀比較好的時代，當時社會的閱讀都應當成為良好的風氣。反之，則不會是閱讀的好時代。譬如，秦朝就不是一個閱讀好時代，因為當時不僅沒有提倡讀書的政策，恰恰相反，焚書坑儒的做法，只能讓當時的讀書人戰戰兢兢、如履薄冰，

哪裡可能有良好的閱讀風氣！

春秋戰國時期，社會上普遍有著比較良好的讀書風氣，這與當時諸侯王公大都需要讀書人有關。孔子和他的弟子陳蔡困厄，有人說是孔子及其學說走投無路，另一種說法卻是陳國、蔡國的諸侯敬畏孔子，擔心楚國利用他的智慧滅掉陳蔡這些小國，所以不想讓他往楚國而去。這從另一個方面看出諸侯王公們對於知識份子的倚重。正因為那時的諸侯王公求賢若渴，認為要借重君子來治國，耐心傾聽君子的意見，合縱家、連橫家東走西盪，言者無罪，但說無妨，這才使得那時的讀書人能夠大膽放言，很有自我實現的感覺。

史書記載，當時養士之風很盛，有名的戰國四公子（魏國的信陵君、齊國的孟嘗君、趙國的平原君、楚國的春申君）就養有門客數千人，做為他們的智庫，想出種種辦法來鞏固各自的政權。這些門客，有學士、方士、策士或術士，甚至只是食客，但都表示自己是讀書有心得和見解的人士。這些門客的存在，無疑對一般讀書人的人生規劃具有相當的吸引力和示範意義。

古代社會推崇讀書，讀書成才一直成為數千年人才成長的主要路徑。在一般情況下，很難想像一個有較好政績的官員沒有一定的文化修養。後人在一些野史笥記中儘管也讀到過一些由於沒有教育背景的官員缺乏文化修養的故事傳說，但都是社會主流價值觀主導下的一些負面例證，其實不足為訓。

在古代社會官場的圈子中，出身、門第、談吐、書法、辭章、風度、名望、口碑等等，都是官員被評價的標準。久而久之，也就養成了他們閱讀的習慣，入仕以後也往往離不開書冊，孔子說的「仕而優則學」，對於官員們是有警策作用的。風氣所向，大多數官員讀書以及文風的講究自是水到渠成，不管是學問家，還是治世能臣；不管是文臣武將，還是一國之君，都把讀書當成了生活中必不可少的一部分。

從一部中華文明發展史來看，舉凡是開明盛世，青史留名的官員大都是「修齊治平」而來，而那些草莽武夫、混帳闊少、三教九流之類，即便有人做上了朝廷命官，甚至一人之下、萬人之上，史書依然難得給他幾句關於治學方面的好話。所謂好風氣，其實就是主流社會提倡什麼、反對什麼、褒揚什麼、貶斥什麼。讀書的好風氣，也就是主流社會提倡讀書的態度十分明確而形成的。

古代官員崇尚讀書的風氣，還可以在許多官員退休生活的安排上看得出來。官員們或者因為年事漸高，或者因為志趣所向，辭官回鄉，解甲歸田，大都是以歸隱山林休養讀書為自己的主要生活方式。清朝曾國藩的名句「千秋邈矣獨留我，百戰歸來再讀書」，據說是贈送給他九弟曾國荃的。曾國荃被停官返鄉，鬱鬱寡歡，曾國藩以「再讀書」來慰勉自己的兄弟，從這種慰勉中我們可以窺見當時官員致仕後對於讀書生活的重視。

在古代社會，只要不是戰亂年代，社會就會形成讀書的風氣。讀書成才不僅是許多人謀取一官半職的主要路徑，也是普通人家在解決溫飽的同時需要認真考慮安排的大事情，許多窮苦人家縮衣節食乃至忍飢挨餓也要設法讓子弟獲得讀書進學的機會。我們從明朝吳敬梓著的長篇小說《儒林外史》和清朝蒲松齡著的小說集《聊齋志異》等古典文學名著中，可以讀到不少窮苦人家子弟發憤讀書的故事。

《儒林外史》中窮苦人家子弟王冕，天資聰穎卻無錢上學，白天給人家放牛，晚上到佛寺長明燈下讀書。有一天，王冕把牛放在野外吃草，自己跑到私塾裡聽老師講課，結果忘了時間，牛走失了，被父親責打一頓。王冕的好學精神感動了一位讀書人，主動收他為徒。雖然後來王冕科舉未中，他卻成為一位史上著名的畫家、詩人。

《聊齋志異》中《葉生》的故事說的也是讀書人的故事。葉生出身貧寒，是個懷才不遇的讀書人，巧遇一位卸任的地方官，幫他治病，請他做自己兒子的老師，後來官員的兒子中舉人、進士，做了官，葉生也中了舉人；儘管小說後來竟然揭祕這是一個鬼魂苦讀成才的故事，但這故事讓我們窺見當時讀書尋覓出路是社會的常態之一。

在古代社會，普通人家希望子弟讀書出人頭地，只是一個普遍的價值追求，但並不是全部生活的追求。耕讀傳家，才是農村家庭生活的基本方式。所以舊時的家居牌匾或過年春聯上常用「耕讀傳家」這四個字。農耕度日自然是農家的生存需求，可是與農耕同等重要的是讀書，這就可以看出這是何等重要的事情。

《曾國藩家書》中記載在外做官的曾國藩給遠在湖南農村家人的信中這樣寫道：「家中兄弟子姪，唯當記祖父八個字，曰：考、寶、早、掃、書、蔬、魚、豬。」這當中的「考」和「書」直接指向讀書成才。曾國藩還叮囑家人：吾不望代代得富貴，但願代代有秀才。這是關於古代農村社會耕讀傳家的比較突出的範例。

在古代社會，普通人家對於家中要有識文斷字的人一事看得很重，因為當時社會法制極不健全，文盲人家吃虧以致於傾家蕩產的故事舉不勝舉，一個普通人家有一個讀書人，立刻就獲得了某些安全感。雖然，這樣的讀書與我們現在所提倡的閱讀在內涵上並不是一回事，但做為一種生存方式，卻也是一脈相傳的。

我們從古代的很多讀書故事和讀書詩句，可以認識到綿延不斷的讀書風氣。前面我們說到古代歷史上名人苦讀故事之多之深入人心，在世界上無愧於首屈一指，成為中華民族數千年來精進尚學的精神標杆。中國古代流傳的讚美鼓勵讀書的詩文警句，更是汗牛充棟。譬如「少壯不努力，老大徒傷悲」、「人家不必論貧富，唯有讀書聲最佳」、「過客不須頻問姓，讀書聲裡是吾家」、「數百年舊家無非積德，第一件好事還是讀書」等等，還有《三字經》、《千字文》等兒童蒙學經典，大篇幅內容崇學向上，這些詩文警句至今仍口口相傳、興盛不衰，足以看出中華民族重視文化傳承，蔚成讀書風氣的壯麗景象。

7、迎來閱讀的好時代

上面講了閱讀好時代的六個特徵，不一定概括得全面，但至少可以說，倘若一個時代能在這幾個方面都做得比較好，就可以稱得上是一個閱讀的好時代了。對照這六個方面的特徵，現在我們可以說，當前我們社會正迎來一個閱讀的好時代。

中國顯然正處在一個轉型的時代。中國的社會正在從計畫經濟向市場經濟轉型。改革開放以來，國家不僅是在進行經濟形態轉型，還引起了一系列的轉型，政治體制、文化體制、社會管理、生態文明也都在轉型。這一轉型必然帶來更多的自由發展、創新發展的空間。在這個轉型期，閱讀應該是人們非常重要的生活方式。二十世紀八〇年代傷痕文學作品、反思文學作品、「走向未來叢書」、「走向世界叢書」等一系列的書，大家爭著要讀。《英語900句》、《大趨勢——改變我們生活的十個方面》、《白鹿原》、《世界是平的》、《哈利·

波特》等暢銷書風靡一時。轉型時期每個人都在尋找自己生存和發展的方向和機會，每個人都在重新認識和理解價值取向。現在，已經快四十年了，還在轉型的路上，不僅深入到人的管理、社區的管理，還延伸到參與世界經濟格局的轉型，我們的「一帶一路」戰略正是轉型中的世界經濟戰略。在這麼一個轉型時期，不閱讀是行不通的。這在客觀需求上要求主流社會推廣閱讀，何況社會發展在主觀上也有這樣的價值訴求，這正是國家號召開展全民閱讀的大背景。

中國當然正處在一個寫作繁榮的時代。現在的文學寫作、思想文化寫作，不要說較之於二十世紀的七〇年代，就是較之於八〇年代、九〇年代，都更開放，創新更多。不用說網路寫作如火如荼，民間寫作相當海量，相當開放，相當具有顛覆感，其開放顛覆程度已經令大眾感到不安，就連我們傳統的長篇小說創作，都有很大的開放度。像《繁花》這樣的現代市井小說，說的是一些凡人小事、飲食男女，甚至還有苟且之事，同樣也能夠評上茅盾文學獎，說明主流社會對文學的功能有了更寬泛的理解。像《黃雀記》這樣反映生存危機的作品，每個人都可能會有黃雀在後之境，這是一個多麼深刻多麼危險的主題，一樣也能獲得茅盾文學獎，說明現在還真是一個寫作寬鬆的時期，是一個允許百家爭鳴、允許爭奇鬥豔的時期。

中國當然也正處在出版傳播行業迅猛發展的時期。當下中國已經有了不只十二億支的手機，是全世界手機第一大國，手機上網也達到相當大的比例。舉目向四面八方望去，到處都可以見到低頭一族，主要是年輕人，也有中老年人，都在低頭閱讀。不管是讀什麼，總之是在讀，用手機來讀，用平板電腦來讀。中華民族何曾有過這樣的閱讀盛狀！同時，傳統圖書全國年度發行量依然在以百分之五左右的速度增長。按需印刷達到立等可取，網路書店的生意越做越成熟，實體書店也在保生存、謀發展，二十四小時書店開了一家又一家，深夜書店的燈光是夏夜的清風、冬夜的暖流、黑夜裡的燈塔。

二十世紀九〇年代微軟的一位副總裁曾經斷言二十年實現無紙化，二十年已經過去，無紙化程度提高了，可是有紙化的閱讀還在穩步增長。前不久，世界最大的網路書店和電子書巨頭亞馬遜，在美國西雅圖居然開了一千四百平方英尺的實體書店，引得出版界一片驚奇。這就是說，和電影觀眾從家庭電視機前重新回到電影院一樣，許多讀者在網路購書和閱讀電子書的同時又重新回到書店徘徊選擇，許多讀者在讀過手機、平板電腦之後，還要回到提供深度閱讀、整體閱讀的圖書上來。我們最後的結論是，整個出版界不只是轉型為數位化，而且是正在融媒發展，出版傳播的能力更加提高和發展了。

中國人也深切感受到政府對於推廣全民閱讀的政策從未有過現在這麼好。中國深圳特區不到兩千萬人，已經有了一百多個書吧（註1），好幾家大書城，這些圖書賣場的建設，與其說是市場行為，不如說是公共文化服務體系建設的市場化運作。而且透過市場化運作，書城、書吧不斷提升了經營能力和經營品質。加上十五年來的中國深圳讀書月活動開展得有聲有色，民間讀書會遍布城市各個角落，深圳市成了中國乃至國際全民閱讀的典範城市，聯合國教科文組織為此專門授予其「世界閱讀典範城市」的稱號。

中國現在對於實體書店的扶持和鼓勵是前所未有的，全國開展了實體書店獎勵評選活動。國家對於閱讀家庭的獎勵也是前所未有的，二〇一四年中國獎勵了一千家「書香之家」。這樣的盛舉何曾有過？古代皇帝不時會御賜一個匾，獎勵「進士之家」「長壽之家」「耕讀之家」，現在國家是一次就獎勵一千個「書香之家」，真正展現了全民閱讀的普及性。

在各級政府的支持下，不少城市開辦了二十四小時書店，這也形成了良好風氣。有人對二十四小時書店值不值得開、開了能不能堅持下去有懷疑，我的看法是，只要一個城市開有二十四小時網吧、咖啡、酒吧，就有理由開辦一家以上的二十四小時書吧，理由不用多說，「第一件好事還是讀書」，這就是理由。

現在關於全民閱讀更重要的政策即將出臺，這就是中國國務院的《全民閱讀促進條例》。這是中國首次為全民閱讀出臺法規。有人不理解，說難道不讀書會犯法嗎？不是的。不讀書不違法，只是你失去了一個學習的機會，沒有享受好自己的文化權益。

《全民閱讀促進條例》主要是針對各級政府提出要求，要求各級政府在促進全民閱讀方面做出自己的努力，要有預算，有安排，有檢查，形成自己的工作機制，最後使得全社會受益。國家透過出臺法規來強化、保護全民閱讀的權益，其政策力度有了歷史性的加強。

現在政府官員帶頭讀書也成了時代風氣。據說，許多新華書店接到當地政府官員建議，請書店不定期地給官員們提供新書目，以便他們選購圖書閱讀。這在多年前是難以想像的。譬如，早幾年，有位市委書記，在全市幹部大會上說自己春節期間讀了湯馬斯．佛里曼的《世界是平的》，然後簡要談了一點讀後感，會後就有很多幹部去找這本書來讀，頓時在這個城市形成了一輪閱讀《世界是平的》熱潮。政府官員帶頭讀書往往就是一個閱讀的好時代。

現在閱讀的傳統正在得到弘揚。社會的閱讀人數正在前所未有地擴大。目前，開展全民閱讀活動的城市在中國已經超七百多座，活動形式可謂千姿百態、異彩紛呈，有的評選閱讀典型、讀書之家，有的評選領讀人，有的把領讀人稱為「全民閱讀點燈人」，很富有詩意。深圳市的全民閱讀已經逐漸形成優良傳統，市民們紛紛以讀為榮。深圳民間閱讀團體很多，在中國的讀書會的交流中發揮著帶頭作用。

資訊時代，利用媒體交流閱讀也成了常態。全民閱讀全國媒體聯盟包括了從中央到地方一百多家主流媒體，可見媒體普遍重視報導讀書活動。豆瓣網上的讀書活動也很了不起，用戶上億，形成了自己主要的盈利面。網路閱讀交流往往讀的是經典著作，網友們可以自覺去讀，自覺進行交流的。

註1：「書吧」是近些年在中國一些城市流行起來的一種讀書場所，集圖書館、書店、茶館或咖啡館的特點於一身，人們可以在喝茶、喝咖啡、聊天的時候翻翻時尚雜誌、流行小說，在舒緩的音樂中放鬆身心。

8、閱讀永遠是進行式

可以說我們正迎來閱讀的好時代。但是，且慢，我們說的是「正迎來」而不是「正處於」，可見人類閱讀無止境，閱讀永遠在路上。

我們說社會轉型期往往是一個閱讀的好時代，但並非自然而然地生成，還需要有正確的價值觀的引導。轉型期往往泥沙俱下，面臨著價值選擇的問題。新時期以來，以經濟建設為中心，這是一個大轉型，但社會建設、國家發展不能只是追求一個經濟價值、一個經濟目標，不能只從一個GDP看成就，我們的文化發展、社會管理、生態文明乃至制度建設，都應該成為社會進步考量的重要價值標準。轉型期如果沒有正確掌握核心價值體系建設，社會就不會迎來閱讀的好時代。對此我們要有清醒的認識，應該擇善而從、趨利避害，把建設一個閱讀好時代做為一項文化建設任務來切實做好。

我們說出現寫作繁榮的景象往往是一個閱讀好時代，但並非寫作一繁榮，大量生產出來的作品都是好作品，還是需要做一番評價和選擇的。當下寫作，無論是紙質發表還是網路傳播，數量越來越大，讓我們感覺到評價和選擇的任務越來越重。

有人說，我想怎麼寫就怎麼寫，直接在網站上傳，有的網站一天自動上傳的網路小說超過五千萬字，有時候竟有一億字。有人就會產生誤解，以為從此不需要編輯了。依我看，所有的作家都需要編輯，著名作家如魯迅，都需要編輯。魯迅需要孫伏園夾著大皮包催他寫《阿Q正傳》，後來，孫伏園離開北京《晨報副刊》一段時間，沒人催稿了，魯迅就把阿Q「槍斃」掉了。如果孫伏園還在，可能不會同意阿Q死得那麼早，還會要魯迅演繹出更多的故事。

錢鍾書先生算是一代學術大師，卻感謝過不少「一字師」，對中華書局的編輯周振甫先生更是感激不盡。周先生對錢先生的《談藝錄》、《管錐編》曾經做過大量的編輯訂正工作。沒有編輯怎麼行！現在是一個寫作繁榮、資訊海量的時期，越是這樣的時期，越發需要編輯，現在的問題是編輯認真的選擇工作做得不夠，公正的評價做得不夠，因而優秀作品不多，經典性作品更少，還需要各方面繼續努力才可能形成寫作的真正繁榮。

新世紀以來出版傳播業雖然迅猛發展，可是也帶來了許多新的挑戰和問題。數位化、網路化同時帶來了比較嚴重的出版傳播娛樂化傾向。美國社會傳播學教授尼爾．波茲曼的《娛樂至死》指出，一切公眾話語日漸以娛樂的方式出現，並成為一種文化精神，我們的政治、宗教、新聞、體育、教育和商業都心甘情願地成為娛樂的附庸，毫無怨言，甚至無聲無息，其結果是我們成了一個娛樂至死的物種。這就是新興的傳播媒介給我們帶來的弊端。

當然其弊端還不只這些，諸如出版傳播的真實性問題、深刻性問題等。數字出版傳播帶來了碎片化、膚淺化等一系列問題，任其放縱下去，這會是一個閱讀的壞時代。因此，如何做到既堅持健康有序又能開放寫作自由，讓人們享受出版傳播的正當權益，這是當前出版傳播業繁榮發展的核心問題。

至於政府關於全民閱讀的政策問題，目前還不能完全樂觀。政策需要落實，更需要長期堅持，不要因為領導人注意力的變化而變化。經驗告訴我們，某項活動一旦成為政府工作的重要內容，就有可能成為政績工程。倘若全民閱讀成為政府的政績工程，老百姓對於閱讀沒有更好的一種理解，沒有養成閱讀的興趣，其結果可能比沒有開展全民閱讀活動更危險，因為民眾好不容易掀起來的閱讀熱情將會受到蹧蹋，成為中國「大躍進」那樣的歷史笑話，以後再做補課工作可就很難了。全民閱讀活動一定要更好地符合閱讀的規律，讓大家真正地讀書，真正地讀好書，真正養成閱讀的習慣，這才是最重要的。

我們特別欽佩各級政府官員帶頭讀書，也希望政府官員告訴我們他正在讀什麼書，這是民眾對政府官員的敬重和愛戴。希望各級政府官員真正做好閱讀的表率，帶領大家閱讀真正有價值的好書，從而形成某種共同的價值觀和共同的理想追求。特別是各級政府官員不要僅僅限於號召閱讀，而是能到媒體上，到群眾中，談讀書的具體收穫體會，這樣會使得廣大民眾意識到這一切都是真實存在的。各級政府官員倘若只是在號召大家讀書、讀書再讀書，至於他讀與不讀人們卻不得而知，這不免會讓普通老百姓和廣大讀書人感到有所疑惑。

第二章

閱讀史上的好風景

三 究竟為什麼要讀書

FEDERAL SUPPLEMENT
587
FEDERAL SUPPLEMENT
656
FEDERAL SUPPLEMENT
657
FEDERAL SUPPLEMENT
658
FEDERAL SUPPLEMENT
659
FEDERAL SUPPLEMENT
660
FEDERAL SUPPLEMENT
661
644
645
FEDERAL SUPPLEMENT
673
FEDERAL SUPPLEMENT
674
FEDERAL SUPPLEMENT
675
FEDERAL SUPPLEMENT
676
677
678

三 究竟為什麼要讀書

1、這個問題還需要討論嗎？

為什麼要讀書？這幾乎是一個不成問題的問題。因為在很多人看來，讀書是自然而然的事，就是再不講究幼兒學前教育的人家，孩子到了上學的年齡，那孩子也就自然而然地背起書包上學去，書包裡的書就成為他晚上在家溫習閱讀的書。這時候你要問他為什麼讀書，他會愕然。幾乎所有人都會認為，到了該讀書的年齡就得去讀書。

讀書，早已成為現代社會人們成長的必經之路。就像人文學者周國平所說的那樣，他覺得為什麼要讀書這個問題和一個人為什麼要活著是分不開的。如果說一個人對於人生怎樣有意義地度過是無所謂的，那麼這樣的人當然可以不讀書。可是，如果你對人生的意義是在乎的，要把人生的價值表現出來，不願意虛度這一生，那麼，讀書對你就非常重要。

在傳統農耕社會裡，讀書幾乎是一般人接受資訊的唯一管道，不讀書幾乎難以知今追往。孔子的年代，書的種類為數極少，還都是竹簡木牘，難得搬動，一般人是難得讀到的。而要成為一個有知識的人，只有讀書求學一條路。社會發展到人人有書讀的現代，當然要求學就必須讀書。可是，兩千五百多年過去了，迎來了遍地是知識、睜眼有資訊的時代，似乎一般人求知成長不一定靠讀書了，這才有了為什麼要讀書的問題的提出。

現在天經地義問的是為什麼不上網 google 一下，而不是為什麼不讀書了。可是，讀資訊與讀書畢竟既是一回事又不是一回事。現在，人們獲取資訊、知識，雖然可以透過讀書或者上網、讀各種媒體，然而，人類創造的精神產品，包括思想、思維、審美以及這一切完整的呈現，還是要透過完整的閱讀才能夠為人們有所瞭解。從這個意義上看，就是資訊時代，讀書也依然是現代社會人們成長的必經之路。

可是，當社會提倡人們讀書的呼聲越來越高之後，當閱讀問題成為社會價值觀的一部分不斷地被媒體放大之後，人們不禁要問，難道已經有越來越多的人不讀書了嗎？我們需要再一次明確，這裡所說的讀書，已經不只是上學的讀書，而主要是指做為一個人生活的一部分的終身讀書。中國社會在這方面的狀況，從專業機構十餘年來的社會調查中可見其表現始終不能盡如人意。讀書，在現代社會生活中的地位正面臨著擠壓。

物質生活的重負在擠壓著人們讀書的心情、藏書的空間，精神生活的紛亂在擠壓著人們讀書的心緒，資訊氾濫的緊張在擠壓著人們讀書的選擇，娛樂媒體的喧嘩在擠壓著人們讀書的心境，以致於人們快要用「放不下一張平靜的課桌」來形容當前讀書的外部環境。這時候，我們討論如何提高閱讀力，做為一種必備前提，首先還應當討論一下為什麼要讀書。一個人倘若不能比較好地回答這個問題，恐怕就難得有良好的閱讀態度。當今，各行各業似乎都在流行「態度決定一切」這樣一句話，在讀書問題上，這句話完全實用。做為一個人生活的一部分的終身讀書，是一個細水長流甚至靜水深流的過程，初始時，甚至是一個考驗讀者意志力和耐力的過程，倘若沒有一個良好的閱讀態度，是很難將個人閱讀終身進行下去的。

2、為什麼讀書？

為什麼讀書？答案肯定是不勝枚舉的。我們可以隨時舉出十幾種乃至幾十種讀書的原因，例如：為了愛而讀書，為了恨而讀書，為了書名而讀書，為了作者而讀書，為了出版社而讀書，為了自我求證而讀書，為了自我反駁而讀書，為了健康而讀書，為了美德而讀書，為了享樂而讀書，為了孤獨而讀書，為了逃避而讀書，為了不逃避而讀書，為了惡習而讀書，為了習慣而讀書，為了改變時間而讀書，為了再現青春而讀書，為了從麻木不仁中清醒過來而讀書，為了知道閱讀並不能改善什麼而讀書，為了已經讀過而讀書。

有一種閱讀的目的是為了治病，這似乎讓人匪夷所思。在第一章中我們介紹過，古希臘時期醫生有過開「閱讀」處方，讓病人傾聽別人的朗讀達到治病的目的的做法。當今，憂鬱症有所泛蔓，國外就有醫生替患者開出特別處方——閱讀一本名為《情緒的新醫學》。這本名列德國亞馬遜網站心理學類銷售亞軍的書籍，由若干知名醫學專家撰寫而成，不料成為治病良藥。同樣能夠緩解憂鬱的指南書籍在德國還有不少，例如《不要恐懼憂鬱症》、《病癒密碼：六分鐘病癒方法》等。

既然有一種經典說法是「讓讀書成為生活的一部分」，那麼，也就可以說讀書與生活一樣，原因和目的無所不在，無所不是，形形色色。歸類起來說，精英人士有精英閱讀的目的，專業人士有專業閱讀的目的，學生有學業進步的目的，一般人有各有所好的目的，甚至，各個年齡層有人生各個階段閱讀的目的，白領青年的閱讀可能是為了時尚，白髮老人的閱讀可能是為了養生，初為人父母者可能會從幼兒書籍讀起，幫助兒女中考、高考的父母的閱讀可能或多或少要與考試有關，如此等等，不一而足。

中國古人對於讀書目的不乏精彩表述。漢朝劉向說：「書猶藥也，善讀之可以醫愚！」這是把人的成長與書緊密聯繫在一起。唐朝杜甫的詩句：「讀書破萬卷，下筆如有神。」這是為了把文章寫好而讀書。宋朝真宗皇帝趙恆在《勵學篇》說「安居不用架高樓，書中自有黃金屋」，照這說法，讀書可以解決無房戶安居困難，而且讀了書不僅解決無房的憂慮，還會得到好的地段，好的樓層，當然要趕快讀書。

宋真宗又說「娶妻莫恨無良媒，書中自有顏如玉」，說的是為了解決男女婚嫁，那麼為了娶得高顏值的女孩，嫁得好男人，埋頭讀書吧——不過，就怕讀完書抬起頭來一看，好男人都不見了。宋真宗的《勵學篇》說的都是大實話，儘管境界不高，可是居然傳誦了一千多年。

前面我們介紹過，宋朝是中國古代歷史中文官制度比較完善的朝代，科舉取士的比例比唐朝、元朝、明朝、清朝都大得多，宋朝還是古代學術達到鼎盛的時期，宋朝讚頌讀書、鼓勵讀書的詩歌名言也是歷朝歷代最多的。宋朝的汪洙做過一首《神童詩》，流傳也足夠久遠：「天子重英豪，文章教爾曹。萬般皆下品，唯有讀書高。」後面兩句態度明顯武斷，就像當代中國某個狂熱時期曾經大唱特唱的「就是好、就是好、就是好」一樣，有點不講理，但是這兩句詩就是被人們牢牢記住了，看來事實上確實「讀書高」。

而古代純粹的大文人談讀書則比較理性。宋朝歐陽修說：「立身以立學為先，立學以讀書為本。」宋朝黃庭堅說得比較深刻：「三日不讀書，便覺言語乏味，面目可憎。」據說，又傳黃庭堅原話是：「一日不讀書，塵生其中；兩日不讀書，言語乏味；三日不讀書，面目可憎。」宋朝陸游做了將近三百首關於讀書的詩歌。陸游是一位入世很深的詩人，他的讀書觀主題基本上是修身齊家治國平天下，從「五世業儒書有種」、「詩書守素業，蟬聯二百年」、「莫笑書生一卷書，唐虞事業正關渠」這些名句，看得出詩人讀書的宏偉抱負。

綜覽古往今來的閱讀生活，可謂五彩斑斕，其目的與緣由自然也是五花八門。然而，歸納起來，似乎可以歸為四種，即讀以致知、讀以致用、讀以修為和讀以致樂。

3、讀書目的（一）：讀以致知

先說讀以致知。求知慾4是人與生俱來的基本需求。人的本性之一就是滿足求知慾，就是要滿足人們希望知道或瞭解更多事物的不滿足心態。心理學認為：求知慾是個體學習的內在動機，個體尋求知識的動力，是創造性人才的重要特徵。人類強烈的好奇心和旺盛的求知慾，必然導致在閱讀上不斷地搜奇探幽。

孔子說過：「我非生而知之者，好古，敏以求之者也。」意思是說自己不是生來就知道一切的人，只是喜好古代文化，勤奮學習追求知識。這位中國古代的第一讀書人，一直在強調「知之為知之，不知為不知，是知也」，指出「學而不思則罔，思而不學則殆」，其結論就是「好古，敏以求之者也」，讀書以致知。

透過學習而成長，這是古之聖賢宣導的不二法門。秦國丞相呂不韋的《呂氏春秋．尊師》一文為此大發感慨：「神農師悉諸，黃帝師大撓……吳王闔閭師伍子胥、文之儀，越王勾踐師范蠡、大夫種。聖賢者，未有不尊師者也。」把神話般的人物神農黃帝的師從傳說都拿出來舉例說明師從學習的重要性。接著他又論述到學習的重要性：「且天生人也，而使其耳可以聞，不學，其聞不若聾；使其目可以見，不學，其見不若盲；使其口可以言，不學，其言不若爽；使其心可以知，不學，其知不若狂。故凡學，非能益也，達天性也。能全天之所生而勿敗之，是謂善學。」這段話可謂古人強調後天學習最為雄辯的一篇，大意是：上天造就人，如果不學習，能聽見還不如耳聾，能看見還不如眼瞎，能說話還不如說不出來，能認知還不如無知。其實凡是學習，不是使人增加什麼，而是通達天性，保全上天賦予人的天性而不使它受到傷害。

中國傳統啟蒙讀本《三字經》就非常嚴肅地告誡少年兒童：「玉不琢，不成器；人不學，不知義。」明清之際著名思想家王夫之把讀書以致知分析出至少兩個層次來：「夫讀書將以何為哉？辨其大義，以修己治人之體也，察其微言，以善精義入神之用也。」而《幽夢影》

一書的作者、清朝文學家張潮，對一個人終身讀書不斷提高見識的過程有一番十分生動的形容：「少年讀書，如隙中窺月；中年讀書，如庭中望月；老年讀書，如臺上玩月。皆以閱歷之深淺，為所得之深淺耳。」

讀以致知，這是一個與生俱來的本能需要，也是人們讀書的原動力。它不是為了什麼具體的目的而讀書，只是因為我們是人類，所以要讀書。孔子說：「朝聞道，夕死可矣。」有人認為這是一番豪言壯語，早上知道了人世間的規律，晚上就結束生命，這樣一來還有什麼實際用處呢？其實，這個用處就在於一個人終於知道了自己孜孜以求的知識、真相，也就滿足了他求知的心願。

古希臘哲人蘇格拉底被判了死刑，準備讓他服毒去死，當毒藥在準備中的時候，蘇格拉底正在用長笛練習一首曲子，有人問他：「這有什麼用呢？」他說：「至少我死前可以學習這首曲子。」這不就是為了讀以致知嗎？

我曾經在一些文章中說過一個真實的故事。有一個被判了死刑的人，明知道當天上午就要被執行，可是，在等待行刑時間到來的時候，他得到了期待中的一本書，於是認真地讀了起來。也有人會問：這時候讀書還有什麼用呢？看來蘇格拉底的答案可以移植過來：至少他死前可以讀到這本書了。

如此看來，與其把讀以致知看成是讀書目的之一，還不如說這是一個正常人的本能。許多人讀書的緣起就來自於一種求知本能的衝動。正如一個蒙昧未開而又難以安靜的小孩，家長越是告訴他什麼東西不能觸碰，他越會設法去觸碰它，甚至把它弄壞。求知就是人類最可貴的本能。珍惜我們閱讀的求知慾吧！這是上天賦予人最可寶貴的本能，由本能而生的追求，往往就是人們通常所說的「無用之用，乃為大用」。驕傲吧！你若有無用的讀書目的，有本能的閱讀衝動，正是能成為一位大用之人。

4、讀書目的（二）：讀以致用

孔子談讀書談得最多的是哪一本書？是《詩經》。他認為這部詩歌集非常有用。首先，他說「不學詩，無以言」，指出：對士大夫來說，讀不讀詩涉及一個士大夫有沒有話語權的重要問題，說到底是一個能不能安身立命的問題。孔子說：「小子！何莫學夫詩？詩，可以興，可以觀，可以群，可以怨；邇之事父，遠之事君；多識於鳥獸草木之名。」他告訴青年們，不可以不讀《詩經》，《詩經》可以激發情志，可以觀察社會，可以交往朋友，可以怨刺不平。在家可以侍奉父母，從政可以侍奉君王，還可以知道不少鳥獸草木的名稱。他從多方面揭示了讀《詩經》的用處。

孔子是一位入世的思想家，故而十分重視讀以致用。他說：「誦詩三百，授之以政，不達；使於四方，不能專對；雖多，亦奚以為。」說的是一個人熟讀《詩經》，交給他政事，卻辦不通；派他出使外國，又不能獨立應對。即使讀得再多，又有什麼用處呢?在孔子看來，學了《詩經》就要會用，理解《詩經》用好《詩經》是閱讀《詩經》的主要目標。否則，不如不讀。

我們之所以選擇孔子讀《詩經》的態度為例來說明讀以致用這一讀書的目的，是因為這些例證十分典型，且對於人們的認知反差夠大。試想，在不少現代人看來，《詩經》就是一部詩歌集，對於並不從事文學研究的一般讀者，閱讀文學作品，特別是讀詩，除了豐富自己的語言，再來就是陶冶情操，還有就是消遣娛樂，怎麼可以想到要學那麼多東西!可是孔子就是在閱讀文學作品的時候，還在強調有用，可見讀以致用被他十分推崇看重。

中國古人歷來推崇看重讀以致用。在春秋戰國時代，讀書人都希望透過學習獲得更大本領，為王侯們所用，那時候讀書人的策論滿天飛。孔子說「學而優則仕，仕而優則學」，出發點就是學以致用。可以說，一部《論語》立足點還是學以致用。

戰國時期，以縱橫家蘇秦為代表的一大批學人，就是千方百計地把自己的學說呈現給王侯們，學以致用，成就一番事業。蘇秦出身卑微，落寞於民間，後來發憤讀書，「錐刺股」的典故就出自於他，最後成就了自成一家的合縱說，成為執掌六國的宰相，聯合抗秦，害得秦國十五年不敢出函谷關。

到了漢朝，董仲舒獨尊儒術，其立足點更是取法儒家的經世濟用之道，讀儒經以致用，立足於改造社會秩序、政治制度、文化價值、倫理道德。劉向的「書猶藥也，善讀之可以治愚」，這也是讀以致用的深刻說法。漢朝在長安興太學，成為學子做官的一條路徑，讀以致用的主張十分明確。

古代讀以致用的故事俯拾皆是。《三國演義》中的龐統正是這樣一個讀以致用的典型。龐統是一個讀書人，算是一位名士，可是其貌不揚，投奔孫權，孫權不要，投奔劉備，劉備礙於是魯肅推薦的，不得不要。但劉備還是以貌取人，只給龐統做一個縣令。偏偏龐統不是做縣令的料，老百姓老鬧事，後來劉備只好把他的官罷掉。可是後來諸葛亮來了，諸葛亮和魯肅再次推薦他，說他是鳳雛，「臥龍鳳雛，得一人可安天下」的說法讓雄心勃勃的劉備大為心動。臥龍是諸葛亮，鳳雛就是龐統，劉備這才重新起用龐統，讓他做軍師中軍令，輔佐自己西征益州，立下大功。

在《三國演義》中並不是很重要的人物龐統見用於劉備的曲折故事，強調的還是一個讀書人其讀以致用的價值取向。更不要說這部歷史演義的一號人物諸葛亮，從隱居臥龍崗到三顧茅廬再到出山征戰，演繹的更是一個讀以致用的傳奇故事。

唐朝科舉盛行，讀以致用就成了千軍萬馬必過的獨木橋。讀書的目標一旦明確，動力更加直接。「三更燈火五更雞，正是男兒讀書時。黑髮不知勤學早，白首方悔讀書遲。」唐朝大書法家顏真卿的這首詩，直到一千多年後的今天還在激勵著千萬學子。

宋真宗皇帝不僅有過「書中自有黃金屋」的勸學詩，還有勸學諭，也算得上是一位尊師重教的國家領導人吧！他的《勸學諭》寫道：「為學好，不學不好。學者如禾如稻，不學者如蒿如草。如禾如稻兮，國之精良，世之大寶；如蒿如草兮，耕者憎嫌，鋤者煩惱。他日面牆，悔之已老。」宋朝大文人王安石的《勸學文》寫得十分用心，每句不離一個「書」字：「讀書不破費，讀書萬倍利。書顯官人才，書添官人智。有即起書樓，無即置書櫃。窗下看古書，燈下尋書義。貧者因書富，富者因書貴。愚者得書賢，賢者得書利。只見讀書榮，不見讀書墜。賣金買書讀，讀書買金易。好書最難逢，好書真難致。奉勸讀書人，好書在心記。」

最讓讀書有用論者牢記在心的還是元朝劇作家高明的兩句名言，他在《琵琶記》這部雜劇中寫了一通唸白：「十年寒窗無人問，一舉成名天下知！」竟然流傳了八百多年。

自從隋唐開了科舉，讀書改變命運的勸讀詩、勸讀文從此源源不斷出現。與科舉考試經常聯繫在一起的苦讀故事，也被人們唸叨了千百年。錐刺股、頭懸樑、囊螢映雪、鑿壁偷光這些故事讓很多小孩肅然起敬、不寒而慄而又備受鼓舞。其實，照傳說，「錐刺股」是戰國時期的蘇秦，「頭懸樑」是西漢的孫敬，「映雪」的是晉朝窮人家的讀書人孫康，「囊螢」的車胤也是一個晉朝窮書生，而「鑿壁偷光」的匡衡更是西漢時期的名士，這些故事發生的時代都還不曾有科舉制度。可是，科舉制度之下，這些本來還是自覺地讀以致用的故事，也就被拿來做了「一舉成名天下知」的註腳。

平心而論，讀以致用實在是天經地義的事情。甚至可以說，讀以致用是人類社會不斷前進的重要動力。只是本來具有一定的公平精神的科舉制度，由於社會人才拔擢途徑的過於單一僵化，致使讀以致用的主張變形為讀以致考、讀以中舉，讀書人與考官們玩起了考試遊戲而很少考慮經世致用的學習，如此愈演愈烈之後，科舉制度終於遭到廢除。至於當代中國教育的應試化，在批評之聲不絕於耳之後，也一直在努力改革調整為素質教育，以期走出考試遊戲的老路和死胡同。實際上，讀書學習，一旦讀以致考，為考試而學習，只以應考為要，大體上就與個人精神、個體靈魂無關。

讀書學習如果由功利起始，至功利而終，成功考過就成了這一閉環系統的全部價值所在，一般情形下個人精神、個體靈魂難得在考試中得到核對總和觀照。如此循環往復，氾濫下去，全社會的閱讀生活勢必僵化、扭曲、畸形，社會精神勢必混亂、委頓、頹廢。

從實現人的全面發展來看，只有讀以致用是不可思議的，功利性閱讀是人的全面發展的大敵。隨著人類社會的發展，特別是隨著全球化進程加快，一個國家民眾的精神狀態成為國家軟實力的重要組成部分，實現人的全面發展的理念受到空前重視，那麼，只有精英教育、精英閱讀、專業性教育、功利性閱讀已經不能保證社會和國家得到全面的發展。單純的讀以致用，一直不斷地被人們有所反思。

不過，無論如何，讀以致用還是人類社會閱讀的主流。成長性閱讀、職業性閱讀、精英性閱讀、研究性閱讀，它們的核心當然都是讀以致用。只要不走極端，不要把實用價值看成是閱讀學習的唯一價值，而要承認人還有全面發展的需求，有求知的興趣，有修為的需要，還有娛樂的快意，那麼，讀以致用當在社會科學文化發展中擔負起最大的責任。

5、讀書目的（三）：讀以修為

中華民族的歷史記載比較詳盡的教育精神和學術事業，當屬孔子的「六藝之教」（禮、樂、射、御、書、數）和「六藝之學」（《詩》、《書》、《禮》、《樂》、《易》、《春秋》）。「六藝之教」和「六藝之學」被中國現代教育家馬一浮先生看成是中華民族至高的文化內容，認為所謂之國學即為「六藝之學」。而這兩個「六藝」，一目了然，既有讀以致知、讀以致用，更有讀以修為，是一種人的全面發展的態度。

這三種閱讀原本渾然一體，既有求知解惑的需要，也有傳授知識、探討規律的追求，還有自我修養的意趣，只是後世隨著社會功利化需求愈演愈烈，三者間才有所消長，現代社會的閱讀主張才在人的全面發展上重新投入很大的熱情。反思這些消長的過程和教訓，我們似乎可以這麼說，一個社會在讀以修為上有多麼大的熱情，將決定這個社會國民的整體素質有多麼大的提升。要實現人的全面發展，首先要從讀以修為做起。

既然是讀以修為，我們認為在宣導全民閱讀時最好不要強調「讀書改變命運」，少說或者最好不說「書中自有顏如玉，書中自有黃金屋」一類較功利的勸學名言。讀書確實改變了不少人的命運，可是，也有很多人讀書並沒有改變命運。命運這個問題太複雜，豈是一個讀書就能完全決定得了。用「顏如玉」、「黃金屋」乃至「改變命運」來宣導全民閱讀，也不是宣導全民閱讀的本意，讓全體人民都「懸樑刺股」去讀書，更不是政府之所願。

全民閱讀不是鼓勵全民透過閱讀達到升學、升職、發財的目的，也不是科學家為了發明創造、教授學者為了專業研究的閱讀，甚至不是急用先學、學了就要用的閱讀，而是前面我們一再說過的，全民閱讀首先是為了人們滿足求知慾的需要，是為了每個人都能享受閱讀樂趣，是為了每個人的素質得到提高，是為了讀以修為，實現人的全面發展。

說到讀以修為，首先讓我們想起的名言就是宋朝大學士蘇東坡的「腹有詩書氣自華」。這句詩出自蘇東坡的一首七律《和董傳留別》。全詩八句，抄錄如下：

粗繒大布裹生涯，腹有詩書氣自華。
厭伴老儒烹瓠葉，強隨舉子踏槐花。
囊空不辦尋春馬，眼亂行看擇婿車。
得意猶堪誇世俗，詔黃新濕字如鴉。

說實話，全詩格調實在稱不上有多麼高，不過是一個布衣青年在科舉教育中的心酸寫照和登龍有時的幻想，可是，「腹有詩書氣自華」一句卻超凡脫俗。這句詩成了千餘年來無數讀書人自我安慰的常用精神藥劑。

「腹有詩書氣自華」，這句詩在當今社會愈發具有針對性和感召力。不知道從什麼時候起，社會輿論談到人的價值，「白富美（註2）」、「高富帥（註3）」、「高顏值（註4）」之類的語詞已經大行其道。不少時候像是說說而已，但更多時候已經成了人際評價的價值標準。特別是在青少年比較集中的地方，這樣的評價標準及其審美方式幾乎是信手拈來。那麼，這時，是不是也要說說「腹有詩書氣自華」呢？

一位男士，也許不夠「高富帥」，但是他有很好的學習經歷，有豐富的讀書實踐，而且讀有所得，比起另一位「語言乏味」的「高富帥」男士，是不是可以獲得更好的審美效果呢？說到女士，同理可證，也許顏值不夠高，可是，她腹有詩書，又文氣靜氣，談吐不凡，是另一種「高言值」，不是同樣也會得到某些聰明男士的好感嗎？

讀書可以養顏，讀書可以長精神，讀書可以改容貌——清朝曾國藩，就曾經對此有過一番高論。他對兒子曾紀澤說：「人之氣質，由於天生，很難改變，唯讀書則可以改變其氣質。古之精於相法者，並言讀書可以變換骨相。」我們並不唯古人馬首是瞻，但曾國藩這番話實在值得相信。

有人說，從一個人在讀什麼樣的書，我們可以看出他的教養和造詣。還有一種說法，從一個人的目光被什麼所吸引，我們可以看出他擁有怎樣的趣味。一位容顏平平的青年，讀了一些書，就有可能氣質變得不太普通，因為他有了一番教養和造詣。讀書人與不讀書的人就是不一樣，這從氣質上可以看出。

有些人，你看他其貌不揚，身材瘦弱，可是讀書的經歷卻使得他有了與眾不同的言行舉止習慣，也就是人們講的「氣質」。在學術會議上，他站起來向主講人提問，溫文爾雅，也有居高臨下之態，在多人聚會的時候，他偶爾跟大家幽默一下，也真是談吐不凡。可是，有時候我也會忽然想到，如果他不是一個讀書人，憑他這副長相身材，能夠被大家關注都困難，實在是讀書改變了他的生命狀態。

經常有長輩學者勸導年輕人，人要有點書卷氣。書卷氣來自哪裡？當然來自於書卷，來自於讀書。一個青年安靜地讀書，久而久之，就有了一種氣質，那就是靜氣。一個青年，原本表情比較渾濁，讀書既久，慢慢地變得清秀起來，那就是文氣。一個青年，原本比較木訥的表情，可是因為讀到書中非常美麗的句子，表情就有微微的愉悅，這就是秀氣。一個青年，因為讀書，有了一種更好的想像，他的神情往往透露出來的是一種迷人的令人神往的表情，這就是靈氣。一個青年，原來比較自負傲氣，讀了書漸漸謙和起來，因為讀後知不足，知道世界有太多自己不知道的東西，於是就有了雅氣。「腹有詩書氣自華」——有了靜氣、文氣、秀氣、靈氣、雅氣、書卷氣、平和之氣，而與那些腹無詩書的人，或者渾身俗氣、怨氣，或者一身嬌氣、小市民氣，或者一身傲氣、霸氣、戾氣、粗鄙之氣，前後比較，社會評價效果高下立判。

中國古人很早就注意到外貌與才華的審美反差，從而不斷強調才華的養成其重要性遠勝外貌的優越性。比較早的一個例子，就是孔子的弟子澹臺滅明的故事。澹臺是複姓，名滅明，字子羽。這個弟子是別人介紹給孔子的。孔子一看他長得那麼醜，額頭很低，低得快到眉毛了，鼻子塌陷，口很窄，心裡不待見，覺得這人不可能有什麼出息，就不怎麼理他。

弟子三千，被他不待見、少理睬的學生自然是有的。澹臺滅明只好跟著師兄弟們學，居然也能夠把春秋、六藝精通。後來去了南方，成為南方一個非常重要的學者，收了門徒三百多人。有人告訴孔子，說是夫子你有個學生真了不起，講學聽眾如雲，廣收門徒，門徒都很有出息。孔子這才很感慨，說「以容取人乎，失之子羽」。直到後來幾千年，江南一帶都還保存與澹臺滅明有關的傳說和遺跡。現在蘇州還有一個澹臺湖，南昌也有一個澹臺湖。

史書上還記載了西晉左思的故事。可能今天不少讀者知道左思的《三都賦》弄出了「洛陽紙貴」的典故，卻並不知道左思是一位奇醜無比的人。他是當時的文化人，認為自己文章寫得好，女孩子應該喜歡他，所以還喜歡在街上走，希望得到女孩子們的崇敬和追隨。結果他一在街上出現，女孩子就都煩他，朝他扔東西，連老太婆都嫌他長得太醜了，也往他身上扔東西。他無以自慰，只好關起門來讀書，花了十年時間，寫出了《三都賦》，頓時名滿天下，人們爭相傳抄，造成了洛陽的紙價上漲。他再在街上出現，人們不敢再小看他了，可謂粉絲多多，爭相觀賞，美醜已經不在臉面上，在他的成就、他的氣質上。這也算是「腹有詩書氣自華」吧！當代文化學者余秋雨有句名言「讀書的最大理由是擺脫平庸」，是不是也可以當成讀以修為的動力解釋呢？

讀以修為，不只是被古今社會看成是一個人成長和修養的重要途徑，也是許多家庭生活追求的理想狀態。「忠厚傳家久，詩書繼世長」，這是傳統人家常常做為座右銘來張貼的對聯。唐朝翁承贊的詩句「官事歸來夜雪埋，兒曹燈火小茅齋。人家不必論貧富，唯有讀書聲最佳」，蘊含著民間閱讀的平等精神，後兩句尤其傳頌久遠。

清朝姚文田的一副對聯「數百年舊家無非積德，第一件好事還是讀書」，一經清末大名士翁同龢、張元濟等手書，成為古今名聯，一直流傳至今。讀書可以使得許多家庭知書達理，讀書可以使得許多家庭懂禮重情，讀書可以使得許多家庭和諧樂道，讀以修為，乃是社會文明進步、家庭安逸溫馨、個人全面發展的重要路徑之一。

註2：「白富美」是中國大陸的網路上用語之一。指的是膚色白皙、經濟實力強、長得漂亮、身材好、氣質佳的女性，是一個褒義詞。

註3：「高帥富」是中國大陸的網路上用語之一。它形容男人在財富、相貌、身高八尺有餘的身材上的完美無缺。這樣的男人往往會博得眾多女性的青睞，在戀愛、婚姻中獲得成功來源。

註4：「高顏值」是中國大陸的網路上用語之一，即形容一個人長得漂亮。其中的「顏值」是指對人、物和環境的外觀特徵優劣程度的測定。顏，顏容、外貌的意思；值，指數，分數。表示人靚麗的一個分數，可以用來評價人物容貌。

6、讀書目的（四）：讀以致樂

說到讀以致樂，我們的腦海裡立刻就會浮現出中國人耳熟能詳的一句名言：「學而時習之，不亦說乎。」這是中國古代第一經典《論語》開篇的話。境界很高的中國古代山水詩人，晉朝的陶淵明有句名言：「好讀書，不求甚解，每有會意，便欣然忘食。」這也把閱讀的樂趣做了令人難忘的描摹。陸游是一位最崇尚讀書的詩人，他關於閱讀的態度就是讀以致樂，一句「天下無如讀書樂」的詩句，可以成為他讀書觀的主要精神。

讀以致樂，往往是在讀書人進入純粹為讀而讀的狀態時，才能忽然感到讀書的樂趣來。中國古代才子迷戀「紅袖添香夜讀書」的情景，我們只用想像，只有不以讀書為人生成敗大事的人，才會讓紅袖的脂粉香氣輕拂書籍芳香，以致於不知道陶醉讀書人的香氣不知道來自紅袖還是書頁。

為了讀書人的快樂感覺，古代讀書人比較講究讀書環境和方式。明末清初文學評論家金聖嘆有一篇《三十三不亦快哉》的小品文，被許多文人嘆為極品。其中就有「雪夜閉門讀禁書」之不亦快哉。清初大興文字獄，讀禁書被發現是要殺頭的，那麼，深夜雪天，閉門讀禁書，無人打擾，更無災禍之虞，自然是不亦快哉的了。清初思想家顧炎武還有一個很著名的讀書狀態，叫作夏天裸體讀經。我們不妨想像一下顧炎武此番情景，也算是痛快淋漓的讀書生活了。

讀書生活狀態給讀書人帶來的快意，不一定都要像金聖嘆、顧炎武那樣特立獨行才能體驗得到，舉凡中規中矩地讀書，都應當有一番快樂的體會。宋末元初詩人翁森有一首《四時讀書樂》的詩歌，在民國時期曾經選入中學生課本。詩歌比較長，我們選擇一些核心詩句供大家欣賞：「……讀書之樂樂如何，綠滿窗前草不除。」「……讀書之樂樂無窮，瑤琴一曲來熏風。」「……讀書之樂樂陶陶，起弄明月霜天高。」「……讀書之樂何處尋，數點梅花天地心。」讀者稍作體會，就能感覺到詩人把一年四季讀書的美妙處做了一番優雅的描繪。

中國古代讀書人中總有一類曠達人士，不以功名為重，不以經世致用自許，不以世俗場面為榮，唯以讀以致知為要，更以讀以致樂為理想人生。唐朝詩人劉禹錫的名篇《陋室銘》，把這種人生態度表達得淋漓盡致：「斯是陋室，唯吾德馨。苔痕上階綠，草色入簾青。談笑有鴻儒，往來無白丁。可以調素琴，閱金經。無絲竹之亂耳，無案牘之勞形。」相較翁森的《四時讀書樂》，劉禹錫陋室讀書的境界顯然要遠遠高過許多。曾國藩的「百戰歸來再讀書」，也算得上是曠達讀書的名句，表達了曾國藩的讀書觀、人生觀，即：百戰為國，讀書為樂，這也是傳統知識份子「達則兼濟天下，窮則獨善其身」的人生態度。

在中國傳統的閱讀文化中，讀以致樂的閱讀主張，乍看之下似乎比較娛樂化、平民化、世俗化，較之於讀以致知、讀以致用、讀以修為，顯得不是那麼有品味。然而，讀書，做為一種私人化程度頗高的社會活動，讀以致樂卻是其第一要素。否則，一個人要做到終身學習，如何能夠堅持數十年！且看孔子是怎樣看待在諸多事物中「樂」的重要性。他說：「知之者不如好之者，好之者不如樂之者。」這段話明確指出了閱讀的第一要素。當然，孔子強調「樂」，並非為樂而樂，更不是樂不可支，他還注意強調「學如不及」。就是說，既做樂之者，又做求知無止境的人。孔子為人師表，正是如此既樂在其中，又學如不及的。

在《論語》中，有許多故事說到孔子對於知識的誠實態度。雖然有許多弟子向他求知，可是他也不斷地從弟子那裡得到啟悟，一生總在學習、累積並總結經驗中。我們社會在大力宣導全民閱讀，幫助更多的人成為閱讀的「好之者」乃至「樂之者」的同時，還要鼓勵大家持續閱讀、終身閱讀，切不可一樂而過，把一個全民閱讀活動弄成一場純粹的娛樂。

當然，無論如何，讀以致樂應當堅持放在閱讀價值觀的首位。因為，聯合國教科文組織也是首先主張「讀以致樂」的。請看聯合國教科文組織一九九五年關於全民閱讀的宣言：「希望散居在世界各地的人，無論你是年老還是年輕，無論你是貧窮還是富裕，無論你是患病還是健康，都能享受閱讀的樂趣，都能尊重和感謝為人類文明做出過巨大貢獻的文學、文化、科學、思想大師們，都能保護智慧財產權。」宣言中強調要讓「散居在世界各地的人……都能享受閱讀的樂趣」，這不正是「讀以致樂」嗎？可見，在全民閱讀這一世界性話題中，「讀以致樂」乃是最具普適意義的讀書價值。

說到讀以致樂，我想起一則未經證實的傳聞，頗受啟發。二〇一二年夏天，一位中國影視明星帶兒子到法國里昂旅遊，恰好趕上當地舉辦讀書節。讀書節中有一項活動，在當地最大的市立圖書館，兩週內，哪個孩子讀書最多，將有一份大禮物送給他。影視明星和其他家長一樣，趕緊替孩子報了名，在圖書館工作人員的安排下，孩子領到了要讀的書。明星的孩子是個乖孩子，放棄了一切活動，一週後經過市立圖書館工作人員考核，他背會了三本書，而別的法國孩子一本也沒有完成。明星看著孩子成績遙遙領先十分高興，對孩子頻頻鼓勵，讓他再接再厲，抓住剩下一週的時間，爭取創紀錄給老爸爭光。

沒想到的是，這時市立圖書館工作人員來了，帶著一份要發給第一名的禮物，對明星說：「希望你的孩子放棄這次讀書活動，禮物可以先發給你。」

明星很驚訝：「不是還有一週嗎？為什麼提前給禮物啊？為什麼讓我孩子退出？」

工作人員說：「因為你的孩子為了讀書而讀書，只想爭第一，而不理解內容，沒有感覺到讀書的樂趣。讀書不是比賽，沒有功利性，他這樣瘋狂地讀，要是得了第一，會給其他孩子做出不好的榜樣。所以，我們提前發給你禮物，他退出了，別的孩子就沒有了憂慮感，才會用心去感受讀書的快樂。」

明星原本有些憤怒，但是聽完了工作人員的話，不由得連連點頭，最後連禮物也不要，很誠懇地主動讓兒子退出了活動。這件事對我們的明星觸動很大，他對朋友感慨道：「我們教育孩子讀書，目的都不單純，規定了目標，好像是為了完成任務。這次法國之行讓我明白了，讀書就是放鬆，就是享受，孩子讀書僅僅因為讀書快樂，就這麼簡單。」

是的，在我們的傳統文化中對這讀以致樂重視得很不夠，苦讀故事比比皆是，樂讀故事卻鳳毛麟角，好像不在讀書人群裡折磨出幾個死相來感動他人誓不甘休一樣。以致於直到今天，一說到讀書還有許多人悚然肅立，如臨大敵，要就不參加，要參加就發憤爭先。每每想到這一點，我們就恨不得把讀以致樂的重要性強調再強調。可以說，我們社會的全民閱讀成敗如何，首先就看能否讓更多的讀者讀以致樂。樂讀則成，不樂則不成，何必強讀硬讀苦讀呢？讓更多的人「享受閱讀的樂趣」吧！這是全世界各民族共同推崇的首要的閱讀價值取向，我們中華民族的閱讀者一定也會樂在其中的。

四 閱讀一定有方法

644
645
587
FEDERAL SUPPLEMENT
656
FEDERAL SUPPLEMENT
657
FEDERAL SUPPLEMENT
658
FEDERAL SUPPLEMENT
659
FEDERAL SUPPLEMENT
660
661
673
674
675
676
677

四 閱讀一定有方法

一、與書結緣

我曾經用「如何讀書」這個關鍵字在生活中和網路上做過一些調查和搜索，總的感覺是讀書生活五彩繽紛，處處充滿了偶然性，每一個讀書人都有一個偶然的讀書緣起，關鍵在於他們對於偶然的緣分各自「心有靈犀」、「心有戚戚焉」，甚至有的「心有猛虎，細嗅薔薇」，由此與書結緣。經驗告訴我們，許多成功的讀書人，乃是與書有緣而起。

我應邀參加二〇一五年中國深圳讀書月活動，被安排與二十多歲的青年作家魏小河對談。魏小河開了一個微信公眾號（註5）「不止讀書」，據說已經有三十萬以上的粉絲，這意味著他已經是一個成功的微信操盤手。我問他，你從什麼時候開始喜歡讀書的。他說，那是非常偶然的事。

他是安徽潁上縣人，因為父母在外打工，他被放到江西九江農村跟外公外婆過日子。他說：「我很幸運，小時候，我是挨著大地生活的。在外婆家，我就像一隻石頭中蹦出來的猴子，找到了自己的天地，撒野玩鬧，快活無比。我的外婆不識字，但是她有各種本領，她會包粽子，她會用嫩竹紮成條把（掃帚），她會炕茶葉，她會用狗尾巴草編出一隻小狗，她還會在夏天的夜晚裡講上一個又一個鬼故事。」許多名作家都有一個會說故事的外婆，這個現象普遍得讓許多作家成為自嘲的一個笑柄。不過，我敢打包票，魏小河的外婆可是真實存在的。

鄉下人很少接觸到書籍。整個小學生涯，魏小河只接觸過兩本書，一本是《舒克和貝塔》，鄭淵潔的作品，這是他後來才知道的。那時候誰管作者是誰呢？因為書的封面花花綠綠看著好奇，而且裡面盡是些圖畫，他才向同學討來胡亂看了。另外一本是童話書，不知道是安徒生童話還是格林童話，他也記不清了，因為那本書無頭無尾，沒有了封面封底。

魏小河真正讀完第一本課外書，是初中二年級的時候。有位政治老師在課堂上喜歡給學生們天南海北地講故事。一次，他講了《哈利．波特》的故事，說是在這個世界上有兩種人，一種人會魔法，另一種人不會，不會魔法的人被稱為麻瓜……故事中有神奇的魔杖、咒語、可以飛行的掃帚，活在我們周圍的巫師……不知道怎麼回事，這個故事竟然激發了初中二年級學生魏小河的閱讀慾望，他找到小鎮上唯一一家書店，買到了一本打折的舊書《哈利波特－消失的密室》。這本書就成為他第一次完整讀完的書。

魏小河後來只上了一個「三本」大學，對一個農村孩子來說，這已經是不錯的出路，可是他對我說起這事時對自己表現出明顯的自責和鄙夷的態度。他說高中時期自己什麼書都讀，什麼武俠、玄幻、言情、推理、恐怖，甚至是尼采、巴金和村上春樹，沒有挑選，一律通吃，唯一就是不願意去讀擺在校園門口堆積如山的高考教輔讀物。我說，這就是說你已經開始了一個作家而不是趕考秀才的生涯。這樣一來，到底是「一本」還是「三本」大學（註6），對你來說也就無所謂了。

大學畢業後魏小河到深圳打工，打工時寫了一些東西，大多是讀書感想，發在微信上面，得到朋友圈的好評，然後他就開設微信公眾號，命名為「不止讀書」，既有不停止讀書的意思，也有不只是讀書，還有生活、思想的意思。現在他辭去了原先的工作，專職在做微信公眾號，每天他都會發表幾則關於讀書的言論，寫得還真不錯，言之有物且頗具交互性。

「不止讀書」微信公眾號的成功，靠的是這位青年作家每天認真的讀書和寫作，可是，它卻起源於一個農村孩子與當代兒童文學名著「哈利波特系列」的偶遇。我對魏小河說，你的起點很高，獨自完整閱讀的第一本書就是「哈利波特」，特別是第二集《哈利波特－消失的密室》，小說的語言既優雅又有反諷，氛圍更是神祕，構成了閱讀的強烈追逐效應，而不是一般人家的孩子循序漸進、由淺入深的搭積木式的閱讀，似乎不從「小蝌蚪找媽媽」開始都不行。這二者間孰高孰低，需要請兒童閱讀專家們來討論，只是，眼前的成功者就在前者，他不僅成為一個知名人士，還出版了三本書：《獨立日——用一間書房抵抗全世界》《獨立日——讀在大好時光》、《失眠書》。

近幾年，著名作家王躍文的長篇小說《大清相國》備受關注。一九九九年我在人民文學出版社做社長，出版了他的第一部長篇小說《國畫》。當時我和編輯們驚訝於青年作家王躍文的才華，並不主要在於他對當代生活中人情世故的準確把握，而是他不動聲色、頗為老道的現代漢語寫作風格，可以說有點獨樹一幟。

那麼，這樣一個作家是從哪裡開始閱讀的呢？他說，他出生在農村，小時候幾乎沒有什麼閱讀條件，十一、二歲的時候，發現他大哥床頭有本書，他拿起來讀，是一本捲了邊的《紅樓夢》，而且是繁體豎排的，讀起來有點費勁。他對書裡的文字也很不理解，林黛玉、薛寶釵明明是女的，怎麼用「他」呢？同時，裡面很多事情也不太理解，那肯定是少小懵懂，不諳人間世事，只是讀下去覺得裡面有些故事也蠻有意思。

王躍文說，一開始是懵懂地讀，直到後來稍稍長大，再回頭看《紅樓夢》，才感覺文字是有魔力的。總之，一個偶然的機會，中國最偉大的小說《紅樓夢》成了作家王躍文閱讀的起點，從此他與閱讀、寫作結下不解之緣。

與王躍文同為湖南籍的著名作家閻真，我在人民文學出版社主持出版過他的代表作長篇小說《滄浪之水》。他是這樣開始自己的閱讀生涯的。他回憶道：母親在圖書館工作，少兒時代她經常借一些民間故事書給我看，但最開始讀民間故事並沒有特別深的印象，倒是另外兩本書，對我的影響很大，一是《紅樓夢》，我讀小學時因為遇上「文革」(註7)，沒有去學校，結果在一個朋友家裡看了《紅樓夢》，當時我內心衝擊很大，之後我也養成了寫作中多愁善感、常帶悲觀消極的敘事意味，這是我最初的印象，也是真正震撼了我內心的；還有一個就是屠格涅夫的《貴族之家》，麗尼翻譯的版本，這是我看過所有的翻譯作品裡翻譯得最好的！也是那種憂鬱的敘事風格。這兩部小說，我印象非常深刻，一是培養了我對文學的愛好，二是這種憂鬱的、哀愁的風格在心理上影響了我。

我認為，如果說《紅樓夢》給作家閻真打下過文學情感的底子，那麼，屠格涅夫的《貴族之家》則給了他文學表達的底本。總之，這兩部名著給他的文學閱讀和文字寫作打下了難得的底子，而不是母親經常借回來給他讀的一些民間故事。我對民間故事一直都充滿好感，民間故事的閱讀同樣可以成為一個閱讀者的啟蒙和一個作家的底子，但是，它們沒有激發一個叫做閻真的作家的心智。

二〇一四年，著名作家王蒙在他的八十壽辰之際出版四十五卷逾千萬字的《王蒙文集》。這位著作等身的大作家這樣回憶自己此生讀的第一本書：「一九四一年上小學二年級時，開始讀我這一輩子的第一本書——《小學生模範作文選》。書中的第一篇文章是《秋夜》，文章的第一句話我至今還記得：『皎潔的月兒升起在天空。』我看後非常興奮。什麼原因？那時我快滿七歲了，已經知道什麼叫月亮。我還把月亮與太陽做了一個比較：太陽很亮、很刺眼，曬在身上很熱；月亮也很亮，但跟太陽的亮又不一樣，那叫什麼呢？不知道。我讀到這篇文章後，知道了叫『皎潔』。從此我只要看到月亮，就想到『皎潔』；我給月亮的亮命名了，就叫『皎潔』。」

我在灕江出版社編輯出版過《王蒙幽默作品自選集》，在那本書的封面上，我們給作家王蒙寫推薦語，強力指出「他是中國當代文學的語言英雄」，有人覺得恰如其分，而且有力度。總之，王蒙在語言上是極具才華的。他這才華的啟蒙是不是來自於自己生平讀的第一本書中「皎潔」一詞的撞擊呢？

英年早逝的著名作家王小波，一直以他深邃的思想和厚重的文筆被讀者們所追憶。對於自己閱讀的起點，他也有過真切的回憶。

他說，從小就喜歡讀書。「除了玩，剩下的就是看書，不管什麼紙片撿起來就看，連農作物栽培手冊都看得津津有味。」那時，他最喜歡去的地方是西單商場的舊書攤，在那裡，他以蹲著、坐著、站著等多種姿勢閱書無數，還時常和哥哥一起湊錢買書。王小波記憶力驚人，可以大段大段背誦馬雅可夫斯基的長詩，甚至能把看過的書從頭到尾一句不漏地背誦下來。

在王小波的一篇隨筆《我的精神家園》裡，他寫道：「我十三歲時，常到我爸爸的書櫃裡偷書看。那時候政治氣氛緊張，他把所有不宜擺在外面的書都鎖了起來，在那個櫃子裡，有奧維德的《變形記》、《朱生豪譯的莎翁戲劇》，甚至還有《十日談》。櫃子是鎖著的，但我哥哥有撬開它的方法。他還有說服我去火中取栗的辦法：你小，身體也單薄，我看爸爸不好意思揍你。但實際上，在揍我這個問題上，我爸爸顯得不夠紳士派，我的腳也不太靈活，總給他這種機會。總而言之，偷出書來兩人看，挨揍則是我一人挨，就這樣看了一些書。雖然很吃虧，但我也不後悔。」他說，他看過了《變形記》，就對古希臘著了迷，陷入了對古希臘哲人的許多想像之中。王小波後來的文學寫作，總是有著濃重的哲思在其中。很顯然，他最初的閱讀與古希臘哲學結下了緣分。

中國獲得諾貝爾文學獎的著名作家莫言，出生在山東農村的普通農民家庭，十一二歲時候因逢「文革」輟學。那時他已經有了很強的讀書渴望，可是在農村能夠找到的書籍屈指可數。為了讀到一本書，他常常要付出沉重的勞動來進行交換。

鄰村同學家裡有一本繪圖版的《封神演義》，他為了讀到這本書，經常要去那個同學家中替他推磨。推磨是讓孩子痛苦不堪的一種勞動，因為它非常單調，沒有任何趣味。可是莫言只有用這種痛苦不堪的勞作來換得讀那本神祕奇妙的《封神演義》。可以說，莫言後來的創作與《封神演義》不無緣分。

後來，他從一個小學老師那兒借到了《苦菜花》、《林海雪原》、《青春之歌》等紅色經典小說，它們的主要情節、主要人物甚至主要人物講過的一句非常重要的話，至今記憶猶新。這也就是莫言後來的創作儘管受到拉丁美洲文學爆炸的影響，可是他善於講故事的底子還是因讀了那些傳統現實主義小說打下的。

嚴格說來，莫言的年齡只能保證他在「文革」爆發前基本讀完小學課程，他後來的文學功底顯然有賴於他的個人閱讀。幸運的是，他的大哥在家中留下很多中學語文教材，每逢雨天無法下田時，莫言便躲到磨坊裡去讀這些課本。當時的語文課本分為漢語和文學兩種教材，漢語教材主要講邏輯、語法、文言文；文學教材主要選錄了古今中外名著的片段，比如《林家鋪子》、《雷雨》、《駱駝祥子》、《說岳全傳》、《漁夫和金魚的故事》等等。這些教材雖然很薄，但它們打開了這位農村少年的眼界。

茅盾的《林家鋪子》使他知道了民族資本家和民族資本走過的艱難道路；《雷雨》讓他知道了話劇劇本是怎麼回事；老舍的《駱駝祥子》讓他對北京有了想像，而生動活潑的北京方言啟發他要學會活用語言。

後來莫言到部隊當兵。他在部隊裡的任務很單調，就是站崗，保衛公社的飼養場。那時並沒有人來查崗，這樣他就在崗上趁著空閒偷偷讀書。一個戰友在縣城當圖書管理員的未婚妻每個星期都會說明他們借來一些小說，比如《戰爭與和平》、《安娜·卡列尼娜》、《約翰·克利斯朵夫》等。這樣，很多外國的經典名著是在部隊站崗的三年中讀的，這三年的閱讀使得他的眼界更加開闊。如此這般，莫言創作之前的閱讀儘管雜亂和隨機，可是涉足古今中外，足以為一個小說家的創作打下底子。

如何讀書才能提高閱讀力？我們先講述了一些成功讀書人與書結緣的故事，似乎與書結緣比掌握閱讀方法更為重要。是的，我們正是如此看重一個人與某種書的緣分。這是一個人與某一種書的心心相印，這是一個人在一個驀然回首的當口，相遇了燈火闌珊處的喜歡之物，甚至，這是一個人忽然確定了終生命定的樂此不疲追求的方向。

一個青少年，特別是在九～十二歲這個被閱讀學專家認為養成閱讀習慣的年齡階段，對一本具有相當文化含量的書籍產生興趣，是他此生與書結下的最重要的緣分，會影響他一生的讀書生活。看重與某種書結下的緣分吧！也許這就是你此生稍縱即逝、失不再來的最可貴的精神種子。

註5：「微信」是中國騰訊公司於二〇一一年一月二十一日推出的一款支援Android以及iOS作業系統的智慧型手機即時通訊軟體。而「微信公眾號」即是「微信公眾平臺」，是給個人、企業和組織提供業務服務與使用者管理能力的全新服務平臺之一。

註6：大陸的大學有等第之分，在名稱上，可分為一本、二本、三本大學。一本是指第一批次錄取的本科大學，大多數是全國重點大學；二本是指第二批次錄取的本科大學，多數是普通的綜合性大學；三本是指第三批次錄取的本科大學，多數是一些大學自主自辦的二級學院等。

註7：「文革」為「文化大革命」的縮稱。指西元一九六六年到一九七六年間發生於中國大陸的權力鬥爭。主要是因毛澤東為鞏固其權勢，打擊政敵，而進行一連串的鬥爭運動。這場中共黨政機關及幹部全面的相互鬥殺，造成近五千萬無辜人民的死傷，最後北平天安門發生大暴動。

民國六十五年毛澤東病死，華國鋒上臺，為緩和大陸人民反共情緒，逮捕了四人幫，做為這一切罪行的替死鬼，結束此長達十年的浩劫。這場浩劫，不僅使大陸年輕一代學業荒廢，死傷眾多，亦使中國大陸的教育停頓，文化破壞，社會解體，造成無可補償的損失。

2、讓閱讀成為習慣

閱讀力首先有賴於閱讀者讀書習慣的養成。

孟子有一句名言「仁者如射」，出自《孟子．公孫丑上》，全句是：「仁者如射，射者正己而後發。發而不中，不怨勝己者，反求諸己而已矣。」他的意思就是仁者的為人如同射箭一樣。那就是「射者正己而後發」，就是說要像射手那樣，先要端正自己的姿勢，然後再放箭。也就是說，「仁者」的關鍵是要「首先端正自己」。孟子接著說：如果射不中，就做兩件事，一是不要埋怨勝過自己的人；二是要反過來找自己的問題。孟子這句名言的首要意思就是「正己而後發」。我們要提高自己的閱讀力，也應當「正己而後發」。閱讀者的正己，就是要養成良好的閱讀習慣。

閱讀的習慣是一個人閱讀力的基石，一時的習慣影響著一時閱讀的成效，終身的閱讀習慣影響著一生閱讀的效果。也就如同有人所說：習慣形成性格，性格決定命運。

所謂習慣，是習性，是慣性，是一個人心性的自然嚮往，是自然而然的行為，是一個人內在的需要，而不是被動的、勉強的、迫於外在力量的行為。迫於外在力量去讀書，只能讀上一時，不可能讀上一世。而我們所討論的閱讀，是指人們自覺自願的閱讀，是非常個人化的閱讀，不可能靠著外在的力量施加壓力去讀，也不可能靠著外在力量的裹挾去讀，哪怕是在外在力量影響下讀過一時，倘若沒有形成個人的閱讀習慣，終究也不是長遠之事。

閱讀的習慣一旦形成，讀書也就成為一個人的生活方式。甚至，讀書這種生活方式，還會超出通常人們一般物質生活的重要程度，因為讀書較之於生活的其他內容，還具有一個理性的人的選擇。有名人說自己的閱讀習慣已經達到「飯可以一日不吃，書不可以一日不讀」的地步，這就是閱讀習慣理性選擇的最高境界。

這麼說吧！一支手機和一本書籍擺在你面前，你會先拿起哪一樣，拿起的那一樣就是你習慣需要的東西。關注一部名著改編的電影上映時間，還是急於閱讀電影的原著，這就是你心性嚮往之所在。在紛亂的生活中，我們是為眼前的苟且糾結不休，還是權且放下眼前的一切，靜下心來想一想：有多久沒讀完一本書了，這就是閱讀的習慣在催促我們的內心。

工作太忙，要升職了，朋友聚會推不掉，想去看場電影，拿起書本就發睏，好不容易翻了幾頁但忍不住拿起手機開始上網，哪裡有我們的閱讀習慣？我們感覺自己越來越忙，忙到很難擠出時間來讀完一本書。但我們真的忙到沒時間讀書了嗎？

從社會宏觀的角度來看，應試教育磨滅了大多數人早期的閱讀興趣，過於務實的生活態度又消弭了大多數成年人重拾書卷的熱情，媒體通常用炫富比富來吸引人的目光，社會到處傳聞一個人一夜暴富，而一些「富二代」、「官二代」花裡胡哨、五迷三道、怪相百出的種種行為，凡此種種，都是全社會缺乏閱讀興趣的重要原因。自然，我們希望社會環境變得更加詩意和潔淨，從而可以擺放更多安靜的書桌，但是，這是一個緩慢綿長的過程，非要等到環境改觀後才能安心讀書，那就不如說這實在是一個侏儒主義者的託詞。

讀書是個人的事情，我們還是要從個人的習慣養成去做起。傳說青年毛澤東為了磨練自己的意志，故意去鬧市裡埋頭讀書，從這裡開始，養成了他終身手不釋卷的習慣。曾國藩有一段名言，說的是個人的閱讀習慣得有賴於個人的自我養成，他說：「苟能發憤自立，則家塾可讀書，即曠野之地，熱鬧之場亦可讀書，負薪牧豕，皆可讀書；苟不能發憤自立，則家塾不宜讀書，即清靜之鄉，神仙之境，皆不能讀書。何必擇地，何必擇時？但問立志之真不真耳。」可謂言之鑿鑿，一語破的！

個人良好的閱讀習慣養成別無他法，只有不斷地實際操練。正如有人說的，水滴石穿，不是水的力量有多麼大，而是水滴堅持的結果；簡單的事情重複做，你就成為專家，重複的事情認真做，你就是贏家。要把自己的閱讀生活內化為習慣，則要將生命浸泡在書籍之中，將感覺融入書籍之中，讓讀過的好書駐留在心中。

一個人的閱讀習慣並不需要天才。天才生而就是，而所有閱讀者都是後天的行為。良好的閱讀習慣其實是後天養成。後天能夠養成閱讀習慣，那就給平凡之輩的我們帶來了希望。閱讀給我們帶來了知識。知識還不是具有思維價值、創造價值的智慧。一時的閱讀只帶來一時的知識，而連續的閱讀就可能帶來智慧。

且看，知識的「知」放到智慧的「智」裡，它的底下加了個「日」字。這就是說，知識要成為一個人每天都交集在一起的東西，就能成為一個人的「智」。我們有了每天的閱讀習慣，日復一日累積下來的知識勢必就要朝著「智」自然而然地發展。

順著說文解字的方法，再來看「慧」字的啟示。「慧」字從心，彗聲，說的是聰明才幹來自於心。啟示我們要用心來對待知識，用心來融會事物。「智」與「慧」合在一起，就是需要我們不僅每日求知，而且是用心求知，如此方能成為智慧之人。

多麼重要的每日和用心！

在求知、求智的道路上，每日和用心不可或缺。首先是要每日去做，同時努力做到用心。具體到治學和讀書上，每日就是生活學習的習慣，用心則是內在的精神和思維的操練。

曾國藩認為，自學和讀書，最重要的是三個字：恆、勤、專。其實說的就是堅持不懈、持之以恆的意思。曾國藩說：「蓋士人讀書，第一要有志，第二要有識，第三要有恆。有志則斷不甘為下流；有識則知學問無窮，不敢以一得自足，如河泊之觀海，如井蛙之窺天，皆無識者也；有恆則斷無不成之事。此三者缺一不可。」在這三者之中，曾國藩特別看重有恆。

在給兒子曾紀澤的家書中，曾國藩就談到「人生唯有常是第一美德」。常者，恆也。「學問之道無窮，而總以為有恆為主。」做到有恆，既是易事，又是難事。說易，因為人人可以做到。說難就在於難堅持，習慣就在於堅持下養成。這就是他所提倡的「恆」。

再說「勤」。曾國藩從小讀書靠的就是一個「勤」字。據說有一天夜裡他在家讀書，對一篇文章不知道重讀了多少遍，還是沒有能夠背下來。這時候他家裡來了一個賊，潛伏在他的屋簷下，想著等他讀完書去睡覺好下手偷竊點東西。可是等來等去，見他翻來覆去地誦讀那篇文章，就是不去睡覺。賊完全失去耐心，推門進去說：「這種水準還讀什麼書？」然後將那文章背誦一遍，揚長而去。這個不速之客的才學讓少年曾國藩大受震撼，而少年曾國藩的勤學也由此在鄉間傳播出來。

第三是「專」。曾國藩在家書中常常告誡家人晚輩讀書要專，「窮經必專一經，不可泛騖」，這成了曾國藩的讀書名言。「一句不通，不看下句；今日不通，明日再讀；今年不精，明年再讀：此所謂耐也。讀史這法，莫妙於設身處地。每看一處，如我便與當時之人或辭笑語於其間。不必人人皆能記也，但記一人，則恍如接其人；不必事事皆能記也，但記一事，則恍如親其事。經以窮理，史以考事，捨此二者，更別無學矣。若夫經史而外，諸子百家，汗牛充棟。或欲閱之，但當讀一人之專集，不當東翻西閱。如讀《昌黎集》，則目之所以見耳之所聞無非昌黎，以為天地間除《昌黎集》而外更別無書也。此一集未讀完，斷斷不換他集，亦專字訣也。」試想，如同曾國藩這般孜孜矻矻地讀書，這閱讀的習慣豈有形成不了的道理！

聯想到我們現實生活中，不少人連完整讀一本書的恆心、耐心都沒有，怎麼可能養成閱讀習慣？「讀一本好書，就如同和一個高尚的人交談」，如果讀完了幾本好書，怎麼會沒有一點閱讀興趣呢？一旦有了一些閱讀興趣，繼續讀下去，興趣就會越來越強烈，最終也就能夠養成規律性的閱讀習慣。依我們的看法，缺乏閱讀習慣的人，大多數的原因就在於沒有完整地讀過幾本好書。

透過堅持完整讀書來養成閱讀習慣，這自然是取法乎上的習慣培養方法。更多的讀者並沒有特別專門的閱讀方向，那麼，閱讀習慣的養成更應當隨時隨地與生活聯繫起來。

要隨時隨地與書做伴。出門遠足、出差旅遊，帶上一兩本內容連貫完整的小書（記住，一定不要帶那種拼湊剪接而成的讀物，那種書無法抓住你不安分的心），既不會加重行李重量，也不會佔據行李箱太多空間，它們卻能在許多時候與你相伴，替你解憂。機場候機，飛機漫長飛行，小書能伴你讀過那局促的時光；火車站熙熙攘攘，列車上空氣渾濁，小書能幫助你暫時忘卻這一切的不悅。旅途漫漫，親人尚在遠方，思念之情糾結，在這種難挨的時光裡，你可以胡思亂想，可是越想越亂，睏意深沉，你可以隨手翻閱報紙雜誌，可是這些讀物不免零碎，不能讓你沉浸其中，小書這時候就是可愛之物，它讓你牽掛，讓你流連，讓你急於下回分解，終於讓你進入持續閱讀的忘我狀態。

旅行結束，小書讀完，雖然略顯陳舊，然而從此它印入了你的一段人生，成為你的一點美好回憶。即便是居家度日，開門七件事或者不做事，即便活得有規律，可是依然難免有孤寂無聊的空檔，這時候，床頭、茶几、洗手間、私家車，隨手可以拿到一本你喜歡的書，一讀就能讀進去，暫時忘卻其他，真是「何以解憂，最是好書」！久而久之，我們的閱讀習慣是不是也就自然養成？

要隨時隨地留意身邊的書籍。這是有意識養成自己閱讀習慣的一個辦法。出門辦事、拜訪、接洽，期間會有一點等候的空檔，百無聊賴之時，眼睛無意看到一本你感興趣的書，不妨記下來，算是你又增加了一點書目的累積。同學讀書，同事攜書，你也應當稍微留意一下，如能攀談請教最好，特別是新書，不妨更多請教瞭解此書的內容和評價，如果是你心儀已久的名著，應當受到趕快去讀的激勵，如果是人口皆碑的暢銷書，不妨掂量一下是不是自己也應當去購得一冊來解渴。你可以張口求借，「書非借不能讀」，這是讀書人之間的雅事，而且你一旦借了別人的書，十之八九會去讀它的。當然，你也可以立刻前往書店或者上網下單買下一本，它就成為終身歸屬於你的一本書。

去書店買書，這是養成閱讀習慣很好的辦法。買不買書，是衡量一個人喜不喜歡讀書的象徵之一。一般來說，沒有喜歡買書而不喜歡讀書的人，也沒有喜歡讀書而捨不得買書的人。現在買書也有講究。去書店買書和上網店購書，後者似乎來得便捷，可是，前者蘊含著許多我們難以享受到的用戶體驗。用戶體驗是什麼？就是一種無法言喻的期待和期待的被滿足感。你本來是去尋找一本已知的書籍，可是，你會在書店不期而遇大量的好書，特別是那些新近出版的好書，成佇列陣一般地在書店中心地帶迎接你，你暫態被喚起的潛意識的「驚豔」，熱情難耐，以致於你不得不喚醒自己的知性和理性，重啟選擇之旅。還有，書店裡往往還有許多常設的經典，安靜地排列在稍稍靠後的書架上，一直是經典的矜持和厚重態度，讓你不得不在它們面前昂起頭顱瀏覽和沉思。最後，也許你在書店裡只是選購了有限的幾本心儀之書，也許你一本書都沒有購得，然而，離去後，書店裡那無比豐富的書籍資訊將會長時間縈繞你的心頭。

著名作家陸天明曾經這麼表達自己對書籍的感覺：「一個人不讀書永遠不可能成為一個有素養的人。我每天都要讀書，坐地鐵都帶著小說。閱讀已經成為一個與喝水、吃飯、呼吸一樣的習慣了，什麼東西都代替不了閱讀。即使不買書，也要經常去書店待一會兒，在那裡能感受到靈魂的純淨，有一種昇華感。」是的，去書店待一會兒，靈魂就有一種昇華感，那麼，多去一會兒書店吧！養成的將不只是閱讀的習慣，而是我們靈魂的純淨。

養成閱讀習慣還有很多方法。譬如，家庭閱讀、親子共讀、情侶共讀、書友共讀、同學共讀……不一而足，我們將在本書後面的章節陸續談到。我們要特別強調的是，養成閱讀的習慣，最關鍵的是感興趣。一定要使自己對閱讀感興趣，否則，一切方法都可能是外在施加的壓力，效果不可能持久。

德國作家湯瑪斯．曼有一本小說《浮士德博士》，書中有一個細節值得玩味。書中那個年輕女鋼琴教師，輔導十幾歲的小男孩彈鋼琴，彈琴間歇時，小男孩忽然兩眼充滿興奮地向女教師提了一個問題：「老師，這個世界上，除了愛這種情感，還有沒有另一種情感，它的濃烈度超過了愛本身？」女教師的回答十分精彩：「有，這個情感叫做興趣！」這個回答有深度，讓人難忘。可以說，興趣是一切愛之源，而要使得愛保持下去，也要以興趣為支點。同理，閱讀習慣的養成有賴於興趣，興趣是閱讀習慣保持下去的情感基礎。保持我們的閱讀興趣，這是提高閱讀力的關鍵點。

3、讀書不妨動一動口

一個人如果能夠與書結緣，又能夠讓閱讀成為習慣，這時，還能掌握一些閱讀的具體方法，那麼，可以相信，他將擁有較強的閱讀力。

下面給諸位介紹一些閱讀方法。這些方法是不少卓有成效的閱讀者總結出來的。我做了一下歸納，即為「三動」：動口、動手、動心。一個人要提高閱讀力，堅持實行「三動」，必定有所收效。

先說動口。

在第一章裡，我已經向大家介紹，在人類閱讀史上，朗讀早於默讀。儘管那是人類早期歷史的閱讀狀況，源自於出版物匱乏的歷史陳因，然而，這畢竟已經成為人類的歷史記憶和認知習慣，朗讀還是能引發我們享受閱讀的快意。

現代人的閱讀基本上是默讀，也就是說，在閱讀時人的五官功能只使用了視覺功能，那麼，朗讀則不僅使用了視覺功能，還發揮了聽覺的功能。這就是為什麼許多內容，經過幾番朗讀，人們的記憶往往更快更深。其實，許多人都有過這樣的體驗，一篇文章，幾段警句，經過講壇上的老師或者演講者鄭重、清晰地朗讀，做為聽眾的我們會受到震撼，留下很深記憶，其效果實在不是獨自一人默讀能比。這也許就是儘管默讀已成常態，許多人還是喜歡吟頌詩句、朗讀名篇的原因吧！

宋朝朱熹十七、八歲時讀《中庸》、《大學》，每天早起第一件事就是誦讀十遍。他終身喜好背誦屈原的《楚辭》、諸葛亮的《出師表》、陶淵明的《歸去來兮辭》和杜甫的詩歌。晚年他退居山林，在福建武夷山的「武夷精舍」講學、著述，依然堅持讀書成誦，和他的門生弟子挾書而誦，誦讀《詩經》、《楚辭》，唸到興起，還喝著酒詠唱起來，實在是一種全身心忘我的投入。

朱子終其一生，讀書、著述不輟，留下了《四書章句集注》、《楚辭集注》等傳世之作，其中有他的學生整理的讀書法經典《朱子讀書法》，這些全賴於他一生用心讀書，而熟讀成誦就是他讀書的祕訣，成為古今用心讀書的典型。

朗讀還會幫助理解和想像。中國古人說「聽君一席話，勝讀十年書」，可見聽人講述得到的印象並不亞於默讀的效果，至少是各有所長吧！許多人都有這樣的體驗，朗讀的人與默讀的人有很大的不同，譬如，默讀可以一目十行，浮皮潦草而過，可是，朗讀卻不可以，既不可以一言十行，更沒有辦法浮皮潦草而過，不會唸的字句你得先唸對了，否則將讀不下去，不理解的語詞你得先理解一下，否則斷句可能鬧出笑話。這不就幫助我們把書讀好讀對了嗎？還有，朗讀將訴諸人的聽覺，因而，朗讀者勢必對朗讀的聽覺效果有所考究，你說是朗讀中有一些感情的表現也行，說是裝腔作勢、故弄玄虛也罷，總之，這裡面幫助我們有所想像。一般說來，我們在生活中接觸到的朗讀者，他們的朗讀總是帶著些感情的，總是有利於幫助我們的理解和想像的。

當然，默讀終歸是今人閱讀的常態，但也不意味著默讀就與動口無關。我們主張讀書之後還是要動一動口。或者選擇一些書中精彩段落大聲誦讀，讓自己愈發記憶深刻，或者找機會與別人講述一番。

經驗告訴我們，對一本書的閱讀認知通常有三個層次，第一個層次是讀過，只是一個普通閱讀的層次；第二個層次是了然於心，就是說能清晰地講述全書主要內容，對全書能做一番歸納整理；倘若還能對書中內容有所評析，並且結合其他閱讀與其他事實做出比較，這就上升到第三個層次——即融會貫通的層次。為此，我們讀了一本好書，最好能向家人和周圍的人推薦，讓他們也一起閱讀，讀後相互交流讀書心得，特別是在家庭裡多做交流，推動養成讀書的愛好和習慣。讀了一本好書，應當主動尋找機會對願意傾聽的人講述主要內容，一本書經過我們講述，很可能與我們從此緊密相連。

一本書十幾萬字乃至幾十萬字，一個人讀完後能夠做一番講述，難道不就證明你具備了比較強的閱讀力了嗎？倘若你再有所評析，觸類旁通，使用書中一些觀點歸納演繹，那是何等的一種境界。如果我們一直堅持如此這般勤於讀書勤於動口，閱讀力必定會得到明顯提高。

關於動口，不知道為什麼，中國傳統文化性格中過多推崇那種「不顯山不露水」的隱士，總喜歡讓人們為那種「不著一字，盡得風流」的審美效果拍案叫絕，武俠小說也是喜歡把武功最高的人物安排在最後才開尊口，以致於大家常常對喜歡開口的人有所擔心，有所揶揄，以致於在我們身邊的許多朋友裡，看到的多是勤於默讀、懶得動口的優雅人士，而坦誠交流者甚為難得。

我認識一位年輕的美國朋友，是美國一家跨國公司駐華機構的中層，畢業於哥倫比亞大學，他告訴我，只要回美國，他都會爭取在公司總部請求安排讓他發表一次演講，或者介紹大家共同感興趣的話題，或者講述在中國的一些見聞，或者報告近期閱讀一些有價值圖書的內容和感想。他發表這些演講既不是上級派給他的任務，也不是為了賺外快，因為沒有任何酬金。他說為的只是自己的進步和成長。這就是喜歡動口的美國人。學會動口，善於動口，是美國教育對小學生及至大學生的基本要求，前面已經說到，這一要求是提高一個人閱讀力的重要方法，值得成長中的青少年認真去做。

4、讀書最好動一動手

前不久我整理自己的藏書，忽然找到了自己在二十世紀七〇年代讀過的幾本書，其中一本是馬克思《〈政治經濟學批判〉序言》。記得讀這本書時是一九七二年，那時我還是一個插隊知識青年，身邊的書讀完了，就在回城探親時到新華書店買了這本小冊子來讀。現在翻開來看，書上面竟然被我畫過許多橫線，點了不少重點符號，書眉書邊上寫了一些批註，半懂不懂、半通不通地發表自己對生產、消費、分配、交換之間的關係的意見，熱情表達對馬克思觀點的服膺和理解。現在隨便一讀，就發現自己當時無比的稚嫩。可是，我捧著這本被自己畫上了許多記號的舊書，感覺到的是相當深厚的一份親切感。四十多年前的一本書，由於有了我閱讀留下的痕跡，也就成為完全屬於我的一本書。有不少成功的閱讀者都主張在所讀之書上動手畫線，寫上自己的心得文字，認為日後會有一番舊雨重逢的況味。

在所讀之書上標注符號，記上評論，古已有之。最早使用評點方法在書籍上記錄閱讀心得的，據說是唐朝丹陽進士殷璠，他在編選《河嶽英靈集》一書中在每一篇詩歌作品後都標註精闢的評點，可以稱為評點本的開先河之作。

南宋時期的朱熹曾經對讀書能做圈點的學者做過介紹，在《朱子讀書法》一書裡，他提到一位學者，「於六經三傳皆通，親手點注，並用小圈點。注所不足者，並將疏楷書，用朱點」。到了明朝，線裝書成形，書尚評點，一時間許多書籍帶有評點文字，成為出版和讀書的風尚。明朝散文家歸有光的《史記》五色圈點本，至今仍堪稱精品。明末清初最有影響的評點本則是金聖嘆評點的六大才子書，即《離騷》、《莊子》、《史記》、杜詩、《水滸傳》、《西廂記》，尤其是他的《水滸傳》評點本最受古今讀者和文學批評家推崇。

現在著稱於世的古典文學名著，當時都有評點本名世，有《金瓶梅》的張竹坡評點本、《三國演義》毛宗崗的評點本、《紅樓夢》的脂硯齋評點本等。《西遊記》似乎並沒有一個評點本被人們所稱道，然而明清兩代竟先後有過八個評點本出版，今天看來品質雖都不高，卻也讓我們窺探到當時的評點之風正盛。從明清兩朝評點成風，也讓我們想像得到當時社會的閱讀態度趨於專注和細讀，從一部經典允許多種詮釋，還可以看得出當時對於文史經典文本批評解讀一定程度上的自由度。

評點這種閱讀和文學批評方式一直傳承至今。儘管做為一種文學批評和出版方式，民國以來就幾乎沒有得到成規模的沿用，可是，在閱讀界卻一直為人們普遍使用。許多閱讀者在自己閱讀的書籍上留下橫線圈點，這是自然而然的事情，而留下自己的閱讀感想，也並不奇怪。做為一個時代的偉人，毛澤東閱讀評點二十四史，就堪稱典範之舉。

毛澤東讀書必動筆墨。一部二十四史，他讀下來洋洋灑灑竟有評點萬言。這部卷帙浩繁的中國歷史典籍，是從西漢司馬遷撰寫《史記》開始，經由兩千多年來歷朝著名的歷史學家精心編撰的紀傳體史書鉅集，全書共三千二百五十九卷，約四千萬字，是中國最詳細、最權威的一部歷史鉅著。毛澤東一生酷愛讀史，尤其青睞二十四史。一九五二年，工作人員為毛主席添置了一部清乾隆武英殿版的二十四史，從此，無論在京還是外出，無論健康還是生病，這部史書始終伴隨在毛澤東身邊。他用頑強的毅力通讀這部歷史長卷，有些史冊和篇章還兩遍、三遍、四遍地研讀過。他在研讀二十四史時，用不同顏色的筆寫下了大量圖畫和評語，成為毛澤東情感和思想的率直流露和深刻表述。

「五帝三皇神聖事」「一篇讀罷頭飛雪」，頗為真實地留下了偉人讀史的深刻心跡；又有「幾千寒熱」令偉人感嘆「東方白」「歌未竟」，描繪了他讀史的環境感受，如此等等，不一而足。現在，影印線裝本《毛澤東評點二十四史》這部大書已經出版，讓後人得以看到毛澤東多次閱讀二十四史留下的奇思妙想和超拔憬悟，堪稱出版界、史學界、閱讀界的一件大事。

一九九四年，我在灕江出版社擔任社長，策劃了一套「古典文學名著評點系列」，邀約當代著名作家王蒙、李國文、高曉聲、劉心武等評點中國古典文學名著，先後出版了《紅樓夢》王蒙評點本、《三國演義》李國文評點本、《三言精華》高曉聲評點本，以及直到新世紀後才出版的《金瓶梅》劉心武評點本，對重新提倡中國傳統評點方法有所助益。

有些讀者朋友閱讀了這些名家的評點本，對於深度閱讀名著頗受啟發。自那之後，一些時興的學術文化出版物也有意識地在書籍的天頭頁邊安排一些提示性文字，也可以看成是一種變相的評點。

我們特別希望評點本的出版，對閱讀界有更多的示範作用。平時，我們讀書時做的摘抄往往是書中的精華，做的點評一般是自己的見解與感悟，這時候，讀者表現的是難得的率真隨意，最見性情。倘若書上隨處可見讀者的批註，可以說，這一番讀書方式是有下了一番工夫，讀後必有所得。反過來，一本書讀畢，乾乾淨淨，要不是這本書沒有入得你的法眼，要不就是你的讀書方法存在欠缺。一部經典，一部好書，倘若我們是認真閱讀，必定有所發現，有所啟發，有所思考，這就會在書上留下痕跡——當然，這本書必須是你個人所有，倘若是從圖書館借閱或者從他人處借得，那還是不要塗畫留言，否則有悖公德。

當然，如果不便在書上寫寫畫畫，也可以動手摘抄名句段落的辦法把閱讀引向深入。曾國藩對自己的兒子就主張讀書要勤於摘抄，他在《家訓》中寫道：「近世文人如袁簡齋、趙甌北、吳谷人，皆有手鈔詞藻小本，此眾人所共知者。阮文達公為學政時，搜出生童夾帶，必自加細閱，如系親手所鈔，略有條理者，即予進學。如系請人所鈔，概錄陳文者，照例罪斥。阮公一代鴻儒，則知文人不可無手鈔夾帶小本矣。昌黎之計事提要，纂言鉤元，亦系分類手鈔小冊也。……爾曾看過《說文》《經義述聞》，二書中可鈔者多。此外如江慎修之《類腋》，及《子史精華》《淵鑑類函》，則可鈔者尤多矣。」曾國藩以對家中子弟教育嚴格務實著稱，在他的家書、家訓中多有讀書治學方面的見解，後世學人常常引以為鑑。他這一番讀書要動手摘抄的主張，可謂親情間至情至性且至為私密的傳授，值得我們記取。

清朝有部書比較特別，書名是《悅心集》，書的編者是雍正皇帝（胤禛）。這部書應當是胤禛用心讀書的明證。還沒有登基的時候，胤禛繼位還是未知數，他卻是諸皇子中讀書最為勤奮的，除了單日讀經，雙日讀史，還讀了很多文學作品，凡是他喜歡的詩文作品，就隨手抄錄下來，久而久之，就成了一部書。直到他當皇帝四年後，才正式刊刻出版。這部書所錄入，「有莊語，有逸語，有清語，有趣語，有淺近語，不名一體。人有仕，有隱，有儒，有釋，有高名，有無名，亦不專一家」，是一部典型文摘本。雍正說：「披閱經史之餘，旁及百家小集。其有寄興蕭閑，寓懷超脫者，佳章好句，散見簡編。或如皓月當空，或如涼風解暑，或如時花照眼，或如好鳥鳴林，或如泉響空山，或如鐘清午夜。」還是皇子時候的胤禛，讀書能夠心目想通、手眼並用，足以看出其勤勉精思。雍正的讀書態度和讀書方法對後人應當是有啟發的。

雍正說摘抄這些百家之文，是看到「有寄興蕭閑，寓懷超脫者，佳章好句」這些情形，顯然他最為看重「寄興蕭閑，寓懷超脫」，其次才是「佳章好句」，這對一般讀者也是一個很好的提醒。讀書摘抄，初學者往往追求詞藻富麗，摘抄多在詞藻上用力，儘管這也無可厚非，正如萬丈高樓平地起，總要從一詞一句開始閱讀和累積，可是，斷不可以迷戀於富麗詞藻這個層面。學識漸長，則應當在文章內容意境上多所體會，在學理邏輯上多下工夫，在思維辨析上多做理解，這樣的摘抄就有了深度，所讀之書才能進到讀者的思維學識中。

5、讀到好書要動心

我們說讀書要動口、動手，這可以理解。可是，動心是什麼意思呢？

簡單說來，動心就是指讀書人讀書要投入自己的感覺，如果你打算讀了這本書要與別人交流，那麼，就得在書中尋找內容的主幹、要點和足以引起人們興趣的細節；如果你打算讀了一些書也要去寫書的，那麼，就得在書中去感覺有哪些東西不妨試著學一學的；如果你並不為了什麼，只是要享受閱讀的樂趣，那你就尋找閱讀快意，不能讓你快樂的就跳過去，總之要設法讓自己歡喜。

莫言從部隊調到一所軍校。軍校裡有個小圖書館，許多人不願意擔任圖書管理員，他為了讀書主動要求當圖書管理員。管理員做了三年，他利用圖書管理員的便利讀了不少書。後來不知道為什麼學校竟然讓他去當政治教員，教軍校裡的《政治經濟學》、《哲學》、《科學社會主義》。他為了講好課，就去認真啃讀這些著作。

當時判斷一個教員水準的高低就是看能否脫稿講課，如果能夠脫離書本，滔滔不絕地講完一堂課的話，大家就認為這個人水準非常高。莫言就衝著這個標準去做準備，毫無疑問，他必須抓住課程的邏輯結構，還要熟悉幾個重要的論據演繹，很年輕的他記憶力又好，幾乎可以把當天要講的課背下來，以致於來聽課的首長和觀摩的教員，都感覺他很有理論水準。

其實，他就是讀書時動了心，把自己的感覺投入進去，把書中自己能夠詮釋的內容化成了自己的言說。試想，如果莫言沒有動心思做準備，而只是照本宣科去講，他能取得最初講課的勝利嗎？

我們注意到，舉凡優秀的作家都很注意閱讀中讓自己怦然心動的一點東西。作家王蒙在小學二年級時能夠為「皎潔」一詞怦然心動，透露出這位大作家自小讀書就有對語詞而心動的閱讀力。

作家鐵凝在二十世紀七〇年代初，還只是一個初中小女生，一個偶然的機會偷偷讀到法國作家羅曼．羅蘭的《約翰．克里斯朵夫》，她首先對著扉頁上題記的兩句話心動了：「真正的光明絕不是永沒有黑暗的時間，只是永不被黑暗所掩蔽罷了；真正的英雄絕不是永沒有卑下的情操，只是永不被卑下的情操所屈服罷了。」這兩句話使她深深感動，她說自己忽然有了要為這個世界做點什麼的衝動。

賈西亞．馬奎斯的《百年孤獨》的敘述方式對中國二十世紀八〇年代很多中青年作家有影響。《百年孤獨》的開頭是：

很多年以後，奧雷連諾上校站在行刑隊面前，準會想起父親帶他去參觀冰塊的那個遙遠的下午。

不少作家為此心動。請看莫言成名作小說《紅高粱》的開頭：

一九三九年古曆八月初九，我父親這個土匪種十四歲多一點。他跟著後來名滿天下的傳奇英雄余占鼇司令的隊伍去膠平公路伏擊日本人的汽車隊。

奶奶披著夾襖，送他們到村頭。余司令說：「立住吧！」奶奶就立住了。

奶奶對我父親說：「豆官，聽你乾爹的話。」父親沒吱聲，他看著奶奶高大的身軀，嗅著奶奶的夾襖裡散出的熱烘烘的香味，突然感到涼氣逼人，他打了一個顫，肚子咕嚕嚕響一陣。余司令拍了一下父親的頭，說：「走，乾兒。」

再看陳忠實長篇小說《白鹿原》的開頭：

白嘉軒後來引以為豪的是一生裡娶過七房女人。

稍作比較，我們不難發現，這二位天才作家在《百年孤獨》前是有過動心的。

而且，我還得說一句公道話，他們並不是比照著《百年孤獨》來寫自己的小說的。陳忠實五十多萬字的《白鹿原》，除了這一句開頭讓我們影影綽綽感覺到賈西亞．馬奎斯的韻味，其餘兩者之間毫無關係。要說外來的關係，還不如說《白鹿原》可以與肖洛霍夫的《靜靜的頓河》有著些許血緣關係。

而莫言的《紅高粱》，要稍微運用了加西亞的一些主觀感覺寫作的筆觸，可是兩者之間仍然看不出任何直接的關係。

果然，莫言後來承認，他的創作受了賈西亞・馬奎斯《百年孤獨》的影響，不過，從一九八四年起，直到二〇一五年十月份，他才真正把《百年孤獨》讀完。當時讀不完是因為剛翻開書看了幾行，就有了創作的衝動。小說裡的人拿著磁鐵在大街上行走，把每家每戶的鐵盤、鐵釘子都吸出來跟磁鐵走。這麼誇張的細節，我們生活中太多了。這種魔幻主義創作把他在農村這些年的累積給啟動了，因此沒等把這本書讀完就放下來寫小說，而且從此一發不可收。

這就是說，莫言在打開《百年孤獨》之後就心動了，閱讀激發了他對生活的想像，想像讓他有了強烈的創作衝動。

莫言堪稱一個學習型、閱讀型的作家。他還坦言，當年讀李文俊先生翻譯的美國作家福克納的名著《喧嘩與騷動》，唯讀了李文俊的序言，他就激動得不能讀下去，而是立刻想著可以這樣去寫。莫言還說他讀過法國一位大學教授撰寫的紀實文學作品《合法殺人家族》，書裡記錄了一個劊子手家族七代人兩百年充當劊子手，發明過斷頭臺，斬首路易十六及其皇后，斬首過羅伯斯比和丹東等革命黨人，莫言的長篇小說《檀香刑》就從中得到啟示。特別是書中對「示眾和看客」的描寫，對他的《檀香刑》書中的深層次描寫和人物刻劃都具有直接的啟發。

要使得我們不只是一個為讀而讀的讀書人，看來要隨時關注自己閱讀過程中的心動。至於是不是心動之後一定要行動，要寫作，那倒不一定，成就一次成功的寫作不只在於一次閱讀的心動，還有賴於一個寫作者多方面素質的準備。

我們之所以強調讀書人要關注自己閱讀時的心動，這是使得我們的閱讀卓有成效，並能融會貫通的關鍵點。一本好書，其中有一處甚至多處讓你心動，你會對這本書留下更深的記憶和理解。

讀書要動心，心動就要有所行動，就要盡快把心中的感覺記錄下來，把那瞬間的熱情記錄下來，也許只是隻言片語，也許只是電光石火，可是那是我們與寫作那本好書的智者有了交流感，有了情感的交集，這是值得立此存照甚至值得進一步擴展的事情。如此這般，日積月累，我們的閱讀力將能更為增強。

所謂動口、動手、動心，顯而易見，最難做到的就是動心。前二者只是習慣的形成，後者卻是心智的養成。我認為首先有賴於先天的心性，聰穎還是愚鈍，這是沒有辦法的事情，縱使與莫言一起讀書，鄉間那些玩伴終究沒有他那樣生出講故事的衝動，縱使莫言戰友的未婚妻是圖書管理員，卻也沒有因為閱讀條件比莫言好，而成為拿起外國文學名著就能心動而去創作的優秀作家，而讀者對閱讀有強烈的興趣，便是先天心性甚佳的證明。但僅此是不夠的。

值得提醒大家的是，青少年時期的莫言已經在閱讀心理上有所準備，他已有了當一個作家的心願，因而那些經典著作會青睞這個有準備的讀者。有所期待，有所準備，這是能在好書面前能夠有所心動的主要條件。此外，莫言的閱讀也是在一個成長和成熟的過程中。在農村時他所讀的作品和後來閱讀世界文學名著是一個很大跨度的過程，沒有前者，後者的效果也不會太好。

當一個人的思想和經驗還沒有達到閱讀一本傑作的程度時，那本傑作對他是難以發生應有的效果。

林語堂就此發表過一番高人之論，他說：「且同一本書，同一讀者，一時可讀出一時之味道來。其景況適如看一名人相片，或讀名人文章，未見面時，是一種味道，見了面交談之後，再看其相片，或讀其文章，自有另外一層深切的理會。或是與其人絕交以後，看其照片，讀其文章，亦另有一番味道。」孔子曰：「五十以學易。」那就是說，一個人四十歲的時候都還不可讀《易經》，即便四十五歲時候讀了，得出的也會是另一番效果。林語堂認為，孔子在《論語》中的訓言的沖淡溫和的味道，以及他的成熟的智慧，非到讀者自己成熟的時候是不能欣賞的。

為此，可以說，一個人要能做到讀書心有所動，需要有強烈的求知慾，需要有敏銳的心理感受，更需要有相應的人生感悟能力——也許什麼都不需要，只需要有一瞬間的怦然心動。

五 不只一種讀法

644
645
587
FEDERAL SUPPLEMENT
656
FEDERAL SUPPLEMENT
657
FEDERAL SUPPLEMENT
658
FEDERAL SUPPLEMENT
659
FEDERAL SUPPLEMENT
660
FEDERAL SUPPLEMENT
661
FEDERAL SUPPLEMENT
673
FEDERAL SUPPLEMENT
674
FEDERAL SUPPLEMENT
675
676
677
678

五 不只一種讀書法

1、如何閱讀論述型的書

關於如何提高閱讀力，古今中外，有過不少著述，大多數都是作者身體力行總結出來的感想體會。讀讀這些書，總會得到一些啟發。

近年來，關於這方面的書逐漸受到讀者的歡迎。《如何閱讀一本書》是從美國引進的版權，中國的商務印書館二〇〇四年出版。十年來在中國每年也就能賣兩千本左右，可是自二〇一四年以來，此書銷售量陡增，竟然每年銷售近十餘萬冊，在中國全國學術文化類圖書銷售榜上一直排在前三位，這是出版社和書店都始料未及的。不用說，這應當歸功於全民閱讀的推動。

《如何閱讀一本書》是「二戰」期間美國一位學者莫提默・J・艾德勒撰寫的。一九四〇年出版，正值世界大戰期間，可是這本書卻受到熱烈的捧場，排在當年年度暢銷書的榜首。

這也印證了我們在第二章所論述的，社會轉型期往往是閱讀的好時期。一九七二年，此書經過美國一位知名教授查理斯·范多倫與原作者合作，做了大幅度的改寫，再次出版。中國的商務印書館出版的就是後來這個版本。

我們說是全民閱讀推動了這本書的熱銷，其實，大概不少讀者望文生義把它買了回去，讀一讀也就束之高閣。為什麼這麼說呢？因為，我們知道，全民閱讀中大多數讀者是文學作品讀者和普及類讀物讀者，而這本書是不講文學作品閱讀方法的，對普及類讀物也沒有專門的介紹。作者甚至認為書籍的作用主要不是提供資訊的，普及也就談不上了。這本書介紹的是「論述型」書籍的閱讀方法。

《如何閱讀一本書》是一本比較專業的論述型書籍的閱讀學讀物。全書把閱讀由淺入深分成四個層次。第一個層次是「基礎閱讀」。在這個層次中，一個人可以理解到閱讀的基本要求。其實這個要求很簡單，就是能讀懂一篇文章、一本書。也就是說，如果連這個層次的要求都達不到，那麼，後續的其他要求都會難以實現。

《如何閱讀一本書》介紹的閱讀第二個層次是「檢視閱讀」。這個層次的特點是強調時間和效率，也就是快速瀏覽。對某一本書籍做一番有系統的略讀，透過略讀把握一本書的基本資訊，確定是不是要讀它。也就是看書名頁，瀏覽序言，再研究目錄頁，看看索引和作者的介紹，挑幾個看來和主題相關的篇章看，隨手翻開來，讀幾個段落，判斷要不要讀下去。這時我們要有一些背景知識來支撐你，孤陋寡聞者勢必無從下手。

此後，我們最好能快速通讀。不管看得懂看不懂，快速從頭到尾看一遍。也許我們之前看走眼了，待快速讀完後發現這本書不值得深究，就此可以放下。也許這本書確實值得一讀，並且我們想讀透一些，那麼這一遍可以幫你快速做出決定。

在這個閱讀層次裡，我們必須在規定的時間內完成一項閱讀的功課。譬如可能要用十五分鐘讀完一本書，或是同樣時間內讀完兩倍厚的書。

第三個層次是「分析閱讀」。比起前面所說的兩個層次閱讀，這個層次就比較複雜了。分析閱讀就是全盤的閱讀、完整的閱讀，甚至是優質的閱讀——你能做到的最好的閱讀方式。如果說檢視閱讀是在有限的時間內，做到完整的閱讀，那麼分析閱讀就是在無限的時間裡，要做到最好也最完整的閱讀。在這個層次裡，我們還必須如題所示「分析閱讀」，對書籍做出分析性理解和評論。我們可以贊成或者不贊成作者的觀點和陳述，但一定要有評論，這樣才算是完成了這個層次的閱讀任務。

第四個層次為「主題閱讀」。這是最複雜也最系統化的閱讀。它要求我們按主題去找書來讀，當然也就要求我們更主動地去找書來讀，進行比較性閱讀，要找很多不同的書或資料進行比較、分析、鑑別。主題閱讀顯然是一種研究性問題，透過這個層次的閱讀，我們就會對某一個主題的書籍有一次比較全面的閱讀和分析。

顯然，《如何閱讀一本書》的學理性相當強，合乎邏輯，它受到了大學生們的歡迎。在二〇一五年所做的大學生閱讀傾向調查裡，中國的復旦大學的學生們最希望讀的書就是這一本書。從這本書的熱銷，也讓我們得出一個判斷，那就是近年來大學生越來越重視閱讀了。大學並沒有自外於全民閱讀活動。大學生群體也受到了全民閱讀活動的推動。

2、如何閱讀文學作品

我要給諸位介紹一本《為什麼讀經典》，作者是義大利著名作家伊塔羅．卡爾維諾，由黃燦然、李桂蜜翻譯，譯林出版社二〇一五年十一月出版。

既然第一本《如何閱讀一本書》沒有涉及文學書籍的閱讀，而文學閱讀絕對是閱讀社會的大半壁江山，我們必須選擇一本指導文學閱讀的書籍，否則一定會有很多讀者感到失望。我們在有限的視野裡，尋找到了三本這個主題的名著，一本是《如何讀，為什麼讀》，美國作家哈樂德．布魯姆著，黃燦然譯，譯林出版社二〇一五年十月出版；另一本則是《文學閱讀指南》英國作家特里·伊格爾頓著，范浩譯，河南大學出版社二〇一五年五月出版；再一本就是伊塔羅·卡爾維諾的《為什麼讀經典》。

望文生義，前兩本更為符合一般讀者的需要，書名帶有明確的工具書性質，特別是第二本《文學閱讀指南》，我真的是心生歡喜，因為書中用了相當大的篇幅講述《哈利波特》的故事，並做了仔細的解讀。而我本人就是《哈利波特》這本新世紀超級暢銷書中文簡體版的出版人，回想當初做為人民文學出版社的新社長，一口氣買進《哈利波特》前三本的版權，以三本共六十萬冊的印數推向被人稱為「國際暢銷書滑鐵盧」的中國文學圖書市場，我的心裡是多麼惴惴不安啊！那時對於後來獲得的巨大成功毫無奢望，心中祈禱的只是不要成為滯銷書，我做為新社長，更不能和這本書一起走到「滑鐵盧」。

那麼，現在有一本由英國著名文學理論家、批評家特里·伊格爾頓撰寫的文學閱讀學專著給了《哈利波特》應有的文學名著解讀，把它與狄更斯的名著《遠大前程》放在一起做比較性解讀，我當然有感同身受的愉快。可是，待我瀏覽了三部關於文學閱讀指導的名著，我還是斷然決定，選擇介紹伊塔羅·卡爾維諾的《為什麼讀經典》更為符合文學閱讀的需要。

理由很簡單，前兩本的寫作都過於文學批評化，因而脫不掉程式化。我一向認為，文學閱讀如果太過於批評化，那麼，感性和趣味就會減少很多，而對閱讀者，減少了感性和趣味的文學閱讀，甚至比減少了思想意義的文學閱讀還要有害。

卡爾維諾是一位享譽全球的大作家。他於一九八五年獲得諾貝爾文學獎提名，如果不是他猝然去世，極大可能是他獲得當年度的諾貝爾文學獎。這樣一位大作家，他對文學閱讀必定充滿感性和趣味。請看他在《為什麼讀經典》一書前言中所寫下的一段感悟，這段文字現在已經成為文學閱讀學的經典：

我特別愛司湯達，因為只有在他那裡，個體道德張力、歷史張力、生命衝動合成單獨一樣東西，即小說的線性張力。我愛普希金，因為他是清晰、諷刺和嚴肅。我愛海明威，因為他是唯實、輕描淡寫、渴望幸福與憂鬱。我愛史蒂文生，因為他表現為他願意的那樣。我愛契訶夫，因為他沒有超出他所去的地方。我愛康拉德，因為他在深淵航行而不沉入其中。我愛托爾斯泰，因為有時我覺得自己幾乎是理解他的，事實上卻什麼也沒有理解。我愛曼佐尼，因為直到不久前我還在恨他。我愛賈斯特頓，因為他願意做天主教徒伏爾泰，而我願意是共產主義者賈斯特頓。我愛福樓拜，因為在他之後人們再也不能試圖像他那樣做了。我愛《金甲蟲》的愛倫．坡。我愛《哈克貝利．費恩歷險記》的馬克．吐溫。我愛《叢林之書》的吉卜林。我愛尼耶沃，因為我每次重讀他，都有初讀般的快樂。我愛簡．奧斯丁，因為我從未讀過她，卻只因為她存在而滿足。我愛果戈里，因為他用洗練、惡意和適度來歪曲。我愛陀思妥耶夫斯基，因為他用一貫性、憤怒和毫無分寸來歪曲。我愛巴爾扎克，因為他是空想者。我愛卡夫卡，因為他是現實主義者。我愛莫泊桑，因為他膚淺。我愛曼斯費爾德，因為她聰明。我愛菲茨傑拉德，因為他不滿足。我愛拉迪蓋，因為青春再也不回來。我愛斯維沃，因為他需要變老。我愛……

請問，圍繞著這些文學經典千人萬眾的閱讀者，面對如此富有感性和趣味的讀後感，還會有多少人對枯燥的學院派程式化批評導讀感興趣呢？就文學本位而言，文學作品的閱讀本來就應當以閱讀者的感覺、趣味、想像、快樂與喜好為要務，而那些理論批評，其主要出發點和歸宿只在於批評的理論，倘若一定要在文學閱讀中採取理論分析，前面介紹的《如何閱讀一本書》已經包含在內，可是這樣一來文學閱讀將消滅掉多少文學性！

卡爾維諾在《為什麼讀經典》的第一篇〈為什麼讀經典〉中，把文學閱讀的感覺、趣味、想像、快樂、喜歡與經典作品接通。

他從十二條法則來說明閱讀經典文學作品的感受，幾乎完全不用理論論述，全然是一個讀者的感覺。

第一條是「經典是那些你經常聽人家說『我正在重讀……』而不是『我正在讀……』的書」，強調了文學經典的閱讀本位。

第二條是「經典作品是這樣一本書，它們對讀過並喜愛它們的人構成一種寶貴的經驗；但是對那些保留這個機會，等待享受它們的最佳狀態來臨時才閱讀它們的人，它們也仍然是一種豐富的經驗」，突顯了文學作品所具有的經驗性特殊效力。

第三條是「經典作品是一些產生某種特殊影響的書，它們要嘛本身以難忘的方式給我們的想像力打下印記，要嘛喬裝成個人或集體的無意識隱藏在深層記憶中」，揭示了文學閱讀在人的多重意識層面上的作用。

第四條是「一部經典作品是一本每次重讀都像初讀那樣帶來發現的書」。

第五條是「一部經典作品是一本即使我們初讀也好像是在重溫的書」。這兩個法則乾脆全部是閱讀的感覺。

為此，他把「一部經典作品是一本永不會耗盡它要向讀者說的一切東西的書」當作第六條法則，這條法則深刻揭示了經典文學作品其內涵的無窮盡特性。

因此，「經典作品是這樣一些書，它們帶著先前解釋的氣息走向我們，背後拖著它們經過文化或多種文化（或者是多種語言和風俗）時留下的足跡」，也就成為第七條文化解讀的法則。

如果說在第七條法則之前卡爾維諾闡釋的是文學作品閱讀中的悖反性關係，那麼，從第八條起，他進入到閱讀的切實感受。第八條是「一部經典作品是這樣一部作品，它不斷在它周圍製造批評話語的塵雲，卻也總是把那些微粒抖掉」。

第九條是「經典作品是這樣一些書，我們越是道聽塗說，以為我們懂了，當我們實際讀它們，我們就越是覺得它們獨特、意想不到和新穎」。這兩條法則很貼切地描述了讀者個體與文學作品建立起來的獨特關係。卡爾維諾說他認識一位出色的藝術史專家，一個極其博識的人，在他讀過的所有著作中，他最喜歡狄更斯的《匹克威克外傳》，他在任何討論中，都會引用狄更斯這本書的片段，並把他生命中每一個事件與匹克威克的生平聯繫起來。漸漸地，他本人、宇宙及其基本原理，都在一種完全認同的過程中，以《匹克威克外傳》的面目呈現。這就是說，這位讀者與狄更斯的《匹克威克外傳》建立起了完全是他個人與作品的特殊關係，這也就是文學上通常所說的到達了物我融合的境界。

於是，「一部經典作品是這樣一個名稱，它用於形容任何一本表現整個宇宙的書，一本與古代護身符不相上下的書」，成為卡爾維諾閱讀經典文學作品的第十條法則。

由於有了「與古代護身符不相上下」的感覺，第十一條法則就是「『你的』經典作品是這樣一本書，它使你不能對它保持不聞不問，它幫助你在與它的關係中甚至在反對它的過程中確立你自己」。這也就是經典文學作品的不朽價值所在，無論我們親近它還是疏離它，一旦你曾經讓它成為過你的護身符，你的文學立場就與它緊密相關，這種關係從正面或反面證明著你的存在。

到此，卡爾維諾得出了總結性的第十二條法則：「一部經典作品是一部早於其他經典作品的作品；但是那些先讀過其他經典作品的人，一下子就認出它在眾多經典作品的系譜中的位置。」

可是，這位大作家依然不能完全確認人們是否對經典文學作品的臣服，又增添了第十三、十四兩條補充性法則，一是「一部經典作品是這樣一部作品，它把現在的噪音調成一種背景輕音，而這種背景輕音對經典作品的存在是不可或缺的」。

二是「一部經典作品是這樣一部作品，哪怕與它格格不入的現在佔統治地位，它也堅持至少成為一種背景雜音」，這就是說，即便現實格格不入，經典作品依然會存活下來，只不過可能反過來成為現實的「背景雜音」。到這裡，經典文學作品的價值、鑑賞、作用幾乎得以窮舉。

〈為什麼讀經典〉只是《為什麼讀經典》的開篇之作，如果讀者還覺得不免有些玄奧，那麼，在隨後的篇幅裡，卡爾維諾寫了三十五篇經典文學作品的閱讀隨筆。這些隨筆，從荷馬史詩的《奧德賽》寫到巴爾扎克、馬克．吐溫、海明威，一直到豪爾赫．路易斯．波赫士，共三十多位作家。但看隨筆的篇名，《〈奧德賽〉裡的多個奧德賽》、《巴爾扎克：城市做為小說》、《康拉德的船長》、《世界是一顆朝鮮薊》、《海明威與我們》、《帕維賽與人祭》……很顯然，這就是用文學的辦法來閱讀文學作品。卡爾維諾憑著他的熱忱和智慧，在讀者面前展現文學千姿百態的魅力，足以打動世界上成千上萬的讀者，為他們奉獻了一部優秀的閱讀文學經典作品的入門書。

3、朱子讀書法

中華民族一向就是一個重視教育讀書的民族，自孔夫子起，歷朝歷代均有優秀的教育家從事教育事業，總結出寶貴的教育、讀書經驗和思想。然而最為有名、較為完整、全面而且對後世影響最大的，要算南宋哲學家、教育家、文學家朱熹的讀書之法。

朱熹一生大部分時間都在讀書和教書上，提出過許多精闢見解。他去世後不久，弟子們將他的讀書經驗歸納為六條，稱為《朱子讀書法》。南宋以後，數百年來《朱子讀書法》一直在官刻、坊刻裡出版發行，也收入了清朝的《四庫全書》。新時期以來，有過多家出版社做過校點出版。近來中國江蘇的鳳凰出版社出版的《向〈朱子讀書法〉學讀書》（陳曉滸譯評），對《朱子讀書法》有深入淺出的講解，頗受讀者歡迎。

國際閱讀學界對中國古代閱讀學的成就有著很高讚譽，主要是從孔子到朱子，有著大量關於閱讀的理念和方法的介紹。特別是誕生於十二世紀的《朱子讀書法》，被公認為其學術水準是當時的歐洲學者無法比肩的。

首先，朱熹讀書的目標非常明確，那就是：「窮理之要，必在於讀書。讀書之法，莫貴於循序而致精，而致精之本，則又在於居敬而持志。」也就是說，他的讀書，是為了窮理，透過致精，最後達到實現自己的著書立說的志向。後來，朱熹的學生把他關於讀書方面的訓導，概括歸納出六條要求，即循序漸進、熟讀精思、虛心涵泳、切己體察、著緊用力、居敬持志。

第一條「循序漸進」，就是讀書的「量力而行」的原則，《朱子讀書法》是認知事物的基本方法和規律。朱熹說：「讀書之法，莫貴於循序而致精。」「凡讀書，須有次序。且如一章三句，先理會上一句，待通透；次理會第二句，第三句，待分曉；然後將全章反覆紬繹玩味。如未通透，卻看前輩講解，更第二番讀過。須見得身分上有長進處，方為有益。」所以朱熹又說：「學者當自博而約，自易而難，自近而遠，乃得其序。」「讀書之法，既先識得他外面一個皮殼了，又須識得他裡面骨髓方好。」朱熹對讀書方法和規律的理解，與美國的《如何閱讀一本書》的「基礎閱讀」、「檢視閱讀」以及「分析閱讀」表述幾乎是一致的，而他早在十二世紀就有了這樣相當精確的表述。

第二條「熟讀精思」，表現的是讀書的「鞏固性」和「創造性」原則。朱熹強調讀書必須熟讀成誦。古人閱讀皆強調「讀」，可能與上古時期皆以朗讀為主的傳承有關。這一點我們在第一章有過較為集中的論述。朱熹當然不只是因為朗讀傳承而朗讀，他的朗讀主張乃是為了「熟」。他說：「學者只是要熟，功夫純一而已。讀時熟，看時熟，玩味時熟。如《孟子》《詩》《書》，全在讀時工功。」而且他要求讀而成誦：「需要讀得字字響亮，不可誤一字，不可少一字，不可多一字，不可倒一字，不可牽強暗記，只是要多誦遍數，自然上口，久遠不忘。」「今所以記不得，說不去，心下若存若亡，皆是不精不熟之患。」「書不可不成誦。或在馬上，或中夜不寢時，詠其文，思其義，所得多矣。」又說：「讀書之法：讀一遍了，又思量一遍；思量一遍，又讀一遍。讀誦者，所以助其思量，長教此心在上面流轉。若只是口裡讀，心裡不思量，看如何也記不仔細。」

朱熹十七、八歲讀《中庸》、讀《大學》時，每天早起第一件事便是誦讀十遍。當讀到《中庸》云「人一能之己百之，人十能之己千之。果能此道矣，雖愚必明，雖柔必強」時，他「奮發感慨，不能自已。自此為學，方有寸進」。有意思的是，朱熹終身都喜歡飲酒之後背誦屈原《楚辭》、諸葛亮《出師表》、陶淵明《歸去來兮辭》、杜甫的詩，直到晚年依然如此飲酒誦詠。

熟讀的目的主要是精思。精思則不僅是讀書的鞏固創造的原則。朱熹說：「學原於思。」真正符合孔子「學而不思則罔」的原則。朱熹編注《四書》，使之成為此後儒學的最經典，這是他精思後的創造性收效。

他一生著述甚豐，《詩集傳》、《易學啟蒙》、《四書章句集注》、《韓文考異》、《楚辭集注》、《楚辭辯證》、《楚辭音考》和《楚辭後語》，成為宋朝學術的一個高峰。這當然不可能只是一個讀書人的收穫，而應當看成是一個精於思考的學者的學術成就。特別是在歷代學者詮釋《楚辭》的著述中，朱熹《楚辭集注》的學術水準無疑是一座絕對的高峰。朱熹對《楚辭》的考據建立起一個字、音、義三者統一的解說體系，而且重塑了屈原忠君愛國的歷史形象，這只能說他不只是讀有所得，更是思有所得。

第三條「虛心涵泳」，顯示了讀書要有「有容乃大」的原則。學生問朱熹讀諸經的方法，他的回答是：「亦無法，只是虛心平讀去。」他說：「大凡人讀書，且當虛心一意，將正文熟讀，不可便立見解。看正文了，卻著深思熟讀，便如己說，如此方是。」「且要虛心，逐一說看去，看得一說，卻又看一說。看來看去，是非長短，皆自分明。譬如人欲知一個人是好人，是惡人，且隨他去看。隨來隨去，見他言語動作，便自知他好惡。」說到這裡，朱熹再次強調：「只要虛心。」朱熹對讀書人的態度十分看重。他說教導學生，觀書，要「當平心以觀之」、「須靜著心」、「放寬心」「讀書之法無他，唯是篤志虛心，反覆詳玩為有功耳」。這些，都展現了虛心涵泳應有的客觀性態度。

第四條「切己體察」，強調的是讀書必須「體驗反思」的原則。朱熹強調讀書不能僅僅停留在書本上和口頭上。他說：「讀書不可只專就紙上求義理，須反來就自家身上推究。」他竭力主張：「讀書，需要切己體驗。不可只作文字看，又不可助長，學者當以聖賢之言反求諸身，一一體察。」認為如果不是如此切己體察，即使是「廣求博取，日誦五車」，也是沒有實際意義的。

第五條「著緊用力」，強調的是讀書必不可少的「勤奮向學」的精神。朱熹對他的學生說：「讀書之道，用力愈多，收功愈遠。先難而後獲，先事而後得，皆是此理。」「讀書之道，須是用工去看。現一書費許多工夫，後則無許多矣。」他主張讀書要有緊迫感，不可優哉游哉，要「如猛將用兵，直是鏖戰一陣」，要「如酷吏治獄，直是推勘到底，決不恕他方得」，「直要抖擻精神，如救火治病然，如撐上水船，一篙不可放緩」。他說：「為學要剛毅果決，悠悠不濟事。且如發憤忘食，樂以忘憂，是什麼精神，什麼筋骨！」

第六條「居敬持志」，特別強調了讀書要有「志存高遠」的精神。讀書能否順利進行，關鍵在讀書人志向抱負的狀況，所以，「居敬持志」做為讀書法的最後一條，也是發揮著根本保證的一條。朱熹說：「敬字功夫，乃聖門第一義。徹頭徹尾，不可頃刻間斷。」朱熹繼承了程頤「涵養須用敬，進學則在致知」之說，提出「致知必須窮理，持敬則須主一」的為學原則。他說：「讀書有三到。謂心到、眼到、口到。心不在此，則眼不看仔細，心眼既不專一，卻只漫浪通讀，決不能記，亦記不能久也。三到中，心到最急，心既到矣，眼口豈不到乎？」

「三到」的要求就在於強調讀書時，注意力要高度集中，要聚精會神，打起精神。他說：「看文字須大段著精彩看。聳起精神，豎起筋骨，不要困，如有刀劍在後一般。就一段中須要透，擊其首則尾應，擊其尾則首應，方始是。」朱熹認為讀書是一個以吾心「體驗」聖心的過程，即是以自家之心體驗聖人之心，以心觀心、吾聖合一的過程。若不堅持用心讀書，是達不到這個讀書效果的。

在討論閱讀力的時候，我們特意介紹上述三本關於讀書方法的書，為的是要想提高閱讀力，一定要多瞭解一些讀書方法，這樣能讓我們對閱讀有比較開闊的思路。其實，每一種讀書方法都有其合理之處，關鍵要看哪一種方法適合自己使用。

《如何閱讀一本書》具有比較直接的工具價值，透過閱讀這本書，我們可以比較迅速地掌握閱讀論述型書籍的辦法。《為什麼讀經典》具有比較徹底的文學本位主義，一個人倘若能耐心讀完這本書，那麼，他的文學修養將不可同日而語。《朱子讀書法》則是把讀書當作個人性情涵養、學養修為的過程，認為要能掌握好閱讀力的提升，必須居敬持志，提升自己人格情操素養。講求情懷，講求「正身」，正是中國人做一切事情的前提要求，對於讀書這件治學的首要大事，就更是一項根本的要求，值得我們記取。

4、快閱讀與慢閱讀

關於讀書方法，還有一些屬於方法論的範疇值得探討，譬如，快閱讀、慢閱讀、淺閱讀、深閱讀以及泛閱讀、精閱讀等，而且，這些範疇都有其合理之處，卻又互為悖反，用物極必反的規律來看，什麼方法都不能一條道走到底。

先談快閱讀。

過去，人們形容一個人讀書速度快，最常用的成語是「一目十行」。進入數位時代，由於數位技術和網路技術的普及，迅速提高了人們閱讀的速度，在各式電腦、手機、平板電腦上，快速點擊、快速瀏覽成為尋常之事，相較在紙本書籍上所謂一目十行的快閱讀，可以說是極大提速。如果說火車時速從往昔的四十公里提高到兩百五十公里、三百五十公里已經令世人驚嘆，那麼，在數位技術條件下，閱讀速度的提高並不亞於高鐵速度。不過，高鐵提速、飛機提速是一回事，此類提速不僅有技術支援，還有技術保障安全，閱讀提速則是另一回事了，雖然也有技術支援，可是，卻沒有技術保障閱讀人的接受效果。為此，新世紀以來，到處都在呼籲慢閱讀，凡講閱讀，往往就要主張讀得慢一些再慢一些，幾乎弄到凡快閱讀就一定不好的地步。

其實，凡閱讀就一定有快有慢。快閱讀是不可避免的。

首先就是快速瀏覽。我們手持一本新書，要做的第一件事應當是快速檢索。透過檢索掌握一本書的基本資訊，確定是不是要讀它。譬如，先看書名頁、序言、副標題等，再看目錄頁，再看作者介紹，這樣的閱讀不可能不快。在對這本新書產生一些興趣之後，我們就應當快速略讀。通常是挑幾個和主題相關的篇章看看，粗略瀏覽幾個段落，判斷一下這本書是不是自己所需要的那一類書。

快速瀏覽這個過程通常我們在書店裡買書的時候會這樣去做，透過快速瀏覽，判斷要不要買，這是最為正常不過的事情。只是這個判斷需要藉助我們的知識累積，只有在讀的書比較多、認識的作者比較多，這種判斷才可能接近於準確。否則，在書名取得天花亂墜、作者吹噓得神乎其神、圖書內容大話空話連篇的今天，購書者又缺乏知識累積，發生誤購的事情總是難免的了。

掌握快速瀏覽的能力之後，依然還要快速通讀。快閱讀，我們從書店購回的書，從圖書館借的書，甚至是從別人那裡借來的書，並不意味著就此開始慢讀細想、細嚼慢嚥。對於我們所熟悉的作者和熟悉的經典作品，這樣做是可以的，而對於我們並不熟悉的人和書，我們不妨再加上一個快速通讀的程序。且不管這本書看得懂看不懂，快速地從頭到尾通讀一遍，這是有利於我們節約時間，把時間和精力花在值得花的圖書上。

列夫·托爾斯泰的名著長篇小說《戰爭與和平》長達一百三十多萬字，好萊塢著名導演伍迪·艾倫曾經說：「我上了一個速讀班，用二十分鐘讀完了《戰爭與和平》。（我的印象是）它跟俄國有關。」《每日電訊報》的編輯曾經縮編過一些文學名著，如把《戰爭與和平》寫成一條推特（註8）：「拿破崙入侵俄國。俄國貴族家庭陷入精神混亂狀態。戰爭接踵而來。法國人撤軍。俄國人慶祝。很多人結婚。」毫無疑問，二十分鐘讀完一本一百三十萬字的長篇小說，這種閱讀只能是快速通讀，至於把一百三十多萬字濃縮成一條推特，那也只能是通讀過全書的人的讀後遊戲。他必須對全書有過通讀，哪怕是快速的通讀。快速通讀一遍後，我們可能發現這本書並不怎樣，不值得花時間去讀，就此放下；我們也可能發現真的遇上了一本好書，值得一讀，這時候，我們就將開始慢讀之旅。

談到閱讀速度，並非要快就能快起來的，一般來說，需要一定的閱讀實踐，逐步形成速度的能力。而對於更快速的閱讀，還要經過特殊的訓練。關於快讀能力的特殊訓練，是一門科學，已經出版有相關專著，專著對於快速閱讀的訓練有一些成套路的方法，在這裡就不做專門介紹了。我們主要針對一般讀者希望提高快讀能力，介紹了一些讀者自我訓練可以逐步掌握的方法。

一是要提高閱讀速度，可以掌握看書掃視法。我們首先要糾正逐字逐句閱讀的不良習慣，逐步擴大掃視的「視知覺廣度」。只有「視知覺廣度」增大，壓縮眼睛注視時間，減少中途回視次數，避免眼睛不斷地來回轉動。閱讀的平均速度就能提高。切忌快速閱讀時反覆瀏覽，通常只需順著讀一遍即可。如果覺得有必要，也要等整篇讀完之後，再回過頭重複某項內容。據專家介紹，通常有經驗的閱讀者每一次注視所能閱讀的內容至少是初學閱讀者的三倍。中等文化水準的讀者，經過努力，每分鐘能達到五百字到六百字，就算是具有快速閱讀較好的能力。

二是要提高閱讀速度，可以掌握看書搜索法。在掌握掃視法的基礎上，我們要掌握搜索法。所謂搜索法，顧名思義，就是在掃視圖書的過程中，要注意搜索我們感興趣的語詞、段落，搜索書中某些特殊的內容，而且要有目的地加以記憶。盡量不去記那些無關緊要的詞句，要記住作者意圖及內容實質。掌握了看書搜索法，我們也就有了有效提高閱讀速度的基本保證。

三是要提高閱讀速度，可以掌握速讀概括法。要力求迅速掌握書中主要脈絡和大意。要帶著問題閱讀。要把書中的主要脈絡、大意和特殊觀點簡要地概括出來。這是快速閱讀是否成功的主要方法。我們並不認為凡是自己認為有用或感興趣的書都要深入閱讀和探究，這既不可能真正做到，也是沒有實際意義的。有不少圖書，只要透過快速閱讀，把一本書的主要內容、主要觀點概括出來，就算是我們已經讀過。倘若覺得需要探究其內容的來龍去脈，那就是後續慢讀的任務。

提高閱讀的速度，主要途徑就是實踐，在實踐中不斷有意識地自我訓練、自我提高。為了提高閱讀力，很有必要提高閱讀的速度。只有善於快速閱讀的人，加以勤奮向學，才可能成為博覽群書的飽學之士。

當然，要真正成為博覽群書的飽學之士，還一定要在快閱讀的同時實行慢閱讀。沒有慢閱讀的讀者，很難真正成為飽學之士。《三聯生活週刊》上貝小戎曾經介紹加拿大漫畫家約翰．阿特金森（John Atkinson）把名著縮編做到了極致的故事。

約翰．阿特金森創作了一系列漫畫，把一些著名的長篇小說濃縮成了一句話。「《戰爭與和平》：每個人都很悲傷。老下雪。《憤怒的葡萄》：種田糟透了。去自助旅行！自助旅行糟透了。《唐．吉訶德》：一個人攻擊風車。還有，他瘋了。《太陽照常升起》：迷惘的一代酗酒。他們依然迷惘。《白鯨》：人跟白鯨鬥。白鯨贏了。《尤利西斯》：都柏林，這事那事，不分段的長句子。《奧德賽》：一位老兵歷盡千辛萬苦回到家，然後把所有人都殺了。《咆哮山莊》：類似於兄妹戀。山莊被濃霧籠罩。《瓦爾登湖》：一個人在戶外坐了兩年。什麼也沒發生。《貝奧武夫》：英雄殺死惡魔。龍殺死了英雄。《罪與罰》：謀殺犯感覺很不好。懺悔。入獄。覺得好點了。《神曲．地獄篇》：大混亂。」勇於去做長篇小說濃縮的人往往是飽學之士。約翰．阿特金森當然是一位閱讀修養很深的飽學之士。我們說飽學之士，並非專指把書讀飽的人，而應當是讀書讀得有所得、有獨到的見解，而要做到這一點，沒有慢讀修養幾乎是不可能的。

慢讀才能出學問，慢讀才能見功夫，慢讀才有勝出作者和前人的可能。正如臺灣作家王文興所說：「真正的好東西讀一兩頁，滿意度跟讀一大部書沒兩樣。」他每週讀書四、五天，每天讀兩千字左右，五十多年的閱讀量沒超過五十本小說。做為教授和作家，他的與眾不同之處，就是一天只寫幾十個字，唯讀兩千來字。他奉行慢讀主義，認為慢讀收穫多。他的閱讀名言是：「閱讀就是慢讀，快讀等於未讀。」正是因為慢讀慢寫，甚至到了「把寫小說當詩歌寫」的程度，他才有緣成為臺灣現代文學大師級作家之一。

慢讀主要用於精讀。這是能不能把書讀好的關鍵步驟。在精讀的全部過程中，快速閱讀只是其第一步，達到對全書有一個概括瞭解的目的，第二步則是逐章逐節反覆閱讀，邊讀、邊想、邊記下問題，圈點、畫線、評註，第三步是抓住重點，深入鑽研，認真理解，也許還會對書中有疑問的地方進行深究，得出自己的見解，最後一步就是對全書閱讀進行總結，做讀書筆記。

要完成這些步驟，需要的閱讀速度當然只能是慢讀。唯有慢讀才可能做評點、做摘要；慢讀就有可能激發鑽研和寫作慾望；慢讀對於新知識的學習、新學說的研讀、新作品的鑑賞都是不可少的；慢讀才可能調動多種感官參與閱讀，做到「口動、手動、心動」。唯有慢讀才可能精讀。唯有慢讀才可能深讀。唯有慢讀一生才有可能熟讀幾本書。

既然慢讀就可能反覆讀。既然慢讀就可能重讀舊書。對優秀的文學作品慢讀，讀書人才可能感同身受，切己體察，如身臨其境，才有可能進而誦讀，誦讀才可能記憶久遠，從而將閱讀「激昂處還他激昂，委婉處還他委婉」，享受「行到水窮處，坐看雲起時」，「相看兩不厭，唯有敬亭山」的審美狀態，細品細嚼，細思深想，在優秀的文學作品裡讓自己的靈魂活一回！

關於慢閱讀的方法，前人已經有過許多介紹，其中講得最全面的就是前面提及的《朱子讀書法》，朱子讀書方法的六條要求，沒有哪一條不是要求「慢工出細活」，這裡就不再重申了罷。

然而，平心而論，一個人，太多的快閱讀是會導致太多的泛讀，可是太多的慢閱讀難道不會造成閱讀量過少嗎？閱讀量過少難道不也是現代社會所憂慮的問題嗎？魯迅先生認為讀書「需如蜜蜂一樣，採集過許多花，才能釀出蜜來，倘若叮在一處，所得就非常有限，枯燥了」，照此說來，一個讀者只盯著一本書，恐怕也會「枯燥了」。魯迅主張博覽群書。在年輕時，除規定的功課之外，天文地理、花鳥蟲魚之書，他無所不讀。閱讀文藝作品時他曾說過：「先看幾種名家的選本，從中覺得誰的作品自己最愛看，然後再看這個作家的專集，最後再從文藝史上看看他的歷史位置。倘若要知道得更詳細，就看一本這個人的傳記，那便可以大略瞭解了。」這種讀書法把快閱讀和慢閱讀、泛閱讀與精閱讀結合起來，當快則快，該慢則慢，這樣的讀書方法更給人們以啟迪。

如此看來，讀書宜快宜慢，這幾乎是一個沒有答案的選擇題。生活是如此豐富多彩，書的海洋是如此波瀾壯闊，偏執於一端，都不利於現代閱讀生活的健康進行。我們之所以要在這裡對慢讀的好處做一番渲染強調，並不只在於閱讀的速度問題。本節一開始我們就陳述過，數位時代已經使得人們的閱讀急遽提速，滑鼠、拇指快速拉動文本，基本上是眼花撩亂而過，遠超火車提速，猶如雲霄飛車，驚險一瞬間，到頭來全無所得，如此這般，人心乃至社會風氣勢必浮躁，人文精神勢必頹喪，人際關係勢必粗糲，這就是快閱讀給人們生活帶來的不良影響。於是，已經有太多的學術文化名人呼籲閱讀減速，我們已經在很多城市看到命名為「慢讀時光」的新書店開張，看得出主張慢閱讀並不限於學術文化名人，已經擴展成為一種社會憂慮——就像國際社會正在提倡推廣「慢活」一樣，希望透過慢活提高生活品質，提高人文精神，重塑人的尊嚴——人們希望透過慢閱讀提高閱讀品質，提高閱讀的意義，重建閱讀文化。不過，應當看到，關於慢讀的呼籲，只是對過於放任快速閱讀並不理性的風氣的撥亂反正。而事實上，正如我們在本節已用了不少篇幅闡述過的那樣，快閱讀也是人們閱讀生活不可或缺的一部分，萬萬不要因為當前快閱讀氾濫便就此拋棄這種閱讀方式。

快閱讀與慢閱讀，該快則快，當慢則慢，有如用餐，速食可充飢，桌餐宜享受，又有如蘇州園林，疏密得當，濃淡相宜，終究還是要看人們的需求。不過，做為一個現代讀書人，能否處理好閱讀的快與慢，乃是評價其閱讀力高下、學養深淺與否的基本標準，這是需要引起我們注意的。

註8：「推特」即Twitter的官方中譯名。它是一個社群網路與微網誌服務，它可以讓用戶更新不超過一百四十個字元的訊息，這些訊息也被稱為「推文」。這個服務是由傑克・多西在二〇〇六年三月創辦並在當年七月啟動的。Twitter風行於全世界多個國家，是網際網路上瀏覽量最大的十個網站之一。

5、淺閱讀與深閱讀

讀書到底是深一些好還是淺一些好，一向就有不同意見。人類學習教育的主流傳統一直是深閱讀，這當然是可以理解的。古今名人苦讀故事可謂汗牛充棟。讀者對中國歷史名人苦讀故事已經耳熟能詳，對外國歷史名人苦讀故事也不陌生。

馬克思寫《資本論》，連準備和寫作前後達四十年，閱讀了數量驚人的書籍，其中做過筆記的就有一千五百種以上。德國大作家歌德花了五十八年時間，搜集了大量資料，寫出了對世界文學界和思想界產生很大影響的詩劇《浮士德》。義大利物理學家、天文學家伽利略，在力學上貢獻巨大，建立落體定律，發現物體慣性定律、擺振動的等時性、拋物運動規律，確定了伽利略原理。年輕時他在比薩大學讀書期間，就非常好奇，也經常提出一些問題，比如「行星為什麼不沿著直線前進」一類的問題，有的老師嫌他問題太多了，他依然如故，方有了後來的成就。

那麼，對於閱讀生活，難道只有深閱讀是值得推崇的嗎？似乎閱讀的歷史並不是這樣記述的。中國春秋時期的孔子和古希臘時期的蘇格拉底都不約而同地主張「述而不作」，顯然這當中也包含有拒絕過分穿鑿於書本的意思。

晉朝詩人陶淵明的名言「好讀書，不求甚解」，顯然就是一種淺閱讀的主張，這並不妨礙他成為中國歷史上偉大的山水詩人。清朝主張「性靈說」的著名詩人袁枚認為：「書能使人智，亦能使人愚；書能使人歉然不足，亦能使人傲然自恃。善讀者常不足而智，不善讀者常自恃而愚。」顯然這是一種健全的深淺適度的閱讀主張。

倘若談到全民閱讀，聯合國教科文組織一九九五年關於「世界讀書日」的宣言更是直接指向散居在世界各個角落的人，希望「都能享受閱讀的樂趣」。這一宣言，可以讓我們全面理解世界各色人等，深閱讀者以深閱讀為樂，淺閱讀者則以淺閱讀為樂，只要能夠閱讀，便是全民閱讀社會。

當然，在數位時代，關於淺閱讀和深閱讀，又有了新的指向。社會輿論認為，那些基於行動手機上的網路閱讀，甚至擴大到網路小說閱讀，都是淺閱讀，而紙本書籍的閱讀，大體上被認為是深閱讀。閱讀的深淺問題，需要再做一番辨析。

那麼，當我們提倡全民閱讀時，是在提倡什麼樣的閱讀呢？是傳統閱讀，還是數位閱讀？是讀書還是讀手機？是上圖書館還是上網？這是多元化閱讀的時代需要我們做出回答的問題。

首先，我們要毫不諱飾地表明自己的觀點：提倡全民閱讀，就是提倡傳統閱讀——讀書。至於風靡於當下的數位閱讀，難道還需要提倡嗎？不提倡就已經風靡社會，再去提倡，豈不更加瘋狂！

曾經有外國人寫文章，說中國人不愛讀書，在國際航班上許多中國人捧著平板電腦和智慧型手機玩遊戲，而不少歐洲人在讀書。這樣的文章對稍微有一點自尊心的國人都很有刺激，卻也無奈。舉目向社會各個角落望去，到處都有人在看手機、平板電腦。這些人是不是在閱讀，自然是無法一概而論。我們只要看看他們的動作就大概猜得出，連續快速動作的是玩遊戲，連續勻速滑拉的是看網路上的各種討論與訊息，而一動不動的則可能是讀文章，還有的是在發語音資訊，總之是五花八門，樂此不疲。於是，對於如此魚龍混雜的閱讀，許多社會知名人士表示過強烈的憂慮。他們認為，數位技術條件下的遊戲化閱讀、膚淺化閱讀、瀏覽式閱讀、碎片化閱讀，勢必造成閱讀者放棄深入思考、整體理解，久而久之，會對整個民族思維能力的養成產生不利影響。

其次，我們還要說，要善待數位閱讀。

數位閱讀使得我們社會真正步入資訊時代。新時期之初主張的「閱讀無禁區」真正得以實踐，人們閱讀的門檻正在變平，人類資訊、知識、思想的廣泛交流變得可能，就這一變化而言，數位閱讀就稱得上是一次閱讀的革命。此外，數位閱讀還有傳統閱讀所不具備的許多優勢。譬如便捷。查閱資料的便捷、檢索資訊的便捷、連結知識的便捷、存取檔的便捷，這是數位技術、網路技術的優勢。現在大家時間都不夠用，時間變成碎片，我們想抽空讀點書怎麼辦？在候車候餐的時候，在等候朋友的空檔，在無聊的公車上，打開平板電腦，打開智慧型手機來讀書，顯然不失為利用碎片時間的好方法。我們去旅行，不能夠搬成箱的書跟著走，可是一個電子閱讀器或是平板電腦、智慧型手機就能裝下千種書，隨時點擊就能讀，用碎片化時間讀完整的書或者讀些精短的碎片文章，不亦樂乎？

可是，做為健全的閱讀生活，在數位閱讀猶如狂飆一般興起的重要關頭，還必須有明確的價值判斷和選擇。

數位閱讀也存在著明顯缺陷。人類認知世界有四個層次：資訊、知識、思想和審美。傳統閱讀在這四個層次上基本上都能完美地實現。數位閱讀在前兩個層次上顯然更具優勢。可是，正因為行動網路閱讀在資訊和知識傳播上的優勢，往往導致許多讀者沉溺於這一優勢上，整日整夜地在資訊的汪洋大海上漫遊，閱讀的碎片化傾向更加強烈，資訊的瀰漫性、氾濫性、不確定性、變化多端性，使得他們應接不暇，而思想、審美的空間自然被擠壓得所剩無幾，勢必導致萎縮。為此，我們要強烈呼籲人們多讀書，讀完整的書，讀人類的經典，不斷提升閱讀的思想價值和審美價值，這恰是傳統閱讀之所長。至於數位閱讀，目前還不能發揮閱讀的全部功能。如果任其野草一般地恣肆瘋長，勢必會使得越來越多的青少年沉溺於資訊的玩樂大海之中。但從這一點來看，傳統閱讀就需要予以大力提倡。

現在很多年輕人看手機很有能力，看平板電腦更有能力，可以快滑手機或平板電腦的螢幕，但效果怎麼樣權且不去理它。即便在手機和平板電腦上讀文章，通常文章都不長，很快就瀏覽過了，比較輕鬆。儘管我們認為碎片化式的淺閱讀總比什麼也不讀要好，可是讀什麼和怎麼讀還是有層次高低的區別。讀一本紙本書，尤其是優秀的紙本書籍，需要更強的閱讀力。手執一卷經典，看了幾十頁，往後一翻，還有幾百頁，意志薄弱者有可能將書一擲了事，

提高閱讀力也就成了空話；倘若能夠堅持讀下去，不僅讀了好書，還磨練了意志，怡養了性情，閱讀力也就得到明顯提升。

全民閱讀，特別是深閱讀，乃是國家民族科學文化發展的必經之路，是國民素質提高的正途，而現實的閱讀狀態卻是隨時都有萎縮的危險，在這個重要關頭，對於讀書，怎麼提倡都是不為過的。

六 獨讀書不如眾讀書

587
644
645
FEDERAL SUPPLEMENT
656
657
658
659
660
661
673
674
675
676
677
678

六 獨讀書不如眾讀書

1、自古以來就有社群閱讀

從現代閱讀觀來看，一個人的閱讀是個人自己的事情。在一個正常的開放的現代社會裡，一個人讀與不讀，讀什麼，怎麼讀，完全可以是個人自己的事情，社會的主流閱讀力量可以就這些事情引導、勸導、感召、影響社會中個人的好惡，在尊重個人選擇的前提下，提高全社會的閱讀力。這也就是為什麼全民閱讀活動既讓人們感覺到十分必要，可是真正要推廣起來又並不容易的深層次原因。

不過，事情從來就不是絕對的。就拿閱讀的私人化來說，並不是說這是個人自己的事情，於是就與社會絕緣。譬如，家庭閱讀、校園閱讀之類，就不可能強調絕對的私人化。隨著社會文明程度提高，人們社會生活的開放度越來越大，個人的社會化程度也在提升。在人們的日常生活裡，進食、就寢、休憩等等通常是比較私人化的，許多時候並不情願被他人任意打擾，可是，有時候又會邀約他人共進晚餐，共度良宵，樂不可支以致於東方之既白。在如此這般的多人同樂的時光裡，較之於個人獨自生活，往往人的進食量大增，良宵恨短。這就是說，社會化生活也是人類精神生活的一種方式，與私人化生活同等重要。

為此，當我們在強調閱讀是個人自己的事情的時候，往往可能是一些社會化的活動使得人們心生厭煩。

中國人一向就不缺少社會化的習慣，甚而至於，社會化的習慣曾經是那樣無所顧忌地侵犯私人的領地，消弭個人的尊嚴，滅絕個人的私慾，包括閱讀，也曾經有過絕對社會化，幾億人只能讀幾本書的極端景象。正因為此，中國文化改革開放三十多年來的思想大解放推動了個人權利、尊嚴的重新確立，全民族精神生活獲得了一次革命性的解放。然而，因為痛苦的歷史記憶，因為矯枉過正，一個時期，卻又出現了個人主義盛行。

不過，用不著太過擔心，社會性是人類基本屬性之一，社群化的生活是人們生活的基本面，一意孤行離群索居的人總是極少數，而自古以來讀書人就有雅集於一處，進行社群化閱讀的雅興。隨著社會的發展，現在人們越來越樂於三五好友聚會，下午茶不僅是一種時髦還是一種社交需要，閱讀的社群化趨勢成了閱讀人群自然而然的需求。一項比較權威的調查反映了民眾的這種訴求，二○一六年四月，中國新聞出版研究院發布的第十三屆全國國民閱讀調查報告指出，有七成受訪者希望更多推廣全民閱讀社會性活動。

為了提高個人閱讀力，需要一個人獨自用心地讀；為了提高個人的閱讀力，又需要許多人聚集起來快樂地讀。後者我們稱之為社群閱讀。個人獨處可以讓我們隨意隨興隨時隨地隨個人需要自由地閱讀，而社群閱讀，卻能使我們不只是閱讀，還有情感交流、問學切磋，多人友好攜手共進，真稱得上是人生快意時光。

人生讀書不妨將這兩種方法兼而有之。個人閱讀，有時候不免是孤獨的，例如南宋陸游詩歌吟詠的：「九月十九柿葉紅，閉門讀書人笑翁。」可是有時候獨自捧讀卻是快樂的，例如清初金聖嘆的「雪夜閉門讀禁書」。社群閱讀，有時候多人聚集令人生厭，因為那是被迫而去，或者所讀之書讓我們生厭，或者是有不願會聚之人令我們鬱悶；可是有時候友人共讀足以使人忘情，例如「梁山伯與祝英台」同窗共讀，王羲之在《蘭亭集序》中所描述的「雖無絲竹管弦之盛，一觴一詠，亦足以暢敘幽情」。總之，個人閱讀和社群閱讀，都是讀書生活常有的形式，都有利於提高閱讀力，關鍵是要出自於我們自由的選擇。讀書必須出自於內心願意。不願意就無興趣，而不自由則無法讀。

2、家庭閱讀：閱讀傳遞親情

前不久，中國廣西師範大學出版社出版了引自美國版權的一本繪本書《和爸爸一起讀書》，講的就是一個家庭閱讀故事。作者是一個已經為人母的女性，她從女兒的角度，講述她的父親如何在她小時候和她一起讀書的往事，現在，她也和女兒一起讀書，已經年邁的老父親滿意、慈愛地看著她們讀書，一時間整個家庭滿是融融的溫情。

我建議所有初為人父母的年輕朋友都能讀讀這類講述家庭閱讀的書籍，凡有條件的朋友都應當和自己的兒女一起讀讀書，並且形成家庭生活的一個習慣。沒有條件陪兒女讀書的朋友，則建議大家更多關心兒女的閱讀，給他們提供一些好書，而自己只要有閒暇，就要和兒女談談閱讀。

被人們稱為日本的「繪本之父」的畫家、作家松居直在這方面有著很重要的見解。他力主推廣家庭閱讀。在他的《幸福的種子》一書裡，有這麼一段話：「我從孩子們很小的時候開始，到他們十歲左右，一直唸書給他們聽，從沒有間斷過。我唸的書範圍很廣，其中包括圖畫書和為數眾多的兒童文學作品。我可以保證，到目前為止，我沒對孩子們說過一句『看書去』，但孩子們卻各自養成了讀書的好習慣。孩子們經常聽我唸書，他們似乎逐漸親身體驗到，書是多麼有趣的東西。在真正開始『讀書』之前，他們已經徹底地愛上『書』了。」

家庭如果形成了閱讀習慣，對於在這樣的家庭中成長起來的孩子可謂終生受益。我個人在孩提時期是開竅比較晚的。家裡因為變故，寡母帶著我們幾個孩子搬離南京，到廣西一個縣城投奔外祖母。外祖母家生活並不寬裕，家裡一本書都沒有，其實，很多時候感覺連飯都吃不飽，哪裡還有閒錢買書！所幸母親是一位知識女性，她要讀書，縣圖書館就是最經濟的去處，於是從那裡借書回來。我渾渾噩噩長到十一、二歲，開始留意到母親的閱讀。她總是晚上睡前倚床而讀，可是工作了一天，母親自然是讀不了多長時間就要睡覺了，於是小學五年級的我也就得以從她的床頭取過書接著讀。現在記不得讀的第一本是什麼書了，不過一些書名倒還記得，《寒夜》、《腐蝕》、《石頭記》、《醉醒石》、《青春之歌》、《蝦球傳》、《武松》，還有《沫若文集》的某一卷，還有其他，完全是一通亂讀，雖然是亂讀一氣，卻也漸漸引起了我在閱讀上的興趣。

在中國社會裡，通常看到的現象是，許多父母在孩子的教育上過於依賴學校，而忽略了自己以及社會的責任和作用。家長們無比亢奮地替孩子尋找好學校，找到好學校還要無比急迫地找到好老師，一旦這兩點都如願以償了，就以為萬事大吉，只等孩子走上起跑線，一路領先。可是，孩子一天在學校也就是待上大半個白天，剩餘時間都在家中，家裡的生活怎樣安排，才有利於孩子的全面成長，不少家長很少去考慮。父母看電視劇如癡如醉，卻要孩子讀書專心致志；父母打麻將如火如荼，卻要孩子讀書靜如處子，凡此種種，大有南其轅而北其轍的笑話。

報紙上曾經公布中國青少年健康人格工程調研報告，百分之七十五的受訪高中生覺得和自己的父母的交流有問題或偶爾有問題；初中生與父母的爭吵增多，不願意跟父母交流，認為父母不理解自己，也害怕父母的批評和嘮叨。有專家認為，如果要追根溯源的話，可以追溯到孩子的童年，孩子人格建構的最初六年，是最關鍵的六年，這六年中家長是如何建構和孩子的溝通模式的，家長是如何養育孩子的，這些往往到了孩子成長的第二階段——青春期就會顯現出來。

研究家庭教育不是本書的主旨，然而，家庭閱讀，不僅可以從小培養起孩子的閱讀習慣，還可以喚起家庭的溫情，培養家人親情，陶冶孩子情操，可以說是一件多贏的事情。

幾乎無人否認這個事實，那就是：一個好讀書的家庭，就會有好的家風，有愛讀書的風氣。家長隨時都讀書，子女也會跟著讀。而家風不一樣，子女行為舉止也不一樣。這就是我們通常所說的「環境決定論」。父母對子女的影響是無窮的，並且，這往往是身教的勝利，而不是言傳的結果。

推廣家庭閱讀，可以讓父母們的言傳身教在家庭娛樂一般的閱讀形式中得以完成。

如今，兒童早期閱讀教育理念在國內越來越受重視，許多家長也在積極學習並尋找合適的方法，現在看來，比較具有傾向性的方式是家庭閱讀，是親子閱讀式的家庭閱讀。

有人問，親子閱讀從什麼時候開始較好？目前還沒有確定的答案，不過，兒童文學作家梅子涵認為，指導兒童閱讀，指導的重點不在兒童，而在父母。

父母對讀書的態度和行為對兒童有非常重要的影響。如果兒童經常看到父母從閱讀中獲得樂趣，自然也喜歡閱讀。在嬰兒時期，父母最好經常高聲朗讀，為兒童朗讀書籍開始得越早越好。

有人告訴我這麼一個事例：有一對年輕父母，從兒子嬰兒時期起就讀書給他聽，直到兒子上小學後，有時要和兒子一起讀書，兒子還會央求著爸媽讀。孩子不是不會讀，而是想享受爸爸媽媽為他讀書的溫暖感覺。

兒子二年級時迷上了漫畫書，《小小歷險記》、《丁丁歷險記》、《木偶奇遇記》等，年輕父母顯然沒有兒子那麼愛讀和會讀漫畫書，自然而然兒子就不依賴父母讀書了。他可以自己快速翻閱，比和父母一起讀還過癮。但是，父母一直留意他的閱讀，有時候看到他一連兩天沒有翻閱漫畫書，他們就會主動要求和他一起翻閱漫畫書，他覺得爸媽對他的書那麼感興趣，感到特別興奮，讀起來更加起勁。

到了三年級，兒子慢慢地讀起了《昆蟲記》、《格列佛遊記》等，這時，他會應爸爸媽媽的要求為大家讀一段，而爸媽也主動各自承擔為大家讀一段。每天晚上，做完家事後，一家三口就會有半個小時到一個小時的閱讀時間，大家輪流誦讀某一本書，以致於在兒子念完小學六年級時，他們已經讀完了《哈利波特》全七冊，還讀了「淘氣包馬小跳系列」等中國暢銷書。有時候孩子的外公到家裡小住，也會參與家庭閱讀裡，外公喜歡《封神演義》，就選擇一些章節跟大家一起讀，孩子也聽得興趣盎然。

請注意，現在，家庭裡誰為誰讀不重要了，重要的是這個家庭有了一種家庭閱讀的方式，這種互相誦讀的方式是家人其樂融融的共處，是每個家庭成員養成了閱讀習慣，是家庭高雅生活的一種方式。

中國北京市昌平區有一位徐先生的家庭，從女兒一歲時開始家庭閱讀，他和妻子領著女兒讀《小貓釣魚》、《白雪公主》，一直保持到小學三年級，女兒都是在童話故事聲中進入夢鄉的。女兒四年級時迷上了《豌豆》、《阿衰》。

這個女兒現在已經二十二歲，很多人和她一起聊天，感覺是一種享受，他們覺得是在和一個小品演員對話，常會笑得前仰後合。她也讀各種文學作品，在小學、中學作文比賽中多次獲獎，有多篇作文發表。一家三口常常各自捧著一本書，在書墨香氣中穿梭。不同的書帶給我們不同的美的享受。讀書將各種有益的信念注入家人的腦海，使家庭風和日麗、和風細雨，家人和諧相處、和睦交流，儘管他們對書籍各有所好，但說起自己的主張總能和顏悅色。父親喜歡《資治通鑑》，認為這部古代經典流暢自然、富有節奏感，讓人有一種想要開口朗讀起來的衝動。母親推崇《老人與海》，從中懂得外在的肉體可以接受生活的折磨，但內在的意識不可動搖。女兒喜愛《時尚美人館——我最喜歡的化妝書》，從底妝、眼妝等細節出發，結合服飾搭配等，演繹美麗變奏曲。這基本是一種閱讀興趣的混搭，卻能和而不同。現在，全家每天平均讀書時間都在兩小時以上，說這樣的家庭是書香之家，真正是名副其實了。

美國國家閱讀委員會一直積極提倡親子閱讀。他們認為，家庭裡為孩子誦讀，是「孩子小學畢業之前都應該保持的一種習慣」，認為這種家庭閱讀能夠從五個方面對孩子產生良好幫助，即：幫助孩子愛上閱讀，幫助孩子更好地累積詞彙，幫助孩子累積基本的閱讀素養，提高孩子的聽覺能力，提高閱讀素養。

新世紀以來，中國政府越來越重視推廣全民閱讀，其中把家庭閱讀做為一些重要計畫進行推廣。近四年來，中國已經評選兩屆「書香之家」，大約有兩千個家庭獲得「書香之家」的稱號，而且申報者遠超這個數字。家庭閱讀、親子共讀，正在成為一種社會風尚，受到人們廣泛的重視。

中國北京市海澱區橡樹灣社區圖書館創始人李岩先生是一位社區公益閱讀達人，他創辦的「第二書房」在北京全民閱讀活動中是一個知名品牌。可是，當我對他有所瞭解後，認為他最具有典範意義的事蹟主要不在於他的公益閱讀活動——當然，我瞭解「第二書房」他已經付出很大的熱情，他最具有典範意義的事蹟則是他成功的家庭閱讀。

李先生的妻子是一位心理諮詢師，夫婦倆有一個可愛的女兒。他們用心帶著女兒推廣家庭閱讀，女兒的學業一路成功，這與從小打下的閱讀根底關係重大。李先生的妻子根據記錄的家庭閱讀的心路歷程，撰寫了兩本帶有自述性質的書籍：《陪孩子走過小學六年》、《陪孩子走過高中三年》，兩本書都在中國成為暢銷書，至今還在熱銷中。

李先生的女兒如願以償地考上了北京大學中文系。她在大二時寫下了一本書《一認真你就贏了》，非常貼近青少年的心智成長，也成了一本暢銷書。於是，順理成章，李岩的家庭也成為全國兩千個「書香之家」中的一個。

家庭閱讀，許多情況是從年輕父母陪伴稚嫩的孩子讀書起步。這樣的親子閱讀，需要特別注意科學的閱讀方法。年輕父母一定要注意幼兒閱讀的特點，特別突出的特點是要讀圖畫書和擬人的童話作品，書要有趣味，讀起來好玩，而且，不能急著換新書，六歲以下的兒童往往喜歡重複看一本書，聽一個經典故事，而且兒童閱讀往往是個性化表達的過程，有的兒童就喜歡快速翻閱，而有的兒童卻喜歡慢慢尋找圖畫書中的某些元素。譬如有一本繪有一百層樓的圖畫書，每一層樓都有獨特的內容，有的小孩一翻而過，直接去看最高層的內容，而有的小孩則專注於一層樓裡一些共同的東西，譬如這一層樓裡有各式各樣的樓梯，吸引小孩去觀察發現。

在親子閱讀過程中，父母要成為孩子細心的觀察者、耐心的傾聽者、樂此不疲的共讀者——既然是共讀者，就要真正共讀，而不要成為喋喋不休、絮絮叨叨的教育者。北京北海幼稚園老師李鑫女士說過這樣一句名言，即「陪伴是最好的教育」。

只要父母陪伴著孩子一起閱讀，這就是最好的教育，一定要相信，孩子的理解力會水到渠成地不斷提高進步的。

從社會生活更深層次來看，推廣家庭閱讀、親子共讀，不只是一種閱讀方式的推廣。家庭閱讀、親子共讀，對孩子最大的幫助是建構一種健康的生活方式，養成一種可以持續終身的閱讀習慣。

閱讀使人安靜，家庭閱讀可以使得家庭的文化氛圍高雅而和諧。家庭的文化氛圍對於提升家庭成員的文化素養具有特別重要的意義。無論是舊時人家「耕讀傳家」、「第一件好事還是讀書」的傳統信條，還是諸如像清朝時的陳寶箴、陳三立、陳寅恪祖孫三代這樣的文化世家，都充分證明讀書在中國家庭裡的厚重意義。

特別是我們正處在資訊時代和價值多元時期，閱讀碎片化、淺表化，正在讓一個人良好閱讀習慣的養成愈發困難，價值多元，已經使得許多家庭很難形成倫理規範。

為此，我們堅持提倡以傳統閱讀為主，主張完整閱讀優秀書籍，較早開始親子共讀，自然而然地形成家庭閱讀模式，藉此一定程度上消弭資訊時代閱讀碎片化、淺表化的負面影響，減輕社會現實的負面紛擾給家庭帶來的不利干擾，這對於子女的培養和家庭每一位成員的素養都將是一件不可輕看的大事。

3、校園閱讀：習慣養成當此時

國民閱讀狀況不好，國民教育難辭其咎。雖然，全社會創新能力不足、就業能力不佳、社會風氣不好、國民素質低下，如此等等，國民教育都難辭其咎，可是，國民閱讀與國民教育事業聯繫最為直接、最為緊密，其得失成敗直接受制於國民教育狀況。

國民閱讀狀況不好，都說是缺乏良好的閱讀習慣。那麼，一個人的閱讀習慣一般在什麼時期養成呢？主要就是在青少年時期，在接受國民教育的時期養成。而改善國民閱讀狀況，更應當在學齡前開始。一個人在學習成長階段沒有養成讀書的習慣和能力，以後到了工作階段，指望能多讀書、善讀書恐怕就很難了。

中國新聞出版研究院的國民閱讀狀況調查，從第六次（二〇〇八年）開始到第十三次（二〇一六年），對中國十七歲以下未成年人圖書閱讀狀況進行專項調查，其中分別對零～八歲、九～十三歲、十四～十七歲未成年人群做調查，主要情況如下：

未成年人圖書閱讀率

	零～八歲	九～十三歲	十四～十七歲	零～十七歲
第六次	72.30%	93.50%	79.00%	81.40%
第七次	59.90%	89.40%	80.20%	79.00%
第八次	89.40%	92.10%	83.00%	82.70%
第九次	75.20%	93.50%	81.00%	83.10%
第十次	64.50%	96.50%	80.50%	77.00%
第十一次	66.00%	93.50%	79.10%	76.10%
第十二次	59.20%	95.40%	88.30%	76.60%
第十三次	68.10%	98.20%	86.30%	81.10%

從調查得出的資料來看，未成年人總體閱讀狀況要優於成年人，但做為處在學習成長階段的人群，這個狀況還是問題比較多。特別是九～十三歲年齡層，年度之間存在較大起伏，曾經在個別年度跌破百分之九十，而教育界、閱讀界專家有一致的看法，認為這個年齡層是一個人閱讀習慣養成的最重要的時期，而這個時期正處於九年制義務教育階段，竟然有百分之十的學生一年裡沒有讀過一本課外書，是不是很成問題？此外，十四～十七歲的閱讀率基本上停留在百分之八十上下，這個年齡層應當是閱讀能力比較強的時期，可能有些孩子已經輟學，而輟學孩子在社會生活中也沒能得到相應的閱讀服務。

未成年人閱讀率不高，其原因當然是多方面的。有經濟社會發展不平衡的問題，有社會不良風氣影響的問題，也與中小學教育改革還未能真正到位相關。推廣素質教育說了十幾年了，可是應試教育至今還處於主導地位，學生幾乎沒有多少課餘時間來進行閱讀，而學校課程的設置基本上沒有閱讀課。至於中小學語文課上的那種閱讀理解，有閱讀學的內涵，但過於僵硬刻板，為了應試必然要設置標準答案，而一個標準答案必然破壞掉閱讀本身應有的生動性和鮮活感。據我們瞭解，許多不善於死記硬背的學生還特別畏懼閱讀理解這樣的課程和試題，這難道不是對閱讀的一種破壞嗎？

據瞭解，中國十七歲以下的未成年人在閱讀條件、閱讀結構等方面也還存在許多問題。

首先，中國的圖書館建設投入不足是國民圖書閱讀量較少的主要原因之一。到二〇一〇年，中國共有公共圖書館兩千八百八十四個，大約平均每四十五萬人才擁有一座圖書館，這與國際標準平均每一·五公里半徑內，平均每兩萬人設置一所圖書館相距甚遠。美國、英國、加拿大大約每一萬人擁有一座圖書館，德國是六千六百人，奧地利是四千人，瑞士是三千人。二〇一〇年中國人均公共圖書館藏書量為〇·四六冊，與國際標準的人均兩冊也有相當的差距。公共圖書館建設情況很不利於國民閱讀，肯定對中小學生的閱讀造成很大不利。

與此同時，中小學的圖書館建設情況也很令人憂慮。據二〇〇八年統計，中國普通中小學共有四十四萬四千一百七十七所，建有圖書館的學校是二十三萬四千八百二十五所，只達到百分之五十二·八七；中國小學共有三十六萬六千兩百所，建有圖書館的只有十七萬七千零一十五所，只達到百分之四十八·三四；中學共有七萬七千九百七十七所，建有圖書館的五萬七千八百一十所，也還只達到百分之七十四·一四。

拿近鄰韓國來比較，二〇〇三年韓國共有一萬三百二十四所中小學校，其中小學五千四百五十五所，中學兩千八百四十六所，高中兩千零二十三所，平均百分之八十六·一的學校設置了圖書館或圖書室，設置總數為八千三百五十二個；其中小學四千零八十七個，佔小學總數的百分之七十四·九；中學兩千六百零七個，佔中學總數的百分之九十一·六；

高中一千八百五十八個，佔高中總數的百分之九十一．八。兩者比較，中國的差距也就看出來了。就是在北京這樣的全國首善之區，有些區重點中學都沒有圖書館，理由當然是設施不足，根本問題上還是對學生閱讀的重視不夠。

此外，中小學生在閱讀結構方面也存在著失衡問題。二〇〇八年四月，中國某省會城市一個區教育局針對學生閱讀狀況在各小學做了一次抽樣調查，接受調查的小學生基本上能維持每天有一個半小時到兩個小時的閱讀時間，但是閱讀的結構不盡合理。在最喜歡和經常閱讀的書籍種類多選題中，百分之六十八的人選擇動漫類圖書，在一、二年級這一比例更是高達百分之八十五，只有百分之二十～三十的學生選擇文學作品，百分之二十七的學生選擇科普類作品。漫畫書大行其道反映出現今兒童閱讀結構不合理的問題。

調查顯示，孩子閱讀首先追求的是有趣、好玩以及新鮮、刺激的閱讀感受，而對於知識和文字表達的興趣則較為次要。但隨著年齡增長，如果孩子一直停留在簡單、直觀的圖畫閱讀階段，他們的思維能力將很難提高。

而造成這種閱讀結構不合理的原因，主要在於一些家長和老師受限於自己的閱讀經歷和知識結構，沒有在關鍵時期對孩子進行引導，孩子在三～六歲應該讀圖的年齡沒有讀圖，而到了應該進行文字閱讀的小學階段還對圖畫書過度癡迷，造成了對孩子認知能力不利的閱讀習慣。

美國伊利諾依大學閱讀研究中心主任、北美三大著名的教育心理學家之一理查・安德魯先生到中國來考察，做了一個關於分享閱讀的報告。

報告指出，中國的孩子缺乏大量的閱讀，缺乏能夠提供兒童大量閱讀的環境。中國兒童的閱讀量主要是從課文、教材中出來的。所以，一年級中國兒童每年的閱讀量大概是四千九百字，比美國兒童閱讀量的六分之一還要少。一項調查顯示：西方發達國家兒童在六～九個月時就開始閱讀，而中國兒童則普遍要到二～三歲才開始閱讀。美國兒童在四歲後進入獨立的、自主性的大量閱讀階段，而中國兒童平均到八歲才能達到這個水準。對孩子的教育，平時聽得比較多的一個說法是「不能讓孩子輸在起跑線上」，可是當下就閱讀這一項，中國兒童的學習能力就已經明顯落後了。

二〇一六年三月末，在網路上讀到畢業於美國哥倫比亞大學並獲得該校口述歷史碩士學位的范海濤的一篇文章，題目是〈美國小學生究竟讀了多少書？——重視閱讀和寫作的美國教育〉。范海濤做為一名中國留學生，對於中美兩國學生閱讀狀況做了一番真切的調查。

在美國大學讀了兩年研究生，最驚訝的是同班同學的閱讀量和閱讀能力。第一節口述歷史的方法論課，教授規定的閱讀量就是一兩百頁。隨後，老師指著一本三百頁左右的書說：

「如果有餘力，你可以再讀完這本書。」當時我震驚於美國教育中的閱讀要求。全班同學有三個人在除了幾百頁的閱讀資料之外讀完了這本約三百頁的書，佔全班同學的百分之三十。

後來我和美國同學們交談發現，美國教育從小就比較重視閱讀能力。因此他們的閱讀能力來自長期的培養。從小學開始，語文老師就會提供各種不同的閱讀資料讓大家閱讀，然後根據閱讀寫作各種有意思的論文。在高中時，他們做的研究性論文更是大大開啟了同學的批判性思維。而這種思維更是中國同學最欠缺的。

我逐漸明白，美國的教學方法並不單純看重閱讀速度和數量，而是著重建構閱讀和思考之間的關係。

范海濤在文章中指出，閱讀和寫作貫穿著美國的整個教育。

美國的教學品質和學生所處學區關聯度很大，每個學區的教學品質區別很大。但是總體來講，美國整個教育系統對閱讀都非常重視……閱讀和寫作從小學起就是非常重要的學習方向。比如美國的中小學從來沒有暑假作業，但是老師會鼓勵大家在暑期閱讀，可以讀任何你想讀的書，然後交出閱讀感想。有的學生會在一個暑假閱讀幾十本書。

很多國人以為中國的考試最注重標準化考試，而美國教育中評分標準更為彈性……其實從歐巴馬政府以來越來越重視標準化考試。首先是教學大綱的標準化，然後是以州為基礎的標準化考試。如果州不執行標準化考試，則得不到聯邦的教育撥款。而在標準化考試中，各州都把英文以及英文寫作列為非常重要的部分。

小學的州考，就包括說明文寫作、閱讀和數學三項，而中學的州考，就變成了議論文。一個美國中學生告訴范海濤：「閱讀就是一種習慣，當讀的多了，閱讀就變成了一種享受。」除了課堂上的閱讀，這個男孩還經常去公立圖書館找自己喜歡的書目去讀。因為教育培養了他對閱讀的熱愛。

毋庸諱言，中美教育體制、理念和實踐相對比之下，肯定是各有所長。比較兩國的教育不是本書的任務。但是，出於本書所要表達的主題和理念，我們要坦率地指出，美國式的把閱讀和寫作貫穿於整個教育的做法，肯定是有利於青少年一代閱讀力的培養和提高的。當我們國家開始重視全民閱讀之後，我們中小學的教育如何透過改革調整從而有利於學生閱讀力的培養和提高，應當成為擺在教育系統面前的一個重要問題，需要盡快予以解決。

應當坦誠地承認，在中國的教育體系中，學生的閱讀力並沒有得到真正的重視。在歐美國家的大學裡，閱讀學被當成一個獨立學科受到重視。大學學習期間一定是有閱讀課的，至於中小學，更是一定會有閱讀課的。可是中國的中小學只是在教語文的時候有一些誦讀安排，而且我們的誦讀主要目的在於促成學生對重點課文的記憶，並不是閱讀能力的培養。

中國的教育部注意到了國中小學生閱讀量的不足，從二〇〇〇年起，修訂九年義務教育中小學語文教學大綱，開始規定課外閱讀書目篇章，其後，中小學語文新課程標準更加突出課外閱讀量，這些都是很好的。可是，到目前為止，中國的中小學生的閱讀還只是在閱讀內容上下力氣，至於應該怎樣認識閱讀，怎樣進行閱讀，怎樣提高閱讀能力，並沒有專門的教育。即便是到了大學也還沒有專門的閱讀教育。

在歐美大學裡，閱讀學是一門選修課甚至是必修課。中國的大學除了圖書館系外，基本上沒有開這門課程。美國的大學生一般被要求一週五百頁的閱讀量，而我們的大學好像沒有規定。大學研究閱讀學的教師主要出自圖書館學專業，其授課對象主要是圖書館系的學生，好像除了圖書館系，其他科系的學生都不需要學習閱讀學似的。其實，閱讀學應當是一門通識課，所有學生都應當學習。一個人的成長、心智的發育，都應當建立在閱讀的基礎上。有人指出，我們的國民閱讀率低下的重要原因之一就是應試教育的危害，這並非妄言。不過，除了應試教育的危害外，整個教育系統在閱讀學教學方面的缺失，也是一個重要原因。

我的看法是，要想全體國民特別是青少年一代提高閱讀力，就要進一步推進教育改革，推廣閱讀學的教學，精心舉辦校園閱讀活動，這是與家庭閱讀同等重要的社會化閱讀。如果大家還注意到許多家庭狀況參差不齊、貧富不均的現狀的話，那麼，校園閱讀比家庭閱讀就顯得更為重要了。

4、讀書會：為了閱讀的聚會

說到風靡於當下的讀書會，似乎可以先回顧一下自古以來人們為了閱讀而形成的聚會習慣。

都說閱讀是個人的事情，可是，自古至今，我們卻看到無數讀書人不僅需要拜師求教，還喜歡尋求閱讀的交流對象，尋找閱讀的夥伴，樂此不疲於為了閱讀的聚會。孔子辦學課徒，不知是否也算得上一種為了閱讀的聚會，可是他為了問學前去拜訪老子，應當算得上是去尋求閱讀交流的對象吧！當時「天子失官，學在四夷」，私學興起。其中前後有三千人聚集到孔子門下，拜師求教，尋求交流，尋找夥伴，當然就是一種為了閱讀的聚會了。

自古以來，中國就有一個非常好的傳統，只要有可能，文人就樂意聚集在一起讀書和交流，稱之為文人雅集，綿延至今。這樣的聚會自然是為了閱讀的聚會。

早在春秋戰國時期，許多諸侯王公就喜歡招攬門生食客在家中聚集，談古論今，此類場景在《詩經》中就有出現，比如我們熟知的「呦呦鹿鳴，食野之蘋。我有嘉賓，鼓瑟吹笙」，就來自《詩經．小雅》的開篇。「戰國四公子」孟嘗君、信陵君、平原君、春申君，聚集在他們各自門下的文人學者都超過三千人，是何等壯觀的文人麇集。

齊國的君王更是重視集中文人學者的智慧，創辦了「稷下學宮」。「稷」是齊國國都臨淄城（今山東省淄博市）一處城門的名稱，齊國在此設立學宮，因稷門而得名為「稷下學宮」，做為當時百家爭鳴的固定場所。「稷下學宮」興盛時曾容納了當時「諸子百家」中的幾乎各個學派，聚集賢士多達千人，當時著名學者如孟子（孟軻）、鄒子（鄒衍）、田駢、慎子（慎到）、申子（申不害）、荀子（荀況）等先後來此講學。凡到「稷下學宮」的文人學者，無論國別身分，也無論見解高下，都可以自由發表意見，互相爭辯、詰難、吸收，從而使得「稷下學宮」成為當時各學派薈萃的中心。可以說，「稷下學宮」是世界上第一所由官方舉辦、私家主持的特殊形式的「學術交流中心」。

秦漢以降，風氣不改，漢武帝時期，淮南王劉安身邊就有文人幾十位，不少人還都有作品流傳下來，被後人輯為《淮南子》一書流傳至今。魏晉時代，更是雅集成風。曹操身邊就聚集了孔融、王粲等著名的「建安七子」和女詩人蔡文姬等。曹操攻下鄴城後，邀約一大批當地名士，在文昌殿西側的銅雀園（西園）聚會，這次雅集產生了不少詩歌，成為文學史上「建安文學」的重要發端，這次聚會，也被稱為「西園雅集」而銘記史書。

如果說秦漢之際，文人學者的聚集大都還是帝王所為，那麼，魏晉以後，文人學者們就大都憑志趣相投，互相邀約，以文會友。這樣的雅集產生了很多著名的關於玄學的辯論，催生了一個文人意識覺醒的時代。

大書法家王羲之的名篇《蘭亭集序》記載的就是東晉時期他和四十多位文人墨客會於蘭亭、曲水流殤、飲酒賦詩、暢敘幽情的生動情景。東晉時期出現了中國古代第一個以「社」命名的社團組織，即「白蓮社」，共有一百二十三人在廬山東林寺白蓮池聚會而成。唐朝大詩人白居易晚年時組織「九老會」，邀約詩友切磋詩藝，詩酒唱和，創作許多富有禪境禪意的詩篇，也成為詩界的美談。

到明清時期，雅集更成了文人的人以群分、各有主張的集會。先是有東林黨和復社，當時文人聚集，不僅談古論今，還會發表政見，對朝廷頗具影響。後來又有了「前七子」、「後七子」、「公安派」、「竟陵派」、「唐宋派」、「桐城派」等，文人們聚在一起品藝論文，宣示古文主張，非常影響當時的讀書和作文。

文人雅集的風氣一直延續到二十世紀上半世紀，當時正值西學東漸、思想激盪之時，一時聚集起了新潮社、文學研究會、太陽社、創造社、新月社等許多著名團體，許多著名文人聚在一起交流學術，醞釀新作品，共創新流派。有的文人雅集則完全是興之所至，隨興而集。

例如當時著名的「太太的客廳」，就是著名女詩人林徽因的客廳成為許多著名作家、學者雅聚的地方，徐志摩、胡適、沈從文、楊振聲、朱光潛、蕭乾、金嶽霖等都是客廳的常客，大家在一起喝下午茶，談藝論文，各抒己見。這樣的雅集，意在平等交流，汲取真知灼見，並不為了什麼一致的主張，自然也是一種為了閱讀的聚會。

許多時候，為了閱讀的聚會，收穫的不只是閱讀，而是遠遠超出閱讀本身的思想啟迪和精神提振。抗戰時期，傑出的現代出版家鄒韜奮領導生活書店輾轉於上海、武漢、重慶，當時他全力投身於抗戰出版事業，卻不曾忘記帶領書店員工讀書學習。韜奮先生鼓勵員工組成讀書會，加強思想交流。全店每月至少安排一次讀書報告會，有時他直接主持報告會，讓員工們交流讀書心得。儘管當時生活書店的生存條件非常困難，可是由於有了讀書會，員工們開闊了視野，舒展了心胸，這個團隊實現了空前的團結。

進入新世紀後，中國的國民閱讀狀況在不斷地得到改善。特別是近十年來，全民閱讀受到了全社會的高度重視，全民閱讀逐步形成熱潮。這一熱潮的重要象徵之一，就是社會上自發成立了各式各樣的讀書會。這些讀書會有政府機關企業單位組織建立的，也有大中小學學生自行建立的，還有很多是民間書友三五成群而建，網路讀書小組更是普遍現象。據不完全統計，中國深圳一個城市就有一百多個讀書會，而超出實體讀書會之外的行動網路讀書會還不在統計之內。我所知道的微信公眾號「不止讀書」，就是深圳一位叫做魏小河的年輕人創辦的，竟然有三十多萬個粉絲，也就是說，這位年輕人領銜的「不止讀書」每天有三十多萬人有一次時間或長或短的雅集。不要說這在幾十年前是不可思議的，就是在十多年前這也是難以想像的。據說，現在北京的讀書會已經超過兩百多個，而且每天還在不斷地生長。而網路上隨時都在組建而成的閱讀小組，其速度、其數量更是令人應接不暇。

讀書會——為了閱讀的聚會，在行動網路時代，將成為人們閱讀的一種重要路徑。為此，我對三個讀書會做了一些瞭解。

第一個讀書會是中國深圳後院讀書會。成立於二〇〇九年十月的後院讀書會是一個自發的民間閱讀興趣小組。後院名字來自於深圳一家餐廳。最初，後院讀書會的活動幾乎都安排在那家餐廳的後院裡進行。現在，後院則被賦予了另外的含意，後院意味著閒暇、自由、多元、低調、開放、個人和邊緣……讀書會成員主要是一些記者、編輯、設計師、廣告人、律師、醫生、公司白領、教師、投資人等。後院讀書會目前是非會員制的，這就意味著任何人都可以來參加活動，也可以隨時退出。至今，來過後院的人已達數百，有三十個左右的會員經常參加活動，被大家認為是資深會員。

為了讀書會合法合規，二〇一二年九月，後院讀書會在深圳市民管局正式註冊為民辦非企業組織——深圳市後院閱讀文化發展中心。這樣一來，也就意味著這家讀書會可以長久穩定地活動下去。

後院讀書會，初建時每週有一場閱讀活動，後來則調整為每兩週一次。活動的方式，先確定一個主講人——這個人可以是受邀請而來的，也可以自己提出來主講某個主題。主講人先用一段完整的時間介紹主題，然後大家提出問題，參與討論。主講的題目五花八門，有時候是一本書或者是數本書，有時候則是一個熱門話題。後院讀書會為什麼能夠持續活動八個年頭、推廣過兩百多場的讀書活動？資深會員們說，主要是大家有了一致的對讀書意趣的理解，那就是：閱讀無邊界，閱讀可以跨界，閱讀需要交流，閱讀是多元的，閱讀是實現自由的一種方式，閱讀以及伴隨而來的思考交流，為我們提供了一種不同於工作和休閒的「第三種時光」——那就是閒暇。閒暇是身體放鬆，精神活躍，閒暇甚至是文明產生的搖籃。因此，後院讀書會的口號是：歲月如書，後院讀過。

第二個讀書會的名字很別致：愛讀書會。深圳後院讀書會無論其規模還是其活動力都頗具影響，而廣州有一家讀書會，叫做愛讀書會，雖然沒有後院讀書會那樣的規模，卻也獲得了很好的效果。

愛讀書會成立於二〇〇九年十一月，只有四位志趣相投的年輕人，一男三女。愛讀書會的主題口號是：「愛讀書的都是好孩子」。二〇〇九年十一月十七日第一次聚會，主題就是「孤島一本書——如果將你無限期流放荒島，只能帶一本書，你會帶哪本？」一個多麼具有挑戰性的主題！事實上他們是向各自對書籍的判斷和追求發出追問。從第一個主題的設立看得出來，愛讀書會更為重視的不是「讀不讀」，而是「讀什麼」。

自開始活動以來，這麼多年了，可想而知，四個人的個人生活已經發生了一些變化，但是，愛讀書會一直按照最初訂下的每週二晚上七點到九點進行活動，風雨無阻。

愛讀書會一開始就特別重視「讀什麼」，這已經成為他們的招牌。於是《羊城晚報》找到他們，請他們以愛讀書會的名義每一週或每兩週推薦一本好書，這個專欄也成了《羊城晚報》受到愛讀書的讀者歡迎的專欄之一。

第三個要介紹的是人民出版社讀書會。人民出版社是中國排名第一的國家級出版社。這樣一個具有官方背景的出版社，近三年裡在首都北京把讀書會辦得風生水起，這當中頗具其自家的特色。

這個讀書會的特色就是為讀書提供公益性服務。讀書會設計了諸多閱讀服務專案，舉辦全國好書和專家進校園、進機關，走進年輕人中，同時，讀書會還藉助首都北京的優勢資源，為全國各地的讀書會提供培訓服務。

人民出版社讀書會的閱讀服務專案有：「把書讀出來」，即與中國國際廣播電臺環球資訊頻道合作，透過線上廣播和線下活動，誦讀名篇佳作；「親子閱讀」，旨在激發兒童閱讀興趣，用圖書營造和諧家庭；「公益一刻鐘」，即利用每期讀書會開始前的十五分鐘，對一個公益組織或志願服務專案進行宣講；「換書易書」，即在每場讀書會活動結束後，讀者可以用帶來的舊書交換一本新書；「公益書架」，針對醫院、大型商場、車站、地鐵等人潮密集的公共場所投放由人民出版社讀書會捐贈的書籍，營造書香環境，推動全民閱讀；「相親讀書會」則是人民出版社讀書會與共青團中央網路影視中心合作為廣大男女青年相親交友量身打造的活動。以書會友，因書結緣，透過圖書相識、相知、相戀。

這些活動，很顯然都是公益性的，而且頗具新意，讓我們體會到一種主動服務的公益精神。

人民出版社讀書會舉辦的讀書會，更是主動走進年輕人中。截至二〇一六年七月十五日，已舉辦七十五期讀書會。他們先後走進北京大學、中國政法大學、北京外國語大學、北京師範大學、首都師範大學、中國人民公安大學、中國青年政治學院、中國勞動關係學院、北京中醫藥大學和中國科學院、工業和資訊化部、中國國際廣播電臺等政府機關、科研院所和機構。可以想見，要送去什麼樣的好書和怎樣的專家，才能在這些「知識的高地」把讀書會辦得好評如潮。

到二〇一六年九月，人民出版社讀書會已經舉辦了三期讀書會培訓班，來自中國大陸近兩百家讀書會的代表參加了培訓。這些培訓當然也都是免費提供的。身處行動網路時代的人民出版社讀書會，自然要實施網路線上與網外的互動運作。他們的社交平臺以及微信公眾號也已經取得了足以與網外實體活動影響力相匹配的效果。自二〇一五年八月以來，目前入駐的名家、團體、出版社、興趣讀書會一千餘家，註冊人數近三十萬人，訪問量七百三十八萬人次，發布新書一千六百二十餘種，實現了新書發布、話題討論、限時閱讀、直播間、活動報名、書摘書評、閱讀快訊、社交圈、今日推薦、公開課、直播等基本功能。微信公眾號自二〇一五年八月創建以來，每週一、三、五早上定時發布內容，共發布文章六百餘篇，總閱讀數超過一百一十五萬次，關注人數超過三萬人，在中國新媒體第一站二十二萬公眾號排名中，最優排名為五百六十七名。

他們的線上平臺還舉辦了Logo大賽和微書評大賽，開設了《好好學習》、《為你讀書》、《最強書友》、《直播間》等專欄。習慣於線上上活動的青年網友，已經對人民出版社讀書會不陌生了。

上面介紹了三個讀書會，這是新世紀以來，特別是在宣導全民閱讀的背景下，比較典型的社會性讀書會，第一個「後院讀書會」，是一種讀書與現場交流結合的模式；第二個「愛讀書會」，是一個讀書與社會薦書結合的模式；第三個「人民出版社讀書會」，是一種為讀書提供公益性協力廠商服務的模式。

可以說，這三種模式都具有比較突出的社會性內涵，中國因為有了這些社會化讀書會，而愈發顯得書香四溢。尤其是第三種純公益性讀書協力廠商服務模式，在很多城市湧現出來。中國江蘇省徐州市有一個「花時間讀書會」，註冊為社會服務機構。以營造社會閱讀氛圍，推廣閱讀文化為宗旨，以讓閱讀成為每個人的生活常態為願景。結合閱讀推廣與公益創業，致力於透過組織公益閱讀活動。這個讀書會創新發展PDA模型，依據針對性、延展力、行動力三大基本原則，針對不同人群的閱讀需求，在過去兩年時間裡，堅持每週一次小型閱讀沙龍，每月一次大型活動，舉辦了一百餘場小型沙龍，三十餘場大型講座，開設了八種特色活動，微信公眾號推送了兩百餘篇優秀文章，會員年人均閱讀量達到五十本，活動參與人次達一萬餘人。

與人民出版社讀書會同樣都是出自媒體的山東廣播電視臺青少頻道「泰山讀書會」，以學生及其家庭為主，現有會員一千四百多個家庭。這個讀書會成立一年多來，網外實體活動二十餘場，網路線上月月有不同主題的活動。其中「圖書漂流活動」營造學校及其社區家庭的讀書氛圍，「二十一日閱讀習慣」帶動許多家庭開展親子共讀，世界讀書日的「讀書快閃活動」在許多公共場所激發市民讀書的興趣。

做為一個有志於讀書的現代讀者，應當在當下社會化讀書的熱潮中對讀書會做出選擇，我們可以在讀書會裡接觸到新書好書的資訊，可以與讀書高人交流，享受「聽君一席話，勝讀十年書」的人生快意，可以在許多讀書活動中提振自己持續讀書的信心，養成讀書的好習慣，形成自己的閱讀力。當然，做為個人閱讀力的提升，我們最為提倡的讀書會就是那種純粹的讀書會，是那種三五好友——多幾位也沒關係，不過，太多了就可能脫離讀書本身——有規律地共同讀書交流。參加這樣的讀書會不大可能因為人際交往內涵的增加而使得讀書因素被消解。尤其是那種二人讀書會，只要雙方是有志者，讀書就最能持久。

曾經寫作過《閱讀的力量》、《經典的力量》等書的日本明治大學齋藤孝教授，他中學畢業後跟一個中學同學成立了讀書會，定期閱讀交流持續進行了十多年，直到三十多歲，因為雙方工作變化而不再住同一個城市才結束。

不難想像，像齋藤孝教授這樣的二人讀書會，對他們二人這十幾年的閱讀帶來多麼大的受益。至少，定期讀完一本書，而且原則上得有感而發，有話可說，那麼，這就註定要大家都讀有所得，這是提高閱讀力最有效的功課之一。

5、社區閱讀：閒暇的偉力

社區閱讀是閱讀最具有社會性的一種眾讀方式。家庭閱讀是穩定的，但並不具有社會性；校園閱讀也是穩定的，但具有階段性，並不穩定；讀書會具有社會性，但也還是不夠穩定的，因為這種組合有賴於發起者、組織者的凝聚力和感召力。而社區閱讀，最具有社會性，同時又相對前面幾種方式，其穩定性要比較高。

許多人在結束日常工作後，通常要回到社區度過閒暇的時間，這些閒暇的時間，除了用於食宿、家務事、交流，閱讀當然也是題中應有之義。

有專家指出，國民生活休閒時間的比例已經極大增加，大約佔到百分之五十，而且還有上升的趨勢。那麼，休閒時間的使用也就成了人們應當重視的問題。現代出版家鄒韜奮曾經寫過一篇隨筆〈閒暇的偉力〉，建議人們重視日常生活中的閒暇時間，用好閒暇時間，很有見地。他說，一個人雖忙，每天只要能抽出一小時，如果用得其法，雖屬常人也能精熟一種專門科目。每日一小時，積到十年，本屬毫無知識的人，也會成為富有學識的人。尤其是年輕的人，在本有工作之外，遇有閒暇時候，總需有一種「心之所好」的有益事情來做。

他在文章中舉十九世紀英國著名政治家格蘭斯頓為例，格蘭斯頓一生無論什麼時候，身邊總帶一本小書，一有閒暇的時候，就翻來看。大家只曉得他的學識深湛，而不曉得他卻是從利用閒暇時間得來的。鄒韜奮建議大家重視閒暇時間的讀書學習，樂在其中，樂此不疲，終有「心之所好」的收益。由韜奮討論閒暇的意義想到現代人的社區生活。社區是一般居民最主要的休閒所在，倘若在這最主要的休閒所在隨時可以接觸閱讀，特別是能接觸自己所喜歡的閱讀，有益的閱讀，真是有益於世道人心的大好事。

中國北京市海澱區誠品建築社區位於海澱區曙光街道，社區建設之初提出了「學者的生活、生活的學者」的新文化概念，專門建設了誠品建築圖書館。圖書館建築面積三百八十六平方公尺，共有閱覽席八十八位，分布於圖書展示區、借閱區、閱覽區以及讀者交流區。圖書館內書香伴著咖啡的香味，環境清新優雅。圖書館三萬餘冊的藏書中，名家及社區居民推薦並贈送圖書近三千冊，海澱圖書館贈書三千冊，館內所有的圖書居民均可以隨意翻閱。

誠品社區以圖書館為固定的活動場所，堅持定期舉辦文化活動，做為整個社區的長期文化消費品。自二〇〇四年起，這個社區圖書館共舉辦了一百餘次「名家講堂」、「讀書會」、「文化沙龍」和「書友會」等各種形式的文化示範和閱讀活動。誠品建築社區把社區閱讀的目標訂為「書香社區」，每月至少舉辦兩次公益性文化活動。坐落在社區中心地帶的社區閱讀中心，無疑已經成為社區最具人氣的場所，可以稱得上是「處處飄書香，人人有書香」。

如果說前面介紹的誠品建築社區的閱讀活動具有比較接近於上流階層的條件，通常讓人感覺到不可複製，那麼，位於中國北京市朝陽區東壩鄉為外來工作人員的主要聚居地之一，有一千三百多戶家庭，百分之八十二為外來的工作人員，東壩社區中心為打工子弟創辦了綠孩子親子閱讀會，就具有較高的示範推廣價值。

二〇〇九年十月在這裡成立了一個綠孩子兒童閱讀研究中心，專注於兒童閱讀理念、規律、文本和方法的收集與研究，這是完全由一批年輕人主動創辦起來的公益閱讀推廣機構。

綠孩子閱讀會自二〇一二年三月第一週起，啟動招募首都圖書館培訓的種子故事人做為專案義工，這些義工針對社區裡有二～四歲寶寶的家庭，推廣親子閱讀。透過義工的示範、解答和交流，陪伴社區裡的眾多家庭來學習與實踐親子閱讀的理念和方法；並邀請專業人士來社區中心開設家庭教育的工作坊、讀書會，促進與城市社區家庭的相互瞭解、學習，用家庭去影響家庭。

每週二還定期以繪本閱讀為核心的活動。活動內容有五項：好書推薦、大聲朗讀示範、自由親子閱讀、解惑、媽媽讀書會。每次活動由義工講師推薦五本圖畫書，分析推薦理由，並大聲朗讀其中的兩本書；義工圍繞親子閱讀和家庭教育，每週一個主題，介紹相關的方法和案例。活動中更多的時間開放給所有家庭提問，由講師結合自身的經驗，進行回答和分享。

可以說，在全民閱讀活動中，像綠孩子閱讀會這樣關注弱勢群體，關注科學的閱讀推廣方法，注重效果評估的社區閱讀組織正在逐漸增多，對國民閱讀力的提高發揮明顯的推動作用。在社區閱讀活動中，應當努力形成一種常態性的快樂閱讀的模式，如此方能使得閱讀成為社區居民日常生活的一部分。中國的北京朝陽區百子灣金都杭城社區是知名的全職媽媽讀書會——妙媽悅讀的活動基地。這個讀書會擁有近兩百五十位全職媽媽，大多擁有良好的教育和工作背景。這個讀書會透過嘉賓主持、好書分享、親子互動、群體討論等方式，以每週一次的頻率推廣閱讀，讀書會把社區的全職媽媽團結起來，豐富了她們的業餘生活，提升了子女的教育品質。

像全職媽媽讀書會這樣的社區閱讀組織越來越受到關注和歡迎。現在越來越多的家庭意識到，閱讀是兒童成長過程當中不可或缺的重要一環，而親子閱讀是家庭教育極其重要的方式。親子閱讀不僅是孩子的心理需求，也是對孩子進行啟蒙教育的絕佳方式。社區閱讀活動中的親子閱讀也必將成為今後的主要內容。也正因為社區閱讀中親子閱讀內容日趨豐富，特點日趨突出，對成年人的閱讀也會相應地提出注意發揮表率示範作用的要求，從而對社區閱讀活動中的價值觀、思想道德、語言藝術、文化底蘊、審美情趣等都會產生很好的引導作用。

現在，農村社區一樣也在努力形成快樂閱讀的模式。在風景優美的北京遠郊平谷區黃松峪鄉，有一個僅有五十餘戶人家的雕窩村，村裡不僅開有書店，還建有益民書屋（即北京市組織建設的農家書屋），此外，還有社區圖書館網路閱覽室、繪本館讀書會、讀書沙龍等，長期推廣好書推薦、書評筆會、詩歌朗誦會、知識講座等活動。尤其具有可持續發展條件的是，村裡還將閱讀與農家院旅遊相結合，在每個農家院設立書架，供村民和遊客翻閱，這裡的農家院旅遊不僅有鳥語花香，還有朗朗書聲和幽幽書香，為旅遊者的身心健康營造了一片綠色而友好的環境。

事實上，雕窩村社區閱讀模式，可以給社區農家帶來快樂，不僅在於閱讀本身使人快樂，還在於其模式的可持續性。雕窩村社區閱讀模式具有目前政府所宣導的 PPP（Public-Private-Partnership）性質，即政府與私人組織合作推廣公共服務新模式。以政府組織建設的益民書屋為主幹的社區閱讀活動，與這裡的農家院旅遊結合，形成既有公共服務內涵，又有經營性收益的模式，更好地釋放個體、企業參與公益事業的熱情與能量，從而以更高效率、更低成本推動全民閱讀持續發展。據悉，現在不少城市的社區閱讀活動就正在吸引各種文化經營公司參與其中，由此形成更有生機和活力的閱讀活動模式。

七 如何找到好書

FEDERAL SUPPLEMENT
644
645
587
656
657
658
659
660
661
673
674
675
676
677
678

七 如何找到好書

1、找好書很重要嗎？

找好書很重要嗎？這好像不成其為問題，因為智力正常的人都會說重要。可是，又有多少人以鄭重的態度去選擇閱讀書籍呢？仔細想想，連同我在內的許多人，隨手抄一本書，隨便翻翻的事情經常發生。宋太宗皇帝的名言「開卷有益」流傳一千多年，漸漸演變成了後人的一種信念，即：只要打開書本，就一定受益。其實，這不過是勸人讀書的一句口號，是禁不起推敲的，古往今來，壞書爛書可以說是一地雞毛，現今中文書籍的出版業年出書早已超過四十萬種，誰敢保證本本開卷有益？至於宋太宗所說的「開卷有益」，那是有具體所指的，這位皇帝讀的是《太平御覽》，是內含一千六百卷經典古籍重要內容的一套大型類書，大體來說，那些經典還是稱得上「開卷有益」的。

我們討論閱讀力，最終還是要討論到讀什麼書這個根本問題上。

有人說，想要看清一個人怎麼樣，可以透過看他交什麼樣的朋友，也可以透過看他正在讀什麼書，而有所察覺。可見，一個人讀什麼書一定程度關係到他的心性。世界名劇《哈姆雷特》第二幕第二場中，御前大臣波洛涅斯奉命前來探查哈姆雷特，哈姆雷特正在讀一本書，大臣趕緊問道：「殿下，您在讀什麼書？」王子殿下語帶譏誚，自言自語道：「空話，空話！」大臣無法從讀書這件事情探查到哈姆雷特複雜的內心世界。這是莎士比亞在這部不朽名劇中留下的一個謎。我敢說，許多觀眾對此總有點心有不甘，他們希望知道內心極度複雜的哈姆雷特到底讀的是什麼書。可見，一個人讀什麼書，常常成為人們彼此關注的一件不可小覷的事情。

十八世紀德國著名哲學家費爾巴哈說過這樣一句名言：「人是他吃的食物。」許多人是信服這句名言的。那麼，我們也可以模仿這個意思來談讀書，那就是：人是他所讀的書籍。當然，費爾巴哈的名言只不過是非常唯物主義的一個論斷，因為人離不開他生長生活的物質條件，可是外在的精神條件還會發揮某些作用，這也是不能完全忽略的。很不幸的是，費爾巴哈的這一論斷正好被人用來評價他的學說。

恩格斯在《費爾巴哈論》一書中討論費爾巴哈為什麼在後來沒有什麼學術貢獻，他說：費爾巴哈後來居住在窮鄉僻壤，沒有機會和與自己才智相當的人進行交流，沒有了正面的交流，哪怕是敵對的辯論，所以他的思想就慢慢減退了，沒有活力了。當時費爾巴哈是受到德國政府的迫害而被禁錮在窮鄉僻壤，這當然是很不幸的，可是幸運的是，他的不幸遭遇恰好證明了自己的論斷是一個真理。

美國教育家莫蒂默．阿德勒在《論閱讀》中說：「我們只有從比我們優異的人那裡才能學到東西。所以，我們必須知道誰比我們優異，如何去向他們學，能搞清楚這兩個問題的人，也就是我們所說的有讀書藝術的人。或許我們每個人都有這種閱讀能力，只要我們把閱讀的技巧應用於比較有價值的著作上，並且努力去閱讀，我們絕對都可以讀得更好，獲得更多。」莫蒂默．阿德勒講得相當全面，一方面指出了閱讀的目的性，又強調了閱讀能力的重要性，再就是強調了要「應用於比較有價值的著作上」。因為，有時候一本適時的好書能夠決定一個人的命運，或者成為他的指路明燈，確定他終生的理想。

當代經濟學家王巍寫過一篇隨筆〈竊書決定人生〉，講述自己的親身經歷，對讀書特別是對讀不同的書產生不同的人生效應和價值，發表了相當精彩的見解。他在文章中講道，七〇年代初期，他還是初中生，當時的教育粗陋而且畸形，「文化大革命」以清除舊社會的污泥濁水為名，徹底掃蕩了幾乎所有的知識文本和教學體系，大部分圖書都被劃成了反動書籍或者「黃書」一列，無論官方和民間，都形成了大面積的書荒，這對正在嗷嗷待哺的中學生真正是精神的窒息。「如同今天的超級女聲一樣，當年，搜尋出一本好書就是我們巨大的成就」。

當時，一個赤腳醫生用生薑熱敷在臉上治療近視眼，流行一時。王巍和幾位好書的朋友就參與了這種治療。幾個療程下來，效果並不明顯，醫生也失去了興趣，將他們安排在一個工廠的辦公室裡進行自助式治療。在無聊的等待中，他猛然察覺到這是個佔領過許多學校的工人宣傳隊的辦公室，保存著各種收繳物品。他們發現，牆角有個大鐵櫃好像是書櫃，於是十分興奮，緊張地琢磨找機會打開書櫃。在療程的最後一天，他和兩位朋友帶上了工具，在黃昏中撬開了櫃子，拿了一大包發了霉的舊書溜回到王巍家。他們熟知魯迅文章中孔乙己的名言：「竊書不能算偷，讀書人的事，能算偷嗎？」所以也不怎麼害怕。

緊接著他們三個人分書，年長幾歲的盛姓朋友崇尚「學好數理化，走遍全天下」的信念，先選了一半基本都是物理化、學和哲學之類的書。王巍沒有選擇，只好拿了東北翻譯局印的豎版的郭大力譯本《剩餘價值學說史》兩冊、史達林的《蘇聯社會主義經濟問題》，還有巴夫洛夫的《心理學》和李時珍的《本草綱目》等雜書。另一位張姓兄弟則挑了些別林斯基的美學理論、馮至詩選等。

這個故事有趣的是竊書之後。姓盛的年輕人有那幾本竊書墊底，寒窗苦讀，終於在美國拿了康奈爾大學的科學哲學博士，後來回到廈門大學當教授，享有盛譽。愛好美學和詩歌的張某已經成為小有名氣的詩人。王巍則糊裡糊塗地從剩餘價值入手，從會計學到金融，最後也在美國拿了經濟博士學位，回國折騰了幾遭，未能跳出命運之手，現在仍以公司價值分析為本行。「看來，竊書決定人生，這就是我們幾個人的寫照。」

與其說王巍先生「竊書決定人生」，還不如說，讀什麼書，就可能有什麼樣的人生。與王巍相似的讀書故事可謂不勝枚舉。我們想起了法國哲學家笛卡兒和英國作家哈代的讀書故事。

在哲學上說出「我思故我在」名言的法國哲學家笛卡兒，八歲進入耶穌會公學，接受傳統教育，但他對學校傳授的中世紀學說越來越不滿意，就課外閱讀了大量雜誌，接觸到新的思想。從公學畢業後，笛卡兒決心用自己的理性解決科學問題。他對法學、醫學、力學、數學、光學、氣象學、天文學，以致音樂都有研究的興趣，並且接觸到了各方面的學者。以至於對經院哲學提出批判，建立了自己的認知方法和哲學體系，從而成為十七世紀法國著名物理學家和西方近代哲學的創始人之一以及二元論者與唯理論者。

英國作家湯瑪斯．哈代，也是憑藉書籍改變了人生軌跡的人。哈代八歲開始在農村上學，一年後，轉到郡城一所拉丁文學校學習。十六歲離開學校，在倫敦給一名建築師當學徒。後來他自學希臘文，閱讀《聖經》，學習神學，還去倫敦大學皇家學院聽課。在斯溫伯恩的詩歌和達爾文《物種起源》、約翰．史都華．彌爾《論自由》等書籍的影響下，他對宇宙、對人生形成了自己的看法，不久即完全致力於文學創作，寫出深刻反映社會矛盾的《返鄉》和震撼人心的《德伯家的苔絲》等長篇小說，成為十九世紀英國頗具影響力的大作家。

凡此種種，讓我們不得不對選擇書籍的重要性愈發重視起來。前面所舉的例證均是正面而美好的故事，事實上，古往今來，讀書求知路上有多少「入歧途泣之而返」的故事，令人不堪回首。由此想到我們的閱讀生活中，有多少好書推薦榜見諸各種媒體，有多少好書推薦在網路上發布，還有一些大咖、網紅們在網路上每天都在向粉絲大力推薦書籍，可想而知，這些書籍會引發多少讀者的求知慾。

我們願意相信推薦的這些書籍都是精心挑選出來的，可是，我們更希望大家挑選書籍要永遠如此這般精心做下去，因為，偶爾不經意推薦出來的一本壞書爛書，只要混跡於精品書目中，完全有可能讓若干缺乏辨別力的讀者誤入歧途。即便不是壞書爛書，而是一些有失水準的書，這樣的次品看多了也會倒了胃口，蒙蔽了眼睛，迷亂了腦筋，即便我們有抵抗力，不受傷害，可是它耽誤我們寶貴的時光，也是一件讓人沮喪的事情。魯迅先生有一句名言：「閱讀是一次冒險。」誠哉斯言！讀者們，我們要警惕。

2、九十年前的一次薦書活動

在對圖書推薦活動發表了一番感慨後，忽然想起九十年前曾經有過一次著名的薦書（推薦書籍）活動，那一次活動之所以著名，一是因為參加薦書活動的人士有相當多數的文化學術大家，以人而名；二是因為魯迅先生參加了活動而交了「白卷」，且發表了一番驚世駭俗之論。轉瞬之間，九十年過去了，魯迅的箴言言猶在耳，各種薦書活動照樣如火如荼，可見，閱讀社會依然有把九十年前那次著名推薦好書活動的概況做一下回顧，對今後的薦書活動和閱讀書目的選擇，庶幾有些幫助。

一九二五年新年開始，著名編輯孫伏園主持的《京報副刊》邀請名人為青年推薦必讀書。那次活動讓人們最難忘的是魯迅交「白卷」。魯迅在報紙的薦書單上這樣寫道：

從來沒有留心過，所以現在說不出。

但我要趁這機會，略說自己的經驗，以供若干讀者的參考——我看中國書時，總覺得就沉靜下去，與實人生離開；讀外國——但除了印度——書時，往往就與人生接觸，想做點事。中國書中雖有勸人入世的話，多也是殭屍的樂觀；外國書即使是頹唐和厭世的，但卻是活人的頹唐和厭世。我以為要少——或者竟不——看中國書，多看外國書。

少看中國書，其結果不過不能作文而已。但現在的青年最要緊的是「行」，不是「言」。

只要是活人，不能作文算什麼大不了的事呢？

魯迅交「白卷」並發表一番憤世嫉俗的言論，是有其背景的。

二十世紀二〇年代之初，北京、上海等地掀起了一股名人薦書的熱潮。一九二〇年，胡適開列出了《中學國故叢書》共三十一種古籍供中學生閱讀。一九二三年，他又應清華學校學生之請，開出了《一個最低限度的國學書目》，收錄圖書共一百九十種。在這個書目上列有《九命奇冤》、《三俠五義》等通俗小說，梁啟超馬上就此做出反應，他說：「我便沒有讀過這兩部書，我雖自知學問淺陋，但說國學最低限度也沒有，我不服。」

一九二三年梁啟超應《清華週刊》記者的邀請，開出了含有一百六十種圖書的《國學入門書要目及其讀法》。後來他又為「校課既繁，所治專門」的青年學生精簡成了《最低限度之必讀書目》，共包括國學圖書二十餘種。對此，著名散文家梁遇春啞然失笑：「梁啟超先生開個書單，就說沒有念過他所開的書的人不是中國人，那種辦法完全是青天白日當街殺人劊子手的行為了。」

一九二四年，國學大師章太炎在《華國月刊》上刊出《中學國文書目》，列出書名三十九種。國學大師學問太深，開出的書單上一些圖書明顯生僻。在此前後，著名的書目還有林語堂的《國學書十種》、吳虞的《中國文學選讀書目》、汪辟疆的《讀書舉要》、李笠的《國學用書撰要》、支偉成的《國學用書類述》、曹功濟的《國舉用書舉要》、陳鍾凡的《治國學書目》、楊濟倉的《治國學門徑書》、上海國學書局的《國學書目提要》等。在這股轟轟烈烈的薦書熱潮中，一九二五年開年的《京報副刊》舉辦的徵求薦書活動達到高潮。

《京報副刊》一是向名家徵求「青年必讀書十部」，一是向青年徵求「青年愛讀書十部」。因為第一項活動有許多名人參加，又有魯迅一石激起千層浪，故而直到今天，也還為讀書界許多人士記得。

其實，另一項「青年愛讀書十部」活動也是很受當時青年讀者歡迎，報紙徵求「全國青年各將平時最愛讀的書，無論是哪一種性質或哪一個方面只要是書便得，寫出十部來填入本報第七版所附卷內……」活動收到投票將近三百張，每一張列出的書目及附註都在《京報副刊》上發表出來，亦足以蔚為大觀。

我們著重回顧「青年必讀書十部」徵求活動概況，因為不少當時的文化名人在活動中有許多獨特的表現。

一九二五年一月四日《京報副刊》說明，發表的書目以收到先後為序。一九二五年二月十一日報紙發出的第一份書目就是胡適之先生所選書目，原文為：

《老子》（王弼注）

《墨子》（孫詒讓《墨子間詁》）

《論語》王充的《論衡》

崔述的《崔東壁遺書》

Plato：〈Apology〉，〈Phaedo〉，〈Crito〉（柏拉圖：〈申辯篇〉、〈斐多篇〉〈克里多篇〉）

《The New Testament》（《新約全書》）

JohnStuartMill：《On Liberty》（J．S．穆勒：《論自由》，嚴複漢譯名《群己權界論》）

John Morley：《On Compromise》（J．莫利：《契約論》）

John Dewey：《How we think》（J．杜威：《我們怎樣思想》）

胡適之所選，中外名著各半，很鮮明地表現出他中外平衡的文化態度。可是當時很出風頭的胡適之竟然第一個寄來薦書單，也不免讓局外人對報紙主事者的公允態度有些疑問。緊接著，次日發表的又是梁任公（梁啟超）先生的選目。先寄到書單的竟然都是顯赫的大咖，也不免有點巧合。梁啟超書單竟然清一色的中國書：

《孟子》

《荀子》
《左傳》
《漢書》
《後漢書》
《資治通鑑》（或《通鑑紀事本末》）
《通志二十略》
王陽明《傳習錄》
《唐宋詩醇》
《詞綜》

在附註欄上梁啟超寫道：

三項標準：
一、修養資助。
二、歷史及掌故常識。
三、文學興味。近人著作、外國著作不在此數。

此前，梁啟超赴歐考察，瞭解到西方社會的許多問題和弊端，回國後即宣揚西方文明已經破產，主張光大傳統文化，用東方的「固有文明」來「拯救世界」。不久前又在清華學校兼課，一九二五年應聘任清華國學研究院四大導師之一，由此書目可以窺見梁啟超當時的思想文化主張。

第三個發表的是周作人先生的選目。做為作家的他，推薦的書目十之有三是文學書，是可想而知的，然而，苦雨齋主人要走中外包容路線，也是他的文化態度使然：

（1）《詩經》
（2）《史記》
（3）《西遊記》
（4）《漢譯舊約》（文學部分）
（5）《嚴譯社會通詮》
（6）威斯德馬克《道德觀念之起源與發達》
（7）卡本德《愛的成年》
（8）賽爾凡德思《吉訶德先生》
（9）斯威夫德《格列佛遊記》

（10）法蘭西《伊壁鳩魯的花園》

第六至第十的英文名如下：

（6）Westermarck《The Origin and Development of Moral I deas. 2 Vols》

（7）Carpenter《Love´s Coming-of-age.

（8）Cervantes《Don Quixote》

（9）Swift《Gulliver』s Travels》

（10）France《Garden of Epicurus》

在附註欄上周作人寫道：

6至10皆英文本，但別種外國文本自然也可以用。

第四位是北京北新書局的老闆李小峰，出版人的選目足以顯示出當時新派出版人的閱讀思路。不知道為什麼，他沒有推薦魯迅的小說集《吶喊》，《吶喊》已經由北京新潮社於一九二三年八月出版，一九二六年十月又由李小峰拿到北京北新書局第三次印刷。李小峰推薦書目：

杜威的《我們如何思想》（或王星拱的《科學方法論》）

摩爾的《倫理學》

吳稚暉的《上下古今談》

瑪律文的《歐洲哲學史》

胡適的《中國哲學史大綱》（連未出版的中下卷在內）

愛爾烏特的《社會學及現代社會問題》

達爾文的《種源論》

周作人的《自己的園地》

呂諾士的《人與自然》

司托潑司的《結婚的愛》

附註欄上出版家寫道：

以上十本書，是中學程度以上的青年，或升入大學，或為社會服務，要做一個思想和人格健全的國民所必讀之書，我以為。

第五位出場的是詩人徐志摩。照說，詩人應當最慣於語言凝練藝術，可是徐詩人卻洋洋灑灑寫了一大篇感想，頗有點賣弄文采之嫌。全文照錄如下：

再來跑一趟野馬

伏園：

方才我看了《東方》雜誌上譯的惠爾思那篇世界十大名著，忽然想起了年前你寄給我那封青年應讀書十部的徵信，現在趁機會答覆你吧。我卻不願意充前輩板著教書匠的臉沉著口音吩咐青年們說這部書應得讀的，那部書不應得念的；認真的說，我們一輩子真讀進去的書能有幾部，且不說整部的書，這一輩子真讀懂的書能有幾行——真能讀懂了幾行書，我們在這地面上短短的幾十年時光也就盡夠受用不是？貴國人是愛博學的，所以恭維讀書人不是說他是兩腳書櫃子，就說他讀完了萬卷書——只要多就可以嚇人，實在你來不及讀，書架上多擺幾本也好，有許多人走進屋子看見書多就起敬，我從前腦筋也曾簡單過來，現在學壞了，上當的機會也遞減了。

我並不是完全看不起數量面積普及教育平民主義等等；「看不起什麼」是一種奢侈品，您得有相當的身分，我哪配？但同時我有我的癖氣，單是多單是「橫闊」單是「豎大」是不容易嚇到我的。譬如有人對我說某人學問真不錯，他念了至少有二千本書——我只當沒有聽見。第二個朋友對我說某人的經歷真不少，他還環地球好幾回，什麼地方都到過——我只當沒有聽見。第三個朋友報告我某人的交遊真廣，當代哪一個不是他的好友——我只當沒有聽見。

反過來說，假如我聽說某人真愛柏拉圖的共和國，他老是念不厭；或是某人真愛某城子某山某水，那裡的一草一木一花一鳥一間屋子一條街道都像是他自己的家裡人似的；或者某人真懂得某人，全世界罵他是賊，他一個人說他是聖人；——這一說我就聽見我就懂得了。

到過英國的誰沒有逛過大英博物院——可是先生您發現了些個什麼；您也去過國王油畫館不是，您看中了哪幾幅畫？近幾年我們派出去的考察團很多，在倫敦紐約的街道上常見有一群背後拖著燕子尾巴的黃臉紳士們施施的走著路，像一群初放籠的扁嘴鴨子，他們照例到什麼地方是一定得遊玩名勝的——很好，很好，不錯，不錯，真不錯，紐約的高樓有五十七，唔，五十八層，自由神像的腦袋裡都爬得進去，我們全到過，全看過，真好。

你如此不知趣再要往下問時，他們就到他們的抽屜裡去找他們的報告書給你看，有圖有表頂整齊的報告書，這裡面多的是材料，真細心的調查，不錯，維也納的強迫教育比柏林的強迫教育差百分之四另二，孟騫斯德比利物浦多五十三個紗廠十五個鐵廠；不錯不錯，我們是調查教育的我們是調查實業的，不錯不錯，下面你到外國去，我有朋友介紹給你。

念書也有這種情形。現代的看書更是問題了。從前的書是手印手裝手釘的；出書不容易，得書不容易，看書人也就不肯隨便看過，現在不同了，書也是機器造的，一分鐘可以印幾千，一年新出的書可以拿萬來計數，還只嫌出版界遲鈍，著作界沉悶哪！這來您看我們念書的人可不著了大忙？眼睛只還是一雙，腦筋只還是一副，同時這世界加快了幾十倍，事情加多了幾十倍，我們除了「混」，還有什麼辦法！

再說念書也是一種冒險。什麼冒險除了憑你自己的力量與膽量到不曾去過的地方去找出一個新境界來？真愛探險真敢冒險的朋友們永遠不去請教嚮導；他們用不著；好奇的精神便是他們的指南，念書要先生就比如遊歷找嚮導；穩當是穩當了，意味可也就平淡了。結果先生愈有良心，嚮導愈盡責任，你得好處的機會愈少。小孩子瞞著大人出去爬樹，即使閃破了皮直流血他不但不嚷痛哭而反得意的；要是在大人跟前吃了一點小虧他就不肯隨便過去，不嚷出一隻大蘋果來就得三塊牛奶糖去補他的虧。這自走路自跌跤就不怨，是一個教育學的大原則。我媽時常調教我說你看某人的家庭不是頂好的他們又何嘗是新式，某家的夫婦當初還不是自相情願的現在糟得不成話，誰說新式一定好，老式一定壞，我就不信！我就說媽呀，妳懂事，我給妳打譬如：年輕人恨的不是栽筋斗，他恨的是人家做好了筋斗叫他栽，讓他自己做筋斗栽去，栽斷了頸根他也沒話說！

婚姻是大事情，讀書也是大事情。要我充老前輩訂下一大幅體面的書目單吩咐後輩去念，我就怕年輕人回頭罵我不該做成了筋斗叫他去栽。介紹——談何容易？介紹一個朋友，介紹一部書，介紹一件喜事——一樣的負責任，一樣的不容易討好；比較的做媒老爺的責任還算是頂輕的。老太爺替你訂了親要你結婚你不願意；不錯，難道前輩替你訂下的書你就願意看了嗎？

我說惠爾思先生吧。他的學問，他的見解，不是比我們的高明了萬倍。他也應了京報記者的徵信，替我們選了十部名著，當然你信仰我遠不如你信仰他；可是你來照他的話試試去。他的書單上第一第二就是新舊約書，第三種就是我們自己家有的《大學》，第四是回族的可蘭經……得了，得了，那我早知道，那是經書教書，與我們青年人有什麼相干！你看，惠爾思的書單還不曾開全就叫你一句話踢跑了。即使你真有耐心趕快去買保羅書可蘭經中庸大學來念時，要不了十五二十分鐘你不打哈欠不皺眉頭才怪哪！

不，這事情真的沒有那麼容易。青年人所要的是一種「開竅」的工夫；我們做先生的是好比拿著鑽子錘子替他們「混沌」的天真開竅來了。有了竅靈性才能外現，有了竅才能看才能聽才能呼吸才能聞香臭辨味道。「愛竅」不通，比如說，那能懂得生命；「美竅」不通那能懂得藝術；「知識竅」不通那能認識真理；「靈竅」不通那會想往上帝……不成，這話愈說愈遠不可收拾了！得想法說回來才好。

記得我應得說的是那十部書是青年人應當讀的。我想起了胡適博士訂下的那一書目，我也曾大膽看過一遍，慚愧！十本書裡至少有九本是我不認識它的，碰巧那天我在他那裡，他問我訂的好不好，我吞了一口唾液，點點頭說不錯。唔，不錯！那是頂佩服胡適先生的，關於別的事我也很聽他話的，但如果他要我照他訂的書目用功，那就好比叫我生吞鐵彈了！

所以我懂得，誘人讀書是一件功德——但就這誘字難，孔夫子不可及就為他會循循的誘人進徑；他絕不叫人直著嗓子吞鐵彈，你信不信？我喜歡柏拉圖，因為他從沒有替我訂過書目；我恨美國的大學教授，因為他們開口是參考閉口是書。

Up！Up，my friend and clear your books；
Why all this toil and trouble？

…………

Books！it's a dull and endless strife.
這是我的先生的話！你瞧，你的那兒比得上我的！頂好是不必讀書：——
Come，hear the woodland Linnet
How sweet his music！
On my life There's more of wisdom in it.
可是留神，這不讀書的受教育比讀書難多了；明知畫不老虎與你就不用畫老虎；能畫成狗也就不壞，最怕是你想畫老虎偏像狗成心畫畫狗又不像狗了。上策總是做不到的；下策你就逃不了書；其實讀書也不壞，就要你不靠傍先生；你要做探險家就不要嚮導；這是中策。但中策也往往是難的，聽你的下策吧。我又得打比喻。

學生比如一條牛（不要生氣，這是比喻），先生是牧童哥。牧童哥知道草地在那裡山邊變青青草，還是河邊的草肥——牛，不知道。最知趣的牧童就會牽了他的朋友青青草肥的田裡去，這一「領到」他的事情就完了，他盡可以舒舒服服的選一個陰涼的樹蔭下做好夢去，或是坐在一塊石頭上掏出笛來吹他的梅花三弄，我們只能羨慕他的清福。至於他的朋友的口味，他愛咬什麼，鳳尾草還是團邊草，夾金錢花的青草，還是夾狗尾巴的莠草，等等，他就管不著，也不用管，即使牛先生大嚼時有牛蟲來麻煩他的後部，也自有他的小尾巴照拂，不勞牧童哥費心。

這比喻盡夠條暢了不是？再往下說就是廢話了。其實伏園，你這次徵求的意思當作探問各家書呆子讀書的口味倒是很有趣的，至於於青年人實際的念書我怕這忙幫不了多少；為的是各家的口味一定不同，寧波人喜歡打翻醬缸不怕口高，貴州人是很少知道鹽味的，蘇州人愛吃醋，杭州人愛吃臭，湖南人吃生辣椒，山東人咬大蒜，這一來看多難，叫一大群張著大口想嚐異味青年的朋友們跟誰去「試他一試」去？

話又得說回來，肯看書終究是應得獎勵的。就說口味吧，你跟湖南人學會吃辣椒，跟山東人學會吃大蒜，都沒有什麼，只要你吞得下，消得了；真不合適時你一口吐了去漱漱口也就完事不是？就是一句話得記在心裡：舌頭是你自己的，肚子也是你自己的，點菜有時不妨讓人，嚐味辨味是不能替代的，你的口味還得你自己發現先（比如胡先生說《九命奇冤》是一部名著你就跟著說《九命奇冤》是一部名著，其實你自己並不曾看出他名在哪裡，那我就得怪你）不要借人家的口味來充你自己的口味，自騙自決不是一條通道。

我不是一書蟲，我也不十分信得過我自己的口味；或者我並不曾發現我自己的真口味；但我卻自喜我從來不曾上過先生的當，我寧可在黑弄裡仰著頭瞎摸，不過我也把我生平受益（應作受感）最深的書開出來給你們看看，不知道有沒有十部：

《莊子》（十四五篇）

《史記》（小半部）

道施妥奄夫斯基的《罪與罰》

湯麥司哈代的《Jude the Obscure》

尼采的《The Birth of Tragedy》

柏拉圖的《共和國》

盧騷的《懺悔錄》

華爾德斐德（Walter Pater）的《Renaissance　》

葛德《浮士德》的前部 George Henry Lewes　的《葛德評傳》

夠了。

徐志摩

《無名的裘德》

《悲劇的誕生》

《文藝復興》

喬治．亨利．路易斯

第六位登場的是翻譯家潘家洵。潘家洵一九一九年從北京大學西語系畢業，當時已經翻譯出版挪威易卜生、英國王爾德和蕭伯納等人的劇本。上海商務印書館出版的潘譯《易卜生集》二卷，收有易卜生劇作五種，儼然已經成為易卜生作品翻譯專家。可是有意思的是，他推薦的書目裡竟然沒有易卜生的作品。

潘家洵推薦的十部書是：

The New Testament（《新約》）

Sesame and Lilies，by J. Ruskin（J・羅斯金：《芝麻與百合》）

Culture and Anarchy，by M. Arnold（M・阿諾德：《文化無政府主義》）

How We Think，by J. Dewey（J・杜威：《我們怎樣思想》）

Principles of Social Reconstruction，by B. Russell（B・羅素：《社會改造原理》）

The Prospects of Industrial Civilization，by B. Russell（B・羅素：《工業文明的前景》）

Married Love，by Marie Stopes（瑪麗・斯托潑司：《結婚的愛》）

Crime and Punishment，by F. M. Dostoevsky（F・M・杜斯妥也夫斯基：《罪與罰》）

Abraham Lincoln，by J. Drinkwater（J・德林克沃特：《林肯傳》）

The Story of Mankind，by H. Van Loon（H・房龍：《人類的故事》）

第七位亮相的是著名音韻學家、文字學家馬幼漁。馬先生時任北京大學教授，從一九一三年起任北大國文系主任直至一九三七年。

他先註明：

所選之書以近三百年來為限。

然後列出書目十部：

顧炎武《日知錄》

黃宗羲《明夷待訪錄》

戴震《孟子字義疏證》

章學誠《文史通義》

龔自珍《定盦文集》

戴望《顏氏學記》

夏曾佑《中國歷史》（上古至隋中學教科書，商務出版）

康有為《新學偽經考》

崔適《史記探源》

章太炎《檢論》

其後還有附註：

此外如現代吳稚暉、胡適之、陳仲甫，暨周豫才、周啟明諸先生之文，俱為青年必讀之品，因伏園先生只許以十部為限，故從省略。

緊接著亮相的是北京大學文學院教授江紹原。他是現代著名民俗學家和比較宗教學家，民俗學界公認為在民俗學研究方面成績最突出的一位。他推薦的風格與後面的魯迅接近。一九二七年江紹原應魯迅之邀到廣州中山大學任教，看得出兩人交情不錯。

江紹原來的信在推薦欄打了一個大叉，寫了四個 Wanted（缺），然後在附註欄寫道：

我不相信現在有哪十部左右的書能給中國青年「最低限度的必需智識」。你們所能徵求到的，不過是一些「海內外名流碩彥及中學大學教員」愛讀書的書目而已。

江紹原

時任北京交通大學校長的教育家朱我農排在第九位，他的推薦：

《段氏說文》

《中等國典文》（章士釗著）

《古文辭類纂》

《胡適文存》

《現行公文呈式》（中華書局）

《社會學大綱》（無論何種）

《經濟學大綱》（無論何種）
《世界大事年表》（傅運森）
《袁了凡綱鑒》
《世界地理》（無論何種）

書目之後在附註欄寫道：

伏園兄：你出了一個難題目，使我幾夜睡不著。昨天寄去的書名單，實在不妥，今日再更正一個。以後如何，我就不管了。你為何這樣的難人，一笑！

我農

在總共七十八位應邀推薦的名人中，後面還有林語堂、章錫琛、俞平伯、顧頡剛等，都各有精彩表現。限於篇幅，不在這裡一一介紹了。說來給人們留下最為深刻印象的還是第十位出場的魯迅先生。魯迅的「白卷」一經交出，馬上引起軒然大波。

柯柏森就在《偏見的經驗》中說：「哈哈，我知道了！」他用含糊的「……」指責先生「賣國」。熊以謙則以長文《奇哉！所謂魯迅先生的話》指責魯迅：「奇怪素負學者聲名，引起青年瞻仰的魯迅先生說出這樣淺薄無知識的話來了！」他以為「這不是中國書貽誤了你，是你蹧蹋了中國書」。「不懂就不懂，不解就不解，何以要說這種冤枉話、淺薄話呢？……我以為魯迅先生只管自己不讀中國書，不應教青年都不讀；只能說自己不懂中國書，不能說中國書都不好。」還有的人責怪魯迅先生自己古書讀了這麼多，卻偏偏不讓別人讀。對這些指責，魯迅先生毫不服軟，在《聊答「……」》、《報〈奇哉所謂……〉》、《這是這麼一個意思》等文章裡，做了冷峻幽默的回應與反駁。周作人在晚年談起此事時，這樣寫道：

「必讀書」的魯迅的答案實乃是他的「高調」——不必讀書——之一，說得不好聽一點，他好立異唱高，故意的與別人拗一調。他另外有給朋友的兒子開的書目，卻是十分簡要的。（《知堂書信．致鮑耀明》）

魯迅反對讀古書的主張是對於復古運動的反抗，並不足證明他的不讀古書，而且他的反對青年讀古書的緣故正由於他自己讀透了古書，瞭解它的害處，所以能那麼堅決的主張。現在對於這個問題，我們客觀的看來，魯迅多讀古書，得到好處，乃是事實……（《關於魯迅．魯迅讀古書》）

周作人所說的「給朋友的兒子開的書目」，指的是魯迅一九三○年為摯友許壽裳的兒子、清華大學中國文學系的學生許世瑛開列過一紙書目，其中諸多書籍非常精深冷僻，是一份起點極高的書目。這也成了後來「特定對象」論者們一條常常引用的證據。

事實上，這是一場不在一個層面上的筆仗。魯迅先生的見解乃是高屋建瓴俯瞰中外文化之嚴肅比較，而反駁者是站在平常人的立場發表見解，是無所謂勝負的一場筆仗。包括周作人晚年的見解，也只不過是一個就事論事的態度，並沒有對魯迅的文化態度予以應有的理解，更談不上認同。

我們要說，魯迅的「白卷」給現代中國人的閱讀表達了一個堅定創新前行的態度，以致於多少年後，許多人一旦談到推薦閱讀，就會想起先生這一番態度鮮明的箴言。時隔九十年，在薦書熱潮此起彼伏的今天，每一位薦書的名人乃至機構，但凡想起先生的這一番箴言，是不是應當更加嚴肅負責起來呢？我想答案是肯定的。

3、變「必讀書」為「應知書」

九十年前《京報副刊》「青年必讀書」推薦活動中，與魯迅的推薦態度相類似的還有當時的青年學者江紹原、俞平伯，他們也沒有給出書目而只是給出了一段主張，幾乎是不約而同地認為這種推薦不可為。

江紹原說得很明確：「我不相信現在有哪十部左右的書能給中國青年『最低限度的必需

智識』。」俞平伯說了不推薦的一個道理：「青年既非只一個人，亦非合用一個脾胃的；故可讀的、應讀的書雖多，卻絕未發現任何書是大家必讀的。我只得交白卷。若意在探聽我的脾胃，我又不敢冒充名流學者，輕易填這張表，以己之愛讀為人之必讀，我覺得有點『難為情』。」

其實，他倆並沒有像魯迅那樣因為主張「多看外國書」而不隨波逐流地推薦書目。他們只是就推薦活動的不可操作性表示無從著手。事實上，我們暫且不以魯迅那般高蹈的思想、深刻的見地來看為一般青年推薦書目這件事情，而只要仔細想一想江紹原、俞平伯兩位的意見，就感覺得到，討論特別是推薦「必讀書」是一件難以操作的一件事情。正如在本章第二節中我們給大家介紹的《京報副刊》舉辦名家推薦出來的書目，僅僅是前十位，就有那麼多不一致的地方，何況一共七十八位回信名人，除了幾位拒絕列出書目外，有七十多各份列有十本不同的「必讀書」，最後要青年究竟讀哪些書目才是！

可是，為了推動青年讀書，讀有用之書，讀必讀之書，這麼多年來，薦書活動一直都在進行中。北京大學曾經組織過六十多位教授討論推薦大學生必讀經典，精心列出了一個《北京大學必讀書目》。事後，北京大學閱讀學專家王余光教授在學生中做過調查，問學生們是否知道這個書目，不是問多少學生知道此事，結果是不少學生對此事完全懵然無知。

清華大學、復旦大學、蘇州大學等也開列過學生必讀書目，似乎都有虎頭蛇尾的感覺。武漢大學將必讀書安排成必修課，強制學生看了書才能得到學分，卻招致不少負面評價。

西南交通大學二〇一四年一月一日公布了一份由九十六種經典作品組成的推薦書單，該校宣布，以此書單公布為象徵，「經典悅讀」活動正式開啟。該校校長親自主導此事，明確要求，每一個走進西南交大的學子，四年學習期間應當完成九十六種人文思想著作的閱讀，其計算方法是，一年十二個月，四年四十八個月，平均每個月讀兩本，一共正好九十六本。也許是因為校長力主並督戰，此項活動已經在西南交大校園裡蓬勃開展，一年過去，據說熱度未減。我們相信校長能夠做到言信行果。可是，萬一校長調離崗位，新校長能不能在這件事上蕭規曹隨就難說了。

我們舉出這些正反兩方面的事例，目的是說明薦書之複雜，薦書之不易。

那麼，是不是就不必去做這樣一件吃力不討好的事情了呢？是不是就不要再去折騰「必讀的書」與「不必讀的書」，青年人的閱讀索性就任其自由選擇？

自由選擇書目閱讀，固然是閱讀者的基本權利。可是，做為一個負責任的社會，一個負責任的文化教育系統，在尊重每一位讀者自由選擇書目閱讀的前提下，對社會大眾，特別是對特定的閱讀群體，推薦、引導閱讀一些書目，也是責任之所在。偉大如魯迅，他也並不是拒絕推薦書目，而是發表了一個具有很強原則性的建議：「我以為要少——或者竟不——看中國書，多看外國書。」

中小學生權且不論，就說大學生群體，倘若認為大家已經步入成年人階段，閱讀應當自主，那就有些想當然了。二〇一一年，中國的一些高校圖書館公布的借閱排行榜引起了教育研究者的警覺。有專家在武漢、上海兩地高校做過調查。

在武漢，網路小說《步步驚心》、《美女圖》在短短幾個月裡就躍進了武漢很多高校圖書借閱排行榜前列；湖北第二師範學院圖書館引進的網路小說《極品戒指》，一個月內就被借了六十一次，成為借閱冠軍；中南財經政法大學武漢學院圖書館裡借閱高峰書種是電視劇《裸婚時代》的原著小說《裸婚》。在上海，二〇一〇～二〇一一年度復旦大學圖書館單冊借閱排行榜上，文學類圖書中借閱最多的是東野圭吾的《宿命》等推理懸疑小說；上海交通大學的某單月單冊排行前三名則分別是《明朝那些事兒》、《大唐雙龍傳》和《蒼龍轉生》。可是那些人文思想類的經典和文學經典作品，問津者卻寥若晨星。

這樣的圖書借閱現狀，無疑暴露出大學生目前閱讀中存在的問題。在網路上，一項透過對大學生「床頭書」種類的調查發現：現在大學生看的書除了專業課本外，就只是外語、電腦、經濟類書籍和如何面試、如何社交等方面的書，人文思想類著作可謂鳳毛麟角。學校領導、社會各界以及一切關心青年成長的人士，是不是對大學生的閱讀現狀要予以關注和幫助呢。推薦「必讀書」，就是這種關注和幫助的普遍做法。

二〇一六年初，網路上有一個「張家口吧」的長篇文章，把中美一些著名大學大學生圖書館借閱情況做了一次比較，帶給我們一些資訊和思考。原帖節錄如下：

近日，中國的各大高校陸續公布了該校二〇一五年的圖書借閱情況。

巧合的是，美國資料庫專案「開放課程」（The Open Syllabus Project）收集了各大學過去十五年以來超過一百萬項課程和圖書閱讀資訊，也在最近公布了美國大學學生的閱讀書目資料。這些閱讀榜，不僅能看出各高校學生的閱讀習慣和偏好；比對中美高校的閱讀榜，還能發現中美大學生的閱讀差異。

中國的高校

浙江大學十種：

《平凡的世界》《我執》、《萬曆十五年》、《狼圖騰》、《常識》、《牛奶可樂經濟學》、《心理學與生活》、《高效能人士的七個習慣》、《天龍八部》、《國富論》。

清華大學：

文學類十種：《三體2》、《解憂雜貨店》、《白夜行》、《從你的世界路過》、《三體3》《偷影子的人》、《三體》、《嫌疑人X的獻身》、《當我談跑步時我談些什麼》、《平凡的世界》。

社科類十種：《極簡歐洲史》、《暗時間》、《異類》、《稀缺》、《激盪三十年》、《機器學習在量化》、《蔡康永的說話之道》、《人類簡史》、《祖先》、《耶路撒冷三千年》。

北京大學：

政治法律類五種：《論美國的民主》、《俄羅斯解密檔案選編》、《中共中央檔選集》、《文明的衝突與世界秩序的重建》、《中共黨史參考資料》。

經濟類五種：《激盪三十年》、《大資料時代》、《貨幣戰爭》、《二十一世紀資本論》、《大轉型：我們時代的政治與經濟起源》。

哲學宗教類五種：《心理學與生活》、《公共領域的結構轉型》、《叫魂：一七六八年中國妖術大恐慌》、《開放社會及其敵人》、《亞里斯多德全集》。

文學類五種：《盜墓筆記》、《藏地密碼》、《老舍文集》、《天龍八部》、《王小波全集》。

復旦大學：

文科圖書五種：《西方哲學原著選讀》、《王小波全集》、《正義論》、《計量經濟分析方法與建模》、《第二性》。

理科圖書五種：《微積分學教程》、《基礎有機化學》、《費恩曼物理學講義》、《數學分析》、《力學》。

年度最想閱讀圖書五種：《心理學與生活》、《解憂雜貨店》、《追風箏的人》、《平凡的世界》、《如何閱讀一本書》。

武漢大學十種：

《明朝那些事兒》、《平凡的世界》、《神鵰俠侶》、《讀庫》、《盜墓筆記》、《藏地密碼》、《知日》、《新週刊年度佳作》、《絕代雙驕》、《張愛玲典藏全集》。

山東大學十種：

《明朝那些事兒》、《平凡的世界》、《藏地密碼》、《盜墓筆記》、《冰與火之歌：權力的遊戲》、《你好，舊時光》、《冰與火之歌：列王的紛爭》、《冰與火之歌：魔龍的狂舞》、《蛙》、《深夜食堂》。

華南理工大學十種：

《平凡的世界》第一部、《平凡的世界》第二部、《十一字殺人》、《平凡的世界》第三部、《C++程式設計》、《生死疲勞》、《圍城》、《嫌疑人X的獻身》、《明朝那些事兒》、《野火集》。

美國幾所著名高校的榜單：

普林斯頓大學十種：

《文明的衝突》（撒母耳・亨廷頓）、《全球化及其不滿》（斯蒂格利茨）、《美國國會行動的邏輯》（道格拉斯・阿諾德）、《財政學》（哈威・S・羅森）、《資本主義、社會主義和民主》（約瑟夫・熊彼特）、《伯羅奔尼薩斯戰爭史》（修昔底德）、《大外交》（亨利・基辛格）、《新教倫理與資本主義精神》（馬克斯・韋伯）、《停戰》（理查・霍布洛克）、《衝突中的種族集團》（唐納德・霍羅威茨）。

哈佛大學十種：

《在伯明罕監獄裡寫的一封信》（馬丁·路德·金）、《風格的要素》（威廉·斯特倫克）、《領導大不易》（羅奈爾得·海菲茲）、《文明的衝突》（撒母耳·亨廷頓）、《思考，快與慢》（丹尼爾·卡內曼）、《君主論》（尼可洛·馬基維利）、《政策分析入門》（伊迪斯·斯托基）、《正義論》（約翰·羅爾斯）、《公司財務原理》（理查·布雷利）、《感謝您的忠告》（傑·海因里希斯）。

耶魯大學十種：

《理想國》（柏拉圖）、《季度回顧》（明尼阿波利斯聯邦儲備銀行）、《隱身人》（拉爾夫·埃里森）、《奧德賽》（荷馬）、《讓我們來歌頌那些著名的人》（詹姆斯·艾吉）、《論美國的民主》（托克維爾）、《人類學》（弗朗茨·博厄斯）、《薩帕塔和墨西哥革命》（約翰·沃瑪克）、《反政治機器》（詹姆斯·福格森）、《伊利亞特》（荷馬）。

哥倫比亞大學十種：

《文明的衝突》（撒母耳·亨廷頓）、《理想國》（柏拉圖）、《論自由》（約翰·密爾）、《社會契約論》（讓-雅克·盧梭）、《利維坦》（湯瑪斯·霍布斯）、《政治學》（亞里斯多德）、《道德形而上學》（伊曼努爾·康得）、《國富論》（亞當·斯密）、《微積分：早期超越》（詹姆斯·史都華）、《文明及其不滿》（西格蒙德·佛洛德）。

史丹福大學十種：

《利維坦》（湯瑪斯·霍布斯）、《科學革命的結構》（湯瑪斯·庫恩）、《統計自然語言處理基礎》（克里斯多夫·曼寧）、《代碼：塑造網路空間的法律》（勞倫斯·萊斯格）、《創意寫作》（華萊士·斯特格納）、《理想國》（柏拉圖）、《魯賓遜漂流記》（丹尼爾·笛福）、《弗蘭肯斯坦》（瑪麗·雪萊）、《理解媒介》（馬歇爾·麥克盧漢）、《公共領域反思》（南茜·弗雷澤）。

芝加哥大學十種：

《倫理學》（亞里斯多德）、《尼各馬科倫理學》（亞里斯多德）、《應用STATA做統計分析》（勞倫斯·漢密爾頓）、《辦公時間》（諾姆·福斯特）、《君主論》（尼柯洛·馬基亞維利）、《羅馬史論》（尼可羅·馬基亞維利）、《道德形而上學》（伊曼努爾·康得）、《懺悔錄》（奧古斯丁）、《人工智慧》（斯圖爾特·拉塞爾）、《政府論》（約翰·洛克）。

麻省理工學院十種：

《利維坦》（湯瑪斯·霍布斯）、《共產黨宣言》（馬克思）、《宏觀經濟學》（奧利維爾·布蘭查德）、《君主論》（尼柯洛·馬基亞維利）、《宏觀經濟學講義》（奧利維爾·布蘭查德）、《資本論》（馬克思）、《風格的要素》（威廉·斯特倫克）、《經濟學》（保羅·克魯格曼）、《日語口語一講》（哈爾茨）、《季度回顧》（明尼阿波利斯聯邦儲備銀行）。

杜克大學十種：

《計量經濟學》（詹姆斯·斯托克）、《社會成本問題》（科斯）、《國富論》（亞當·斯密）、《公地悲劇》（加勒特·哈丁）、《計量經濟學》（林文夫）、《領導大不易》（羅奈爾得·海菲茲）、《解析政治學》（梅爾文·希尼克）、《公司財務原理》（理查·布雷利）、《宏觀經濟學》（羅伯特·巴羅）、《宏觀經濟理論》（湯瑪斯·薩金特）。

賓夕法尼亞大學十種：

《俄狄浦斯王》（索福克勒斯）、《藝術寫作指南》（巴爾內特）、《黑暗的心》（康拉德）、《合作的進化》（羅伯特·艾瑟羅德）、《理想國》（柏拉圖）、《佛蘭克林自傳》（本傑明·佛蘭克林）、《印第安次大陸的藝術與建築》（哈爾萊）、《坎特伯雷故事集》

（傑佛瑞．喬叟）、《懺悔錄》（奧古斯丁）、《勸導》（簡．奧斯丁）。

布朗大學十種：

《學習和教學》（哈樂德．詹姆斯．謝里丹）、《賽博公民》（克里斯．格雷）、《技術社會》（雅克．埃盧爾）、《學習中心》（羅伯特．布朗）、《共產黨宣言》（馬克思）、《透明社會》（大衛．布林）、《美國技術社會史》（露絲．施瓦茨．柯旺）、《啟迪》（瓦爾特．本雅明）、《擬像》（讓．鮑德里亞）、《控制革命》（詹姆斯．貝尼格）。

中美兩國幾所排位靠前的高校學生閱讀綜合排名如下：

中國，五種：《平凡的世界》、《三體》、《盜墓筆記》、《天龍八部》、《明朝那些事兒》。

美國，十種：《理想國》（柏拉圖）、《利維坦》（湯瑪斯．霍布斯）、《君主論》（尼柯洛．馬基亞維利）、《文明的衝突》（撒母耳．亨廷頓）、《風格的要素》（威廉．斯特倫克）、《倫理學》（亞里斯多德）、《科學革命的結構》（湯瑪斯．庫恩）、《論美國的民主》（亞歷克西斯．托克維爾）、《共產黨宣言》（馬克思）、《政治學》（亞里斯多德）。

這個榜單包含的信息量當然是豐富的。首先，閱讀榜單反映出中美大學在教學模式上的不同。歐美大學老師的授課以講授經典專著為主，中國的大學古典課程較少，大學授課以專業教材為主，而且課堂興趣比較集中在現實問題上。再有，歐美大學比較不受網路圖書的影響，而中國的大學所受影響較重，學生則愈發嚴重。

從榜單還可以看出，美國學生閱讀最多的是經典的政治學、哲學、經濟學著作，而這些經典書目，很少出現在中國大學生的榜單中。而中國學生閱讀偏於反映現實生存問題的文學，玄幻文學作品也是大家所愛，偏於感性的文史閱讀。這與兩國學生閱讀的文化背景、思維特點、審美特性分不開。榜單還可以讓我們感覺到，提高學生閱讀的精英素養是一個亟待解決的問題。過去兩百多年裡，劍橋大學有個叫做使徒社的大學生讀書會，每週定期探討一本書或一個話題，最後從當中出現了許多傑出的人才。如果我們的大學生只是讀這些打拼社會、白話盜墓和明朝那些事兒的書籍，傑出人才應當怎樣培養呢？

透過上述一些討論，關於閱讀書目推薦和「必讀書」的圈定，可以得出如下結論：

1、向社會各個層面分別推薦書目是必要的。大學生閱讀應當屬於社會較高層次的閱讀，可是就是層次比較高的大學生們，閱讀書目的推薦、引導都很有必要，否則都好奇於盜墓，可不是一個讓人喝彩的現象。那麼，社會各界，特別是中小學生的閱讀就更需要書目推薦了。

自一九九九年起，中國的教育部門開始實施由應試教育向素質教育轉變的教育體制改革，在中小學語文教育課程中增加了推薦閱讀的書目，一些出版單位及時出版了關於小學生在校期間應當閱讀的課外文學作品彙編書籍，人民文學出版社出版了「中學生課外文學名著必讀叢書」，受到了廣泛的歡迎。此後，教育部制訂的語文課程新的標準（簡稱新課標）對原有《語文教學大綱》中關於語文課外讀物的具體篇目做了較大的更動，並規定了不同階段學生的閱讀總量。為此，人民文學出版社於二〇〇三年五月將原有叢書重新編選擴充到五十種，叢書名修訂為「語文新課標必讀叢書」。二〇〇六年，「語文新課標必讀叢書（修訂版）」擴展到六十種，書目上增加了若干中國當代文學的佳作和中外文學優質選本，內容上增加了介紹文學常識、提示學習思考的「知識連結」。

經過兩年的閱讀實踐，「語文新課標必讀叢書（增訂版）」成為七十種。增訂版除了繼續增加部分中外文學名著外，還組織編入中外民間故事、中外童話故事、中外歷史故事等選本。這套叢書根據課程標準的修改更新，不斷有所豐富，成為一套受到教育界、出版界比較認可的叢書。（見書後附錄1）

2、推薦書目要有針對性。我們常常看到，一些宣傳文化出版機構推薦書目主要以圖書受歡迎程度的高低來選擇書目——這是不少圖書推薦榜單產生的一項評選指標，明顯缺乏針對性。閱讀的分眾化是基本規律。由於許多榜單的大眾化特點而不是分眾化，很容易使得高水平精英化讀者被低水平書目所引導，這既不符合國民閱讀的普及性大眾化要求，也不利於國家科技文化水準的提升。中美兩國大學生的不同喜好說明，無論是大眾閱讀還是大學生閱讀，都需要有專業人士的分析和引導。

當下大學生對古今中外學術思想文化經典的疏離，不能不引起人們的憂慮。對於社會較高層次的閱讀，是否閱讀經典，將影響到國家的治理和社會的走向。司馬遷談《春秋》，說《春秋》明辨人事經紀，判別嫌疑、是非、善惡，以宣揚王道，是一部政治、百官之大法，人倫、禮義之大宗，有國者、為人臣者，都不可不知《春秋》。

司馬光撰《資治通鑑》，在給皇帝的《進資治通鑑表》中稱：該書「專取關國家盛衰，繫民生休戚，善可為法，惡可為戒者，為編年一書」。又說，透過此書可「鑒前世之興衰，考當今之得失，嘉善矜惡，取是捨非，足以懋稽古之盛德，躋無前之至治」。《資治通鑑》作為治理國家的一面鏡子，對當朝皇帝及後世皇帝以及大小官員都有很大影響。那麼，倘若作為國家社會未來棟樑的大學生們都不能對閱讀古今中外學術思想文化經典感興趣，我們的社會將出現怎樣的走向呢?而國家的治理又如何代代相傳和革新?

3、閱讀生活中並沒有所有人都要讀的「必讀書」,但應當有不少「應知書」。

談到「必讀書」,就是針對被認為閱讀的文化層次比較高的大學生,各大學所讀書目也是各具特色,各有側重,從這當中,如何提煉出「必讀書」來?在書目推薦中使用「必讀書」的概念,其價值只是引導,而不是必不可少的意思。作家王蒙認為,要是連《紅樓夢》都死也讀不下去,那這個民族就要完了。而作家李國文卻寫過一篇隨筆叫作〈不讀紅樓又何妨〉。這不是抬槓,兩位大家說的是兩件事。王蒙說的是一個民族應當怎樣對待自己民族的經典,李國文說的是閱讀生活的多樣性。

其實,即便是經典,本身也還有許多差別。當代學者龔鵬程在《經學概說》一文中討論經典之所以成為經典,有一番比較中肯的見解:一方面是經典本身的原因,因為它具有真理,足以啟發後人,故為人所尊崇,視為恆經,乃不刊之理論;另一方面,它也形成於聖典崇拜之中。在經典化及其競爭關係裡,某些書雖然也很重要,但未被經典化;某些書,原亦平常,卻在某一歷史條件下經典化了。為此,在大眾性閱讀生活中,簡單地強調讀經典乃至規定出「必讀書」,實在是比較危險乃至於魯莽的事情。

有鑑於「必讀書」一直受到各種質疑，我們建議不妨將「必讀書」改名為「應知書」。正如我們前面說過的，有些書需要慢讀、精讀、深讀，有些書可以快讀、泛讀、淺讀，儘管都是經典，也並不一定都要正經八百坐下來慢慢啃。但是，要研究設計出不同社會層面應當知道的書目並加以推薦。

4、推薦「應知書」的書目

一個現代中國的讀者，應當知道《論語》、《詩經》、《史記》、《紅樓夢》等。一個當代文學專業人士或愛好者，應當知道莎士比亞、巴爾扎克、魯迅、巴金、唐詩宋詞元曲明清小說以及四部古典文學名著等。一個當代哲學專業人士或愛好者，應當知道《形而上學》、《大邏輯》、《小邏輯》、《純粹理性批判》《老子》「四書五經」、《六祖壇經》、《近思錄》、《傳習錄》等。一個當代史學研究者，倘若不知道呂思勉、錢穆、陳寅恪、陳垣和他們的書豈不成笑話？而一個當代史學閱讀者，不知道《萬曆十五年》是不是也不應該？有了「應知書」的設計，然後依據各自閱讀的習慣、理解力、需要和興趣所在再去選讀一些書籍，也許是一個比較符合實際的做法。

經過我們一番討論，我們大體已經理解「究竟讀什麼書好」這個問題的答案，那就是：在應當知道的書裡尋找有需求或感興趣讀的書。什麼是應當知道的書，無非三類，一是歷史上有過比較一致定評的書，二是當代重要作者的書，三是當前新出現的精品。後面兩類是動態的，但很重要，這是人們的閱讀能保持鮮活感必不可少的，有待現實中各種專業機構和媒體的隨時推薦，也需要愛讀書的人們留意身邊讀者的口口相傳——這是最為鮮活的推薦，這是青少年時期的我閱讀的主要指南和動力。

閱讀歷史上有過比較一致定評的書，簡言之，也就是閱讀經典書籍，是在全球化狂飆突進的時代保持我們優秀傳統和文化特色的有效方法。全球化唯一的追求目標就是市場的泛漫化而其價值卻是淺薄而狹隘的。人類的幸福並不主要在於財富和物質的進展，而更多在於生命體驗的豐富與多樣。可是，我們的生活正在被全球化進程所污染。這時候，閱讀經典將不僅僅是對文化的一種傳承和弘揚，也並不僅僅是一種審美，而是對於我們自己的生活方式和價值觀的一種堅守。為此，我們集中介紹第一類，即歷史上有過比較一致定評的書——中外經典書籍。

（1）推薦中國古代典籍

一九二三年，清華學校為了給留美學生提供國學閱讀書目，請胡適、梁啟超等開列國學書目。胡適列出《一個最低限度的國學書目》，收錄古籍約一百九十種。此書目發表後，輿論大嘩，據說有留美學生說如果幾年裡要讀這麼多典籍，還有必要到美國去嗎？

胡適解釋道：「正因為當代教育家不非難留學生的國學程度，所以留學生也太妄自菲薄，不肯多讀點國學書，所以他們在國外既不能代表中國，回國後也沒有多大影響。」胡適還說明：「這個書目不單是為私人用的，還可以供一切中小學校圖書館及地方公共圖書館之用。」

不過，從實際情況來看，胡適也可能覺得原先的話題鋪得太大，只好表示：「如果先生們執意要我再擬一個『實在的最低限度的書目』，我只好在原書目上加上一些圈；那些有圈的，真的是不可少的了。此外還應加上一部《九種紀事本末》（鉛印本）。」以下是加圈的書目（三十九種）：

《書目答問》、《法華經》、《左傳》、《中國人名大辭典》、《阿彌陀經》、《文選》、《九種紀事本末》、《壇經》、《樂府詩集》、《中國哲學史大綱》、《宋元學案》、《全唐詩》、《老子》、《明儒學案》、《宋詩鈔》、《四書》、《王臨川集》、《宋六十家詞》、《墨子閒詁》、《朱子年譜》、《元曲選一百種》、《荀子集注》、《王文成公全書》、《宋元戲曲史》、《韓非子》、《清代學術概論》、《綴白裘》、《淮南鴻烈集解》、《章實齋年譜》、《水滸傳》、《周禮》、《崔東壁遺書》、《西遊記》、《論衡》、《新學偽經考》、《儒林外史》、《佛遺教經》、《詩集傳》、《紅樓夢》。

梁啟超先是擬就《國學入門書要目及其讀法》約一百六十種，後來又為「校課既繁、所治專門」的青年精簡此書目，開列《最低限度之必讀書目》（二十五種）：

《四書》、《易經》、《書經》、《詩經》、《禮記》、《左傳》、《老子》、《墨子》、《莊子》、《荀子》、《韓非子》、《戰國策》、《史記》、《漢書》、《後漢書》、《三國志》、《資治通鑑》（或《通鑑紀事本末》）、《宋元明史紀事本末》、《楚辭》、《文選》、《李太白集》、《杜工部集》、《韓昌黎集》、《柳河東集》、《白香山集》。其他詞曲集，隨所好選讀數種。以上各書，無論學礦、學工程報……皆須一讀，若並此未讀，真不能認為中國學人矣。

胡、梁二位的書目當然具有相當的權威性。不過，凡具有相當國學經典專業研究水準的，開列出來的國學書目，都會有自己的某些特點。一九三二年秋，許壽裳的長子許世瑛考取了清華大學國文系，魯迅應許壽裳邀請為許世瑛開列了學習中國文學的書目（十二種）：

〔宋〕計有功《唐詩紀事》、〔元〕辛文房《唐才子傳》、〔清〕嚴可均《全上古三代秦漢三國六朝文》、丁福保《全漢三國晉南北朝詩》、〔清〕汪鎮《歷代名人年譜》、〔明〕胡應麟《少室山房筆叢》、阮元《四庫全書簡明目錄》、〔南朝〕劉義慶《世說新語》、〔五代〕王定保《唐摭言》、〔東晉〕葛洪《抱樸子外篇》、〔東漢〕王充《論衡》、〔清〕王晫《今世說》。

一九七八年十月，香港中文大學新亞書院設立「錢賓四先生學術文化講座」第一屆講座，並以「從中國歷史來看中國民族性及中國文化」為題，做第一講。錢賓四（錢穆）在講演中指出有七部書是「中國人所人人必讀的書」，因為只有七部，顯得相當精當，值得認真理解：《論語》、《孟子》、《老子》、《莊子》、《六祖壇經》、《近思錄》、《傳習錄》。

關於中國古代典籍的推薦閱讀書目，顯然有較多的共識，特別是先秦諸子及兩漢，意見比較一致。這裡所介紹的書目，基本上屬於元典，對於古典研究專業者，所需恐怕要遠遠超出其外，而對於其他專業的讀者，可能又覺得閱讀任務太重。或許我們還是可以回到上一節提出的意見上來，這些書目終歸還是「應知書」吧！

（2）推薦二十世紀以來的中國名著

中國二十世紀以來，寫作、出版空前繁榮，用汗牛充棟來形容當不為過。因而，新舊世紀之交時，選家蜂起，我在人民文學出版社和中國出版集團公司曾經先後主持過兩次「世紀之選」，一是自二〇〇四年起中國出版集團公司組織評選出版「中國文庫」，二是一九九九年人民文學出版社發起組織「百年百種優秀中國文學圖書」評選。

「中國文庫」是由中國出版集團公司組織編選，書目推薦以所屬出版社為主，同時邀約中國國內知名出版單位推薦本版書目，共同出版。文庫收選二十世紀以來中國出版的哲學社會科學研究、文學藝術創作、科學文化普及等方面的優秀著作。這些書籍，對中國百餘年來的政治、經濟、文化和社會的發展產生過積極影響，至今仍具有重讀價值，是中國讀者應知應讀的經典性、工具性名著。

文庫所選書籍分列於六個類別，即：（1）哲學社會科學類（哲學社會科學各門類學術著作）；（2）史學類（通史及專史）；（3）文學類（文學作品及文學理論著作）；（4）藝術類（藝術作品及藝術理論著作）；（5）科技文化類；（6）綜合・普及類（教育、大眾文化、少兒讀物和工具書等）。自二〇〇四年起出版，一共出了五輯，每輯計畫一百種（亦有超出），共五百一十一種。（見書後附錄2）

一九九九年，世紀之交，中國的人民文學出版社發起評選二十世紀一百種優秀中國文學圖書。評選工作分三級進行，初選由人民文學出版社全體編輯參加，複選委員會由著名中青年文學評論家組成，終選委員會由著名文學研究專家教授組成，評選過程嚴謹認真，邀約報刊媒體記者參與監督，杜絕暗箱操作。此次評選成為文學界、出版界回顧百年創作、出版的一次盛況，受到海內外報刊的關注與報導。此項評選後來形成由人民文學出版社牽頭出版的「百年百種優秀中國文學圖書」叢書，共有人民文學出版社、作家出版社、中國青年出版社、解放軍文藝出版社等聯手出版。（見書後附錄3）

也是在一九九九年，香港《亞洲週刊》也舉辦過一次二十世紀文學評選，該刊邀約全球各地的學者作家聯合評選「二十世紀中文小說一百強」。入選作品以得票多少排序，魯迅名著《吶喊》高居榜首，為世紀之冠。百部世紀小說分別出自中國大陸、臺灣地區和香港特別行政區，其中臺灣小說佔四分之一強，香港作家的作品佔十部，此榜單也具有應知應讀的價值，故亦附錄於下：

魯迅《吶喊》、沈從文《邊城》、老舍《駱駝祥子》、張愛玲《傳奇》、錢鍾書《圍城》、茅盾《子夜》、白先勇《臺北人》、巴金《家》、蕭紅《呼蘭河傳》、劉鶚《老殘遊記》、巴金《寒夜》、魯迅《徬徨》、李伯元《官場現形記》、路翎《財主底兒女們》、陳映真《將軍族》、郁達夫《沉淪》、李劼人《死水微瀾》、莫言《紅高粱》、趙樹理《小二黑結婚》、阿城《棋王》、王文興《家變》、韓少功《馬橋詞典》、吳濁流《亞細亞的孤兒》、張愛玲《半生緣》、老舍《四世同堂》、高陽《紅頂商人胡雪岩》、張恨水《啼笑因緣》、黃春明《兒子的大玩偶》、金庸《射鵰英雄傳》、丁玲《莎菲女士的日記》、金庸《鹿鼎記》、曾樸《孽海花》、賴和《惹事》、王禎和《嫁妝一牛車》、鄧克保《異域》、唐浩明《曾國藩》、鍾理和《原鄉人》、陳忠實《白鹿原》、王安憶《長恨歌》、李永平《吉陵春秋》、王力雄《黃禍》、司馬中原《狂風沙》、浩然《豔陽天》、穆時英《公墓》、李銳《舊址》、徐速《星星·月亮·太陽》、鍾肇政《臺灣人三部曲》、楊絳《洗澡》、姜貴《旋風》、孫犁《荷花澱》、西西《我城》、汪曾祺《受戒》、朱西寧《鐵漿》、朱天文《世紀末的華麗》、還珠樓主《蜀山劍俠傳》、於梨華《又見棕櫚，又見棕櫚》、賈平凹《浮躁》、王蒙《組織部來了個年輕人》、徐枕亞《玉梨魂》、施叔青《香港三部曲》、林語堂《京華煙雲》、葉聖陶《倪煥之》、許地山《春桃》、聶華苓《桑青與桃紅》、王藍《藍與黑》、柔石《二月》、徐訏《風蕭蕭》、古華《芙蓉鎮》、臺靜農《地之子》、林海音《城南舊事》、張煒《古船》、劉以鬯《酒徒》、鹿橋《未央歌》、張潔《沉重的翅膀》、師陀《果園城記》、戴厚英《人啊，人！》、王小波《黃金時代》、劉恆《狗日的糧食》、張系國《棋王》、黃凡《賴索》、蘇童《妻妾成群》、李碧華《霸王別姬》、李昂《殺夫》、古龍《楚留香》、瓊瑤《窗外》、蘇偉貞《沉默之島》、梁羽生《白髮魔女傳》、朱天心《古都》、陳若曦《尹縣長》、張大春《四喜憂國》、亦舒《喜寶》、張賢亮《男人的一半是女人》、施蟄存《將軍底頭》、倪匡《藍血人》、吳趼人《二十年目睹之怪現狀》、余華《活著》、馬原《岡底斯的誘惑》、林斤瀾《十年十癔》、無名氏《北極風情畫》、二月河《雍正皇帝》。

（3）推薦世界文學名著

文學作品一直是全民閱讀的主要書目。中國是一個文學的國度，認為文學的重要性是多方面的，是一切知識表達的基礎，各種學科閱讀均不可脫離，以致於有「文史不分家」一說，孔子說過「不學詩，無以言」，還說過「言之無文，行而不遠」，以致於古人強調閱讀，習慣於用「詩書」來代替所有讀物，更以致於長期以來存在「重文輕理」的弊端。為此，許多史學專家認為，中國的現代化進程，是從一九〇五年「文學革命」啟動的。而我們曾經經歷過的是，中國改革開放新時期的前奏之一，竟然為文學出版和文學閱讀，那就是一九七八年末啟動的人民文學出版社等出版單位日夜搶印中外文學名著，許多讀者通宵排隊爭購這些圖書。

近現代一百多年來，中國人的文學閱讀增加了新的內容，即外國文學翻譯作品。外國文學作品的閱讀在我們的閱讀生活中具有重要地位，以致於許多外國文學作品中一些典型人物成為我們社會生活中的用以形容和比照的形象，譬如莎士比亞筆下的哈姆雷特、羅密歐與茱麗葉，賽凡提斯筆下的唐吉訶德，巴爾扎克筆下的歐也妮・葛朗台，司湯達筆下的於連以及新世紀以來的哈利波特等。

進入新世紀以來，每一年的諾貝爾文學獎的得獎作家，其作品的中文版權總要成為中國出版業追逐的新寵。從圖書市場的統計來看，文學圖書通常佔到銷售圖書總量的三分之一，而外國文學圖書則會佔到文學圖書總量的二分之一強，文學暢銷書排行榜上前十位名，外國文學作品通常要佔到多半。這是中國讀者閱讀口味的真實反映，也是令中國作家感到不悅的現象，不過，這也是中國當代文學不斷受到刺激或者激勵從而不斷自強起來的外部因素。

既然外國文學閱讀在我們的閱讀生活中佔有如此重要的地位，我們有責任鄭重其事地向文學讀者推介在國際文學界和中國外國文學研究界獲得定評的一批世界文學名著，相較而言，人民文學出版社在世紀之交編選出版的「世界文學名著文庫」（見書後附錄4）是一個比較可靠的書目，我們予以特別推薦。

需要提醒的是，這個兩百種的世界文學名著書目中，有三十九種中國古代、現代文學名著，將中國文學名著列入世界名著文學文庫，展現了中國文學界、出版界的文化自信，也是中國文學作品在世界文學之林裡應該獲得的文學地位。有志於深入理解中外文學作品的讀者，倘若能將文庫所收的中外文學作品進行比較性閱讀，相信會從人類文學創作的共同規律和民族地域文學的差異性得出自己的認知。

（4）推薦漢譯世界學術名著

自十九世紀末嚴復翻譯英國人赫胥黎《天演論》（後全書譯為《進化論及倫理學》）起，以他為代表的一批啟蒙主義學者，在二十世紀上半葉譯介了一大批西方學術思想文化名著。其中商務印書館出版的「世界文庫」最具規模。

改革開放新時期以來，中國學者、翻譯家、出版家譯介西方學術思想文化著作則更是一時蔚為大觀。其中仍然是商務印書館出力最多，成就最大，其最具代表性、影響力的就是「漢譯世界學術名著叢書」。這套叢書最初確定所收書目上自古希臘，下至馬克思主義誕生的十九世紀，後隨著世界學術思想文化的演進，書目擴張到二十世紀上半葉，現已經達到六百五十種的規模。二〇〇九年，商務印書館曾經挑選出四百種，整體包裝出版，爭購者甚眾。現將「漢譯世界學術名著」叢書書目附錄於後。（見書後附錄5）

嚴格來說，做為應知書的書目，六百五十種書目是需要列出並認真瞭解的，不過，從閱讀的實際出發，我們也還可以從中選擇若干精粹書目，以便於一般讀者做一些深度閱讀。一個有一定閱讀深度和廣度的現代人文讀者，終歸是要完整閱讀一些世界人文學術著作的。為此，我從網路上搜尋到一位比較詳細介紹商務印書館這套叢書而自稱「小編」者（估計他或她就是商務館的編輯）提供的精選書目三十一種，並確認所選書目稱得上是這套叢書中的精華。為便於讀者閱讀，我將三十一種書直接列於下：

巴斯卡《思想錄》、尼采《偶像的黃昏》、黑格爾《小邏輯》、柏拉圖《理想國》、亞當・斯密《道德情操論》、福澤諭吉《文明論概略》、昂利・彭加勒《科學與方法》、毗耶娑《薄伽梵歌》、卡爾《歷史是什麼》、米涅《法國革命史》、修昔底德《伯羅奔尼薩斯戰爭史》、阿庇安《羅馬史》、塔西佗《編年史》、盧梭《懺悔錄》、白芝浩《英國憲法》、本尼迪克特《菊與刀》、韋斯特馬克《人類婚姻史》、漢密爾頓、傑伊、麥迪森《聯邦黨人文集》、馬基維利《君主論》、托克維爾《論美國的民主》、林肯《林肯選集》、韋格蒂烏斯《兵法簡述》、馬基維利《兵法》、湯瑪斯・潘恩《潘恩選集》（共四部）、門羅《早期經濟思想》、約翰・洛克《論降低利息和提高貨幣價值的後果》、戈登・塔洛克《官僚體制的政治》、薩伊《政治經濟學概論》、彼得・伯克《製造路易十四》、霍布斯《利維坦》、瑪阿里《卡布斯教誨錄》。

（5）推薦新書

我們在向讀者推薦了大量的中外經典書籍之後，有一件重要的事情絕對不該忘記，那就是建議讀者們隨時保持對新書的關注和興趣。做為一位心胸開闊、視野廣闊的當代讀者，對於當代新書的出版應當保持即時的瞭解和閱讀。

我首先建議諸位隨時留意各大書城的售書排行榜，那是一個比較客觀的當前閱讀趨勢的晴雨表。與此同時，中國豆瓣網的讀書小組打分值得玩味，那些書評均是事出有因的。在行動網路時代，用微信公眾號推薦新書，已經成為絕大多數傳統出版社的行銷手法，當技術不成問題之後，微信公眾號對於讀者的吸引力更多在於內容的撰寫。相較之下，非出版機構的讀書微信公眾號文章的撰寫似乎要勝出一籌。

我經常關注的讀書微信公眾號有「書單來了」、「不止讀書」、「十點讀書」、「新世相」、「悅悅讀書」、「羅輯思維」、「樊登讀書會」、「有書」「慈懷讀書會」等。「書單來了」對於新書的推薦最賣力，由於這個公眾號啟動較早，累積比較豐厚。「不止讀書」我在前面已經介紹過，公眾號啟動不到四年，卻已經粉絲多多，彙編成書《獨立日》眾籌出版，比較成功。

「十點讀書」的成功更為顯赫，已經進入資本運作，它的開篇語十分煽情：「有人說，這是一個浮躁的時代，也是一個閱讀匱乏的時代。從今天起，我們一起相約讀書，成為更好的自己吧！愛你／想要瞭解我更多，可以查看……」

「新世相」是最近很紅的一個公眾號，邀請明星在地鐵丟書。泛閱讀，推薦圖書也很多。「悅悅讀書」總是充滿熱情推介兒童書籍。在推介《海洋奇緣》時，拿《動物方城市》來墊背，推薦語：「沒有俗套的羅曼史，土著公主與逗趣半神的故事更老少咸宜，《海洋奇緣》PK《動物方城市》誰會贏？」接著展開《海洋奇緣》的趣味內容，做得十分用心。

「羅輯思維」則是我多次講案例課要舉到的典型案例。「羅輯思維」前兩年主要是薦書，現在集中在輔助閱讀，幫人將書讀薄，節省閱讀時間，並且在內容付費上有很多創新。「樊登讀書會」與「羅輯思維」行銷模式差不多，主要是透過高品質的圖文、音訊、視頻，結合線下讀書會，做圖書精讀，在模式上還是有很多創新的。

「有書」主要帶領讀者開展內容的泛閱讀，推薦紙本書，做了許多線上和實體閱讀社交（譬如共讀一本書）的創新。還有「慈懷讀書會」，透過內容的泛閱讀來累積粉絲，同時舉辦紙本圖書的線上和實際的精讀（共讀、領讀等社交閱讀）。

其實，目前大部分公眾號都是這種運作方式。最初微信公眾號的閱讀服務只是公益性質，或者做為引流工具，一直沒有找到商業模式，二〇一六年以來很大的變化是，一些網紅和達人，開始將閱讀產品化，變成一種高附加價值的服務，並且嘗試直接收費，獲得創新突破。未來將出現政府公共閱讀服務、民間公益閱讀推廣、傳統出版機構服務和商業閱讀服務多種形式並存的結構。這樣的結構無疑是有益於閱讀者的。我建議諸位讀者，即使經典書籍已經把家裡書櫃擺得再滿，我們也要留出一點空間來迎接新書的到來。能讀到一本新書，實在是令人激動萬分的事情。

關於推薦書目，往往陷於兩難窘境，通常是某一方面專業人士嘲笑某一專業書目不夠全面，而某一方面專業人士又抱怨書目太多，認為完全不切閱讀實際，這就使得開列書目成為兩頭不討好的事情。其實，凡事只要給出規定，就好討論是非優劣，如果是為了培養某一方面專門人才，那麼，與該專業相關的書籍都應當列出並要求閱讀；如果是為了各方面專業人才拓展專業以外的視野，那麼，這種拓展視野、增強修養的閱讀只要推薦各方面具有代表性的書目就很相宜。

對於以提高閱讀力為主旨的本書，在推薦書目方面，我們主要秉持的還是分眾原則，讀者層次不同，應知乃至應讀、必讀的書目亦應有所不同。何況，在閱讀中，讀者還可以根據自己的閱讀興趣、閱讀能力選擇不同的閱讀方法，諸如快讀、慢讀、泛讀、深讀、重讀、精讀、共讀等，總之，只要是好書，「讀」字當頭，收益自在其中。

【結語】

無論是一個人、一個群體還是一個社會，閱讀力的養成和提高，無疑是一個相當具體而又複雜的過程——說具體，是指某些具體方法一學就會；說複雜，那就一言難盡了。正因如此，閱讀力還是需要長期養成，要分出層次來具體對待，由淺入深而循序漸進。為此，自知之明告訴我，我的這本小書所開展的閱讀力討論，大約只是達到提出問題，引起討論的目的，最多也只是提供了研究閱讀力、提高閱讀力的一些思路。因為閱讀力這一論題所隱含內容的複雜程度，要遠勝於答案多元多義的「為什麼要讀書」、「怎樣讀書」一類問題。

譬如，當一位哲學教授對社區民眾讀書會有些雜亂無章的閱讀深表垂憐甚至有些鄙夷的時候，當一位飽讀之士認為完全不必追求全國人均讀書量的提高，而一個人一年裡能讀好一兩本康得、黑格爾、福柯才是做學問正路的時候，我們要問，那一群又一群的媽媽們組成的親子繪本讀書會，帶著自己的孩子其樂融融地沉浸在花花書世界，那一個又一個農村進城工作人員一面啃著饅頭燒餅，一面捧著《平凡的世界》或者《明朝那些事兒》想入非非，又算得上是一種什麼樣的閱讀力呢？不用說，閱讀力這件事情足夠複雜，寄希望一本小書把複雜的閱讀力解釋清楚都很難，何況想藉助閱讀一本書來養成和提高閱讀力，顯然是非分之想。

然而，我們終歸要對閱讀力有一個基本的認識。要認識到閱讀力較之於讀不讀書這樣的事情更為重要，更為觸及閱讀這件事情的本質。對於一個有志於閱讀的閱讀者，尤其是那種潛在的還在努力中的閱讀者，早些知道養成閱讀力乃授之以漁的務本之事，一定有利於他們以應有的深沉態度來迎接未來的閱讀生活。

閱讀是人的基本權利，閱讀力的養成和提高也是一個人的基本權利。一如現實生活中的衣食住行，可以各有所好，不必相互歧視，更無須相互攻擊。我知道這樣的比喻再膚淺簡單不過，但至少可以說明，在事關人的基本權利的一些事情上，我們需要對個體更多的尊重、更多的平等、更多的就事論事、更多的理解。

譬如在閱讀力這件事情上，就有幼兒閱讀力、小學生閱讀力、中學生閱讀力、大學生閱讀力乃至專家學者閱讀力之分，即便是專家學者，「術業有專攻」，往往隔行如隔山，再了不起的所謂通才，也不可能無所不通。舉凡一個正常發展的社會，社會的閱讀就應當包括社會各個階層的經歷，社會的閱讀力就應當是一種多層結構狀態。既然如此，那種居高臨下的精英主義和背對精英的民粹主義的閱讀價值觀都是一種階層的偏見和任性。

為此，我們要說，閱讀是平等的，關於閱讀力的討論也是平等的。

從我參加的二〇一六年中國北京閱讀季的五場論壇來看，有談分眾閱讀與閱讀推廣的未來，有談從好書和好作者開始的閱讀，有對全民閱讀傳播的探討，有對公共空間在全民閱讀語境下的多種可能性的討論，還有政府文化部門負責人討論如何服務全民閱讀，無疑涉及的層次是多方面的，但所有這些主題安排都是以一種平等態度來對待的，並沒有此高彼低的問題。

而從我參加評選的二〇一六中國深圳讀書月華文領讀者大獎來看，更是混搭得厲害。就拿項目獎來說，獲得提名的既有佑貝親子圖書館，又有後院讀書會哲學「席明納」，前者已經服務於數十個城市的社區閱讀，聚集著媽媽寶寶閱讀新一代；後者聚集著一群中青年讀書人，他們讀哲學，而且提倡哲學「席明納」，即要求每一位成員都應當成為哲學閱讀的主體，要求大家愛讀、能讀、能懂、能講，據說其中一些有條件的會員還曾經沿著大哲學家康得的足跡一路踏勘。你能從這兩種類型（還有更多類型）的讀書項目中評出最佳來嗎？顯然，這是一個兩難甚至多難的問題。最後，評委會基於深圳讀書月已經推廣十七年，應當注意引導更多的閱讀者向更高閱讀水準提高的願望，把大獎授予後院讀書會哲學「席明納」，只能說這是評委會良好願望的表達，這當中並不存在此高彼低的關係。

有鑑於上述種種實踐和思考，我們愈發明白，閱讀價值是兩難甚至是多難的，一個人的閱讀力是一個階段累積的過程，一個社會的閱讀力是一個多元累加的結構。

最後，我還想發表一點感想，那就是：閱讀就是閱讀，離開閱讀來培養閱讀力、評判閱讀力就會落於緣木求魚的尷尬境地。閱讀者最終還是要透過閱讀實踐來提高自己的閱讀力。正如一個人學習游泳一樣，不可能只在岸上按照要領比畫就能學會。何況閱讀還是一件個體差異性比較大的事情，單就對一本書喜歡與不喜歡就千差萬別，更何況還有不同文化層次閱讀者之間無法比較的不同閱讀力。

閱讀方法在這裡只能提供一些知識一些幫助。所以，在做了那麼多提高閱讀力的討論之後，我們還是要回到具體的事物上來。無論是閱讀文學經典還是閱讀哲學名著，只有按照各自門類的閱讀方法循序漸進去讀，我們才會讀得好一些；只有在各自門類的閱讀上堅持讀下去，我們才會讀得越來越多；只有越來越多的閱讀，我們才會讀得越來越深，閱讀力也就在這個過程中得到真正的提升。

二〇一六年十一月三十日於北京民旺園

附錄

FEDERAL SUPPLEMENT
587
644
645
FEDERAL SUPPLEMENT 656
FEDERAL SUPPLEMENT 657
FEDERAL SUPPLEMENT 658
FEDERAL SUPPLEMENT 659
FEDERAL SUPPLEMENT 660
FEDERAL SUPPLEMENT 661
FEDERAL SUPPLEMENT 673
FEDERAL SUPPLEMENT 674
675
676
677
678

【附錄】

1、「中學生語文新課標課外文學名著必讀叢書」書目

簡體書名	作者	繁體書名	臺灣出版社
紅樓夢（上下）	曹雪芹、高鶚 著	紅樓夢（上下）	聯經出版公司
中國古代寓言故事	柳耀華 編寫	中國寓言故事	九歌出版社
孟子選注	李炳英 選注	孟子今註今譯（新版）	臺灣商務印書館 史次耘 著 王雲五 註譯
小學生必背古詩70篇	張雙平 注釋		
論語通譯	徐志剛		
談美書簡	朱光潛		
歐·亨利短篇小說精選	[美]歐·亨利 著 王永年 譯		
西廂記	王實甫	西廂記	里仁書局
魯濱遜漂流記	[英]笛福 著 徐霞村 譯	魯濱遜漂流記	立村文化 盧相如 譯
泰戈爾詩選	[印度]泰戈爾 著 冰心、石真、鄭振鐸 譯	泰戈爾詩選	海鴿 徐翰林 譯

普希金詩選	［俄］普希金 著 盧永 選編	普希金詩選	桂冠 馮春……等譯
朝花夕拾	魯迅	魯迅精選集之朝花夕拾	豐閣
匹克威克外傳（上下）	［英］狄更斯 著 莫雅平 譯	匹克威克外傳（上下）	
魯迅雜文精選	魯迅	魯迅經典作品精選	臺灣商務
雷雨	曹禺	雷雨	遠東
邊城	沈從文	邊城	臺灣商務
莫泊桑短篇小說精選	［法］莫泊桑 著 趙少侯 譯	莫泊桑短篇小說精選	理得出版 管家琪／改寫
茶館	老舍	茶館	香港中文大學
格林童話精選	［德］格林兄弟 著 司馬仝 譯	精選格林童話	臺灣商務
芙蓉鎮	古華		
朱自清散文精選	朱自清	朱自清全集	世一
伊索寓言精選	［古希臘］伊索 著 羅念生……等譯	伊索寓言全集	聯廣 聯廣圖書公司編輯部譯
莊子選譯	陸永品 譯注	新譯莊子讀本	三民
高中生必背古詩文40篇	吳建民 注釋	高中生必背古詩文40篇	
歌德談話錄	［德］愛克曼輯錄 朱光潛 譯	哥德對話錄	臺灣商務，作者：周學普／譯
吶喊	魯迅	吶喊	百花文藝出版社

成語故事	李新武 編寫	成語故事精選（全套三冊）	世一 陳秀玟……等著
初中生必背古詩文50篇	王峰、馬奔騰 注釋	初中生必背古詩文50篇	
安徒生童話精選	[丹麥]安徒生 著 葉君健 譯	安徒生童話精選集	韋伯文化國際出版有限公司
塵埃落定	阿來	塵埃落定	宏文館
歐也妮．葛朗台	[法]巴爾扎克 著 張冠堯 譯		
繁星春水	冰心		
中外神話傳說	田新利 編選		
名人傳	[法]羅曼．羅蘭 著 張冠堯、艾珉 譯		
巴黎聖母院	[法]雨果 著 陳敬容 譯	巴黎聖母院	明田 何佩群 編著
契訶夫短篇小說精選	[俄]契訶夫 著 汝龍 譯	契訶夫小說選	桂冠
歷史的天空	徐貴祥		
駱駝祥子	老舍	駱駝祥子	三聯
女神	郭沫若		
克雷洛夫寓言精選	[俄]克雷洛夫 著 屈洪、嶽岩 譯		
二十世紀中國短篇小說精選	白燁、秦弓 編選		
二十世紀中國散文精選	周茜 編選		

二十世紀外國散文精選	鄒海侖 選編		
文學名著導讀（小學初中版）	葉君健……等編著		
二十世紀外國短篇小說精選	王向遠 編選		
二十世紀中國詩歌精選	沈慶利 編選		
文學名著導讀（高中版）	錢理群……等著		
二十世紀中國戲劇精選	鄒紅 編選		
復活	［俄］列夫・托爾斯泰 著 汝龍 譯	復活	木馬文化 草嬰 著
哈姆萊特	［英］莎士比亞 著 朱生豪譯	哈姆雷特	世界書局
外國歷史故事精選	張冬梅選編		
中國歷史故事精選	吳豔 選編		
外國短篇童話精選	廉芹 選編		
海底兩萬里	［法］儒勒・凡爾納著 趙克 非譯	海底兩萬里	木馬文化 李達達 改寫
外國民間故事精選	嶽凱 選編		
中國民間故事精選	李智慧 選編		
賈平凹散文精選	賈平凹		
老人與海	海明威 著 李育超 譯	老人與海	臺灣東方
平凡的世界（1～3）	路遙		
中國短篇童話精選	吳勇 選編		
小兵張嘎	徐光耀		

城南舊事	林海音	城南舊事	爾雅
稻草人	葉聖陶		
小學、初中新課標文學名著助讀	李建洛		
中國童謠精選	葉顯林		
兒童詩歌精選	譚旭東		
中國現代寓言故事	安武林		
革命烈士詩歌選讀	王毅		
簡・愛	［英］夏洛蒂・勃朗特 著 吳鈞燮 譯	簡・愛	臺灣商務 張玄竺 譯
寶葫蘆的祕密	張天翼		
小學優秀古詩背誦指定篇目（75篇）	楊春俏 徐德琳 編著		
初中優秀古詩文背誦指定篇目（61篇）	楊春俏		
艾青詩選	王曉 編選		
格列佛遊記	［英］斯威夫特 著 劉春芳 譯	格列佛遊記	正中 馬昱旻 譯

2、「中國文庫」書目

第一輯

哲學社會科學類

簡體書名	作者	出版單位	繁體書名	台灣出版社
馬克思主義哲學綱要	韓樹英	人民出版社		
中國哲學史新編	馮友蘭	人民出版社		
中國哲學史大綱（上）	胡適	東方出版社		
科學與哲學	張東蓀	商務印書館		
知識論	金嶽霖	商務印書館		
法相唯識學	太虛	商務印書館		
大眾哲學	艾思奇	人民出版社		
中國倫理學史	蔡元培	商務印書館		
中國近三百年學術史	梁啟超	東方出版社		
西方美學史	朱光潛	人民文學出版社		
通貨新論	馬寅初	商務印書館		
資本主義的起源	厲以寧	商務印書館		
改革：我們正在過大關	吳敬璉	生活・讀書・新知三聯書店		

發展的道理	樊綱	生活・讀書・新知三聯書店		
價值體系的歷史選擇	李從軍	人民出版社		
漢語史稿	王力	中華書局		
音韻叢稿	何九盈	商務印書館		
中國修辭學史	周振甫	商務印書館		
中國翻譯簡史	馬祖毅	中國對外翻譯出版公司		

史學類

簡體書名	作者	出版單位	繁體書名	臺灣出版社
世界通史	崔連仲、劉明翰……等	人民出版社	世界通史	三民書局 王曾才 著
中國通史	范文瀾、蔡美彪……等	人民出版社	中國通史	大中國 傅樂成 著
簡明清史	戴逸	人民出版社		
中國近代史	李侃……等	中華書局	中國近代史	三民書局 蔣廷黻 著
隋唐制度淵源略論稿・唐代政治史述論稿	陳寅恪	生活・讀書・新知三聯書店		

萬曆十五年	黃仁宇	生活·讀書·新知三聯書店		
中國疆域沿革史	顧頡剛、史念海	商務印書館		
朱元璋傳	吳晗	人民出版社	朱元璋傳	里仁書局 吳含 著
雍正傳	馮爾康	人民出版社	雍正傳	臺灣商務 馮爾康 著

文學類

簡體書名	作者	出版單位	繁體書名	臺灣出版社
魯迅選集	魯迅	人民文學出版社	魯迅選集	百花文藝出版社
郭沫若選集	郭沫若	人民文學出版社		
茅盾選集	茅盾	人民文學出版社		
巴金選集	巴金	人民文學出版社		
老舍選集	老舍	人民文學出版社	老舍短篇小說選集	好讀出版有限公司
曹禺選集	曹禺	人民文學出版社		
朱自清選集	朱自清	人民文學出版社	朱自清精品集	風雲時代
徐志摩選集	徐志摩	人民文學出版社	徐志摩全集	世一
蕭紅選集	蕭紅	人民文學出版社		
冰心選集	冰心	人民文學出版社		
趙樹理選集	趙樹理	人民文學出版社		

郁達夫選集	郁達夫	人民文學出版社		
沈從文小說選	沈從文	人民文學出版社	沈從文小說選	洪範，彭小妍編
子夜	茅盾	人民文學出版社	子夜	里仁書局
家	巴金	人民文學出版社		
倪煥之	葉聖陶	人民文學出版社		
圍城	錢鍾書	人民文學出版社	圍城	大地
財主底兒女們	路翎	人民文學出版社		
太陽照在桑乾河上	丁玲	人民文學出版社		
暴風驟雨	周立波	人民文學出版社		
青春之歌	楊沫	中國青年出版社		
林海雪原	曲波	人民文學出版社		
紅旗譜	梁斌	中國青年出版社		
紅日	吳強	中國青年出版社		
冬天裡的春天	李國文	人民文學出版社		
沉重的翅膀	張潔	人民文學出版社		
活動變人形	王蒙	人民文學出版社		
白鹿原	陳忠實	人民文學出版社		
毛澤東詩詞選	毛澤東	人民文學出版社		
艾青詩選	艾青	人民文學出版社		
賀敬之詩選	賀敬之	人民文學出版社		
郭小川詩選	郭小川	人民文學出版社		

余光中詩選	余光中	中國青年出版社	余光中詩選	洪範
沈從文散文選	沈從文	人民文學出版社	沈從文著作選	臺灣商務
白洋淀紀事	孫犁	人民文學出版社		
可愛的中國	方志敏	人民文學出版社		
隨想錄	巴金	生活·讀書·新知三聯書店		
文化苦旅	余秋雨	東方出版中心		
歐洲文論簡史	伍蠡甫、翁義欽	人民文學出版社		
歐洲文學史	楊周翰、吳達元、趙蘿蕤	人民文學出版社		
中國文學史	游國恩……等	人民文學出版社		

藝術類

簡體書名	作者	出版單位	繁體書名	臺灣出版社
中國繪畫斷代史	李松、顧森、陳綬祥……等	人民美術出版社		
中國古建築二十講	樓慶西	生活·讀書·新知三聯書店		
外國古建築二十講	陳志華	生活·讀書·新知三聯書店		
希臘羅馬美術史話	章利國	人民美術出版社		
義大利美術史話	劉人島	人民美術出版社		

法國美術史話	高天民	人民美術出版社		
英國美術史話	李建群	人民美術出版社		
德國美術史話	徐沛君	人民美術出版社		
俄羅斯美術史話	奚靜之	人民美術出版社		
美國美術史話	王瑞芸	人民美術出版社		
印度美術史話	王鏞	人民美術出版社		
日本美術史話	劉曉路	人民美術出版社		
現代派美術史話	崔慶忠	人民美術出版社		
中國古代音樂史稿	楊蔭瀏	人民音樂出版社		
中國音樂美學史	蔡仲德	人民音樂出版社		
百年漫畫（上下卷）	黃遠林	現代出版社		

科技文化類

簡體書名	作者	出版單位	繁體書名	台灣出版社
20世紀科學技術簡史	李佩珊　許良英	科學出版社		
中國考古學——走進歷史真實之道	張忠培	科學出版社		
科學的魅力	余翔林	科學出版社		
科學的未來	余翔林	科學出版社		
科學的挑戰	余翔林	科學出版社		
科學的前沿	余翔林	科學出版社		

綜合／普及類

簡體書名	作者	出版單位	繁體書名	台灣出版社
經典常談	朱自清	生活・讀書・新知三聯書店		
美學四講	李澤厚	生活・讀書・新知三聯書店		
經書淺談	楊伯峻……等	中華書局		
語文閒談	周有光	生活・讀書・新知三聯書店		
中國歷史名城	陳橋驛	中國青年出版社		
文化古城舊事	鄧雲鄉	中華書局		
中國字典史略	劉葉秋	中華書局		
中國錢幣史話	汪聖鐸	中華書局		
孔子說——仁者的叮嚀	蔡志忠	生活・讀書・新知三聯書店		

第二輯

哲學社會科學類

簡體書名	作者	出版單位	繁體書名	臺灣出版社
馬克思主義哲學史	黃楠森	北京出版社		
中國哲學發展史（先秦、秦漢、魏晉南北朝、隋唐）	任繼愈 主編	人民出版社		
中國佛教哲學要義（上下）	方立天	中國人民大學出版社		
中國哲學史方法論發凡	張岱年	中華書局		
基督教哲學 1500 年	趙敦華	人民出版社		
海德格爾哲學概論	陳嘉映	生活·讀書·新知三聯書店		
現象學及其效應	倪梁康	生活·讀書·新知三聯書店		
東西文化及其哲學	梁漱溟	商務印書館		
中國文化概論（修訂版）	張岱年、方克立	北京師範大學出版社		
形式邏輯	金岳霖 主編	人民出版社		
論邏輯經驗主義	洪謙	商務印書館		

德國古典美學	蔣孔陽	商務印書館		
美學概論	王朝聞 主編	人民出版社		
兩漢經學今古文評議	錢穆	商務印書館		
漢代學術史略	顧頡剛	東方出版社		
中國近代經濟史	汪敬虞	人民出版社		
中國資本主義發展史（上中下）	許滌新、吳承明主編	人民出版社		
中國政治制度通史（10卷）	白鋼	人民出版社		
中國官僚政治研究	王亞南	中國社會科學出版社		
江村經濟	費孝通	商務印書館		
微觀經濟學縱橫談	梁小民	生活·讀書·新知三聯書店		
用辨證的眼光看市場經濟	董輔礽	生活·讀書·新知三聯書店		
刑法學原理（上中下）	高銘暄……等	中國人民大學出版社		
物權法研究	王利明	中國人民大學出版社		
漢語現象論	叢啟功	中華書局		

語法修辭講話呂叔湘遼寧教育出版社				
啟功講學錄啟功北京師範大學出版社				
中國學術思想史隨筆	曹聚仁	生活·讀書·新知三聯書店		
外國教育史（上下）	王天一	北京師範大學出版社		
當代翻譯理論	劉宓慶	中國對外翻譯出版公司		

史學類

簡體書名	作者	出版單位	繁體書名	台灣出版社
美國通史（1～6）	劉緒貽、楊生茂主編	人民出版社		
阿拉伯通史（上下）	納忠	商務印書館		
中國史綱要（上下）	翦伯贊 主編	人民出版社		
先秦諸子系年	錢穆	商務印書館		
毛澤東年譜（上中下）	逄先知 主編	中央文獻出版社		

從鴉片戰爭到五四運動（簡本）	胡繩	人民出版社		
中國民族關係史綱	翁獨健	中國社會科學出版社		
中國人口史（1~6）	葛劍雄 主編	復旦大學出版社		
中國婚姻史稿	陳鵬	中華書局		
秦始皇傳	張分田	人民出版社	秦始皇傳	台灣商務 張分田 著
唐太宗傳	田昌五……等主編	人民出版社	唐太宗傳	台灣商務 趙克堯、許道勛 著

文學類

簡體書名	作者	出版單位	繁體書名	台灣出版社
丁玲選集	丁玲	人民文學出版社		
戴望舒選集	戴望舒	人民文學出版社		
沙汀選集	沙汀	人民文學出版社		
艾蕪選集	艾蕪	人民文學出版社		
林徽因選集	林徽因	人民文學出版社		
駱駝祥子	老舍	人民文學出版社	駱駝祥子	三聯
懶尋舊夢錄（增補本）	夏衍	生活·讀書·新知三聯書店		

胡風回憶錄	胡風	人民文學出版社		
保衛延安	杜鵬程	人民文學出版社		
野火春風斗古城	李英儒	人民文學出版社		
上海的早晨（1～4）	周而復	人民文學出版社		
烈火金剛	劉流	中國青年出版社		
一代風流	歐陽山	人民文學出版社		
創業史	柳青	中國青年出版社		
李自成（第一卷・上下）	姚雪垠	中國青年出版社		
青春萬歲	王蒙	人民文學出版社		
將軍吟	莫應豐	人民文學出版社		
野葫蘆引・南渡記	宗璞	人民文學出版社		
野葫蘆引・東藏記	宗璞	人民文學出版社		
鐘鼓樓	劉心武	人民文學出版社		
塵埃落定	阿來	人民文學出版社		
白門柳（上中下）	劉斯奮	中國青年出版社		
梁遇春散文選	梁遇春	人民文學出版社		
孫犁散文選	孫犁	人民文學出版社		
季羨林散文選	季羨林	人民文學出版社		
周濤散文選	周濤	人民文學出版社		
史鐵生散文選	史鐵生	人民文學出版社		

北京乎（上下）	薑德明 編	生活・讀書・新知三聯書店		
臧克家詩選	臧克家	人民文學出版社		
舒婷的詩	舒婷	人民文學出版社		
海子的詩	海子	人民文學出版社		
張天翼童話選	張天翼	人民文學出版社		
高士其童話選	高士其	人民文學出版社		
中國俗文學史	鄭振鐸	商務印書館		
中國魯迅學通史	張夢陽	廣東教育出版社		
論《紅樓夢》的思想	馮其庸	黑龍江教育出版社		
中國現代小說史（1～3）	楊義	人民出版社		

藝術類

簡體書名	作者	出版單位	繁體書名	台灣出版社
歐洲音樂史	張洪島 主編	人民音樂出版社		
中國近現代音樂史（第二次修訂版）	汪毓和	人民音樂出版社		
西方美術史話	遲軻	中國青年出版社		
東方美術史話	范夢	中國青年出版社		

西歐戲劇史（上下）	廖可兑	中國戲劇出版社		
中國京劇史（1－4）	北京／上海藝術研究所 編	中國戲劇出版社		
百年中國電影理論文選（上下）	丁亞平 主編	文化藝術出版社		
齊白石的一生	張次溪	人民美術出版社		
我負丹青	吳冠中	人民文學出版社		
侯寶林相聲精品集	王文章 主編	文化藝術出版社		

科技文化類

簡體書名	作者	出版單位	繁體書名	臺灣出版社
世界數學通史（上下）	梁宗巨	遼寧教育出版社		
科學之旅路	甬祥	遼寧教育出版社		
中國地理學史	王成組	商務印書館		
歷史地理學四論	侯仁之	科普出版社		
萬古奇觀——彗木大碰撞及其留給人類的思考	卞德培 編著	科普出版社		
華羅庚的數學生涯	王元、楊德莊	科學出版社		

綜合／普及類

簡體書名	作者	出版單位	繁體書名	臺灣出版社
文心	夏丏尊、葉聖陶	生活・讀書・新知三聯書店		
西諦書話	鄭振鐸	生活・讀書・新知三聯書店		
談美書簡社	朱光潛	人民文學出版		
毛澤東的讀書生活（增訂本）	龔育之……等著	生活・讀書・新知三聯書店		
在語詞的密林裡	陳原	生活・讀書・新知三聯書店		
閱讀城市	張欽楠	生活・讀書・新知三聯書店		
中國七大古都	陳橋驛、譚其驤……等	中國青年出版社		
莊子說	蔡志忠 編繪	生活・讀書・新知三聯書店	莊子說	明日工作室

第三輯

哲學社會科學類

簡體書名	作者	出版單位	繁體書名	台灣出版社
毛澤東的五篇哲學著作	人民出版社編輯部	人民出版社		
論道	金嶽霖	中國人民大學出版社		
中國政治史	周谷城	中華書局		
中國思想通史（1~5）	侯外廬、趙紀彬、杜國庠	人民出版社		
中國近百年政治史（1840-1926年）	李劍農	復旦大學出版社	中國近百年政治史（1840-1926年）	臺灣商務印書館
中國文化史	柳詒徵	東方出版中心	中國文化史	臺灣商務印書館
中國文化與中國的兵	雷海宗	商務印書館		
中國法律與中國社會	瞿同祖	中華書局		
20世紀西方哲學東漸史（1~4）	湯一介	首都師範大學出版社		
老莊新論	陳鼓應	商務印書館	老莊新論	五南文化
通俗哲學	韓樹英	中國青年出版社		

晚清政治思想史論	王爾敏	廣西師範大學出版社		
中國傳統政治哲學	周桂鈿	河北人民出版社		
哲學通論（修訂版）	孫正聿	復旦大學出版社		
簡帛古書與學術源流	李零	生活・讀書・新知三聯書店		
中國反貪史（1～2）	王春瑜	四川人民出版社		
中國現代化歷程（1～3）	虞和平	江蘇人民出版社		
競爭法論	徐士英	世界圖書出版公司		
金翼	林耀華	生活・讀書・新知三聯書店		
馬氏文通	馬建忠	商務印書館		
乾嘉學派研究	陳祖武 朱彤窗	河北人民出版社		
科學翻譯學	黃忠廉 李亞舒	中國對外翻譯出版公司		
禪宗思想淵源	吳言生	中華書局		

史學類

簡體書名	作者	出版單位	繁體書名	台灣出版社
毛澤東自述	馬連儒、柏裕江編	人民出版社		
周恩來年譜（1898-1949）	中共中央文獻研究室	中央文獻出版社		
周恩來年譜（1949~1976）	中共中央文獻研究室	中央文獻出版社		
鄧小平年譜（1975~1997）（1~2）	中共中央文獻研究室	中央文獻出版社		
中國史稿	郭沫若	人民出版社		
中國上古史研究講義	顧頡剛	中華書局		
清史講義	孟森	中華書局		
中國史學史	金毓黻	商務印書館		
唐代長安與西域文明	向達	河北教育出版社		
中國古代社會	何茲全	北京師範大學出版社		
中國民族史	林惠祥	商務印書館		
中國回回民族史（1~2）	白壽彝	中華書局		

蒙古祕史	余大均 譯注	河北人民出版社		
中華人民共和國簡史	金春明	中共黨史出版社		
北宋政治改革家——王安石	鄧廣銘	生活·讀書·新知三聯書店		
武則天傳	雷家驥	人民出版社	武則天傳	臺灣商務 王壽南 著

文學類

簡體書名	作者	出版單位	繁體書名	臺灣出版社
胡適選集	胡適	吉林人民出版社	胡適著作選	臺灣商務 耿雲志 著
廢名選集	廢名	人民文學出版社		
陳映真選集	陳映真	生活·讀書·新知三聯書店		
京華煙雲（1~2）	林語堂	現代教育出版社	京華煙雲（1~2）	遠景
大波（1~3）	李劼人	人民文學出版社		
六十年的變遷（1~3）	李六如	人民文學出版社		
小城春秋	高雲覽	人民文學出版社		
苦菜花	馮德英	人民文學出版社		
黃河東流去	李準	人民文學出版社		

平凡的世界（1~3）	路遙	人民文學出版社		
芙蓉鎮	古華	人民文學出版社		
浮躁	賈平凹	人民文學出版社		
綠化樹	張賢亮	人民文學出版社		
曾國藩（1~3）	唐浩明	人民文學出版社		
古船	張煒	人民文學出版社		
第二十幕（1~3）	周大新	人民文學出版社		
劉以鬯小說集	劉以鬯	百花文藝出版社		
金牧場	張承志	人民文學出版社		
紅高粱家族	莫言	人民文學出版社	紅高粱家族	洪範
夢家詩集	陳夢家	中華書局		
穆旦詩文集（1~2）	穆旦	人民文學出版社		
周作人散文選集	周作人	人民文學出版社		
何其芳散文選集	何其芳	百花文藝出版社		
上海屋簷下·法西斯細菌	夏衍	人民文學出版社		
風雪夜歸人闖江湖	吳祖光	人民文學出版社		
王國維文學論三種	王國維	商務印書館		
中國小說史略	魯迅	人民文學出版社		
現代中國文學史	錢基博	中國人民大學出版社		

中國文學批評／中國散文概論	方孝嶽	生活・讀書・新知三聯書店		
咀華集咀華二集	李健吾	人民文學出版社		
魯迅與中國文化	林非	南開大學出版社		
唐代科舉與文學	傅璇琮	陝西人民出版社		
中國詩學	葉維廉	人民文學出版社		
迦陵論詩叢稿	葉嘉瑩	中華書局		
臺灣文學史（1~3）	劉登翰、莊明萱	現代教育出版社		

藝術類

簡體書名	作者	出版單位	繁體書名	台灣出版社
中國建築史	梁思成	百花文藝出版社		
中國雕塑史	梁思成	百花文藝出版社		
中國戲曲概論	吳梅	中國人民大學出版社		
中國戲曲通史（1~3）	張庚 郭漢城	中國戲劇出版社		
黃賓虹談藝錄	南羽	河南美術出版社		
張大千談藝錄	陳滯冬	河南美術出版社		
存天閣談藝錄	劉海粟	中國青年出版社		
徐悲鴻一生	廖靜文	中國青年出版社		

我讀石濤畫語錄	吳冠中	榮寶齋出版社		
中國繪畫史	陳師曾	中國人民大學出版社		
漫畫漫話（1~2）	華君武	河北教育出版社		
中國音樂美學史資料注譯（增訂版）（1~2）	蔡仲德 注譯	人民音樂出版社		
中國書法史（1~7）	叢文俊	江蘇教育出版社		

科技文化類

簡體書名	作者	出版單位	繁體書名	台灣出版社
中國古代星占學	盧央	中國科學技術出版社		
中國古代曆法	張培瑜……等	中國科學技術出版社		
中國古代天文學思想	陳美東	中國科學技術出版社		
天學真原	江曉原	遼寧教育出版社		
中國傳統數學思想史	郭金彬、孔國平	科學出版社		

綜合／普及類

簡體書名	作者	出版單位	繁體書名	臺灣出版社
弘一法師書信	林子清	生活・讀書・新知三聯書店		
三松堂自序	馮友蘭	人民出版社		
所思	張申府	生活・讀書・新知三聯書店		
讀書隨筆（1~3）	葉靈鳳	生活・讀書・新知三聯書店		
順生論	張中行	中華書局		
北斗京華	周汝昌	中華書局		
江浙訪書記	謝國楨	生活・讀書・新知三聯書店		
編輯憶舊	趙家璧	生活・讀書・新知三聯書店		
詩詞例話	周振甫	中國青年出版社		

第四輯

哲學社會科學類

簡體書名	作者	出版單位	繁體書名	臺灣出版社
中國倫理思想研究	張岱年	江蘇教育出版社		
中國古代哲學的邏輯發展	馮契	東方出版中心		
魏晉玄學論稿（增訂版）	湯用彤	生活・讀書・新知三聯書店		
易學哲學史	朱伯崑	昆侖出版社		
儒家辯證法研究	龐樸	中華書局		
唯物辯證法大綱	李達	人民出版社		
郭象與魏晉哲學（增訂本）	湯一介	北京大學出版社		
邏輯經驗主義的認識論	江天驥	武漢大學出版社		
當代西方科學哲學	李澤厚	生活・讀書・新知三聯書店		
中國古代思想史論	李澤厚	生活・讀書・新知三聯書店		
中國近代思想史論	李澤厚	生活・讀書・新知三聯書店		

中國現代思想史論	李澤厚	生活・讀書・新知三聯書店		
思・史・詩——現象學和存在哲學研究	葉秀山	人民出版社		
中國思想史	葛兆光	復旦大學出版社		
有無之境	陳來	生活・讀書・新知三聯書店		
中國社會主義經濟問題研究	薛暮橋	人民出版社		
社會主義經濟論稿	孫冶方	中國大百科全書出版社		
中國經濟體制改革的模式研究	劉國光	中國社會科學出版社		
農業與工業化	張培剛	華中科技大學版社		
財政信貸綜合平衡導論	黄達	中國人民大學出版社		
非均衡的中國經濟	厲以寧	中國大百科全書出版社		
論競爭性市場體制	吴敬璉、劉吉瑞	中國大百科全書出版社		
中國奇蹟：回顧與展望	林毅夫	北京大學出版社		

版權法（修訂本）	鄭成思	中國人民大學出版社		
國際法	周鯁生	武漢大學出版社		
國際私法新論	韓德培	武漢大學出版社		
刑法哲學	陳興良	中國政法大學出版社		
法理學（第二版）	沈宗靈、張文顯	高等教育出版社		
民法解釋學	梁慧星	法律出版社		
民俗學概論	鍾敬文	上海文藝出版社		
中國心理學史	高覺敷	人民教育出版社		
心理學簡劄	潘菽	人民教育出版社		
冷眼向洋	資中筠……等	生活·讀書·新知三聯書店		

史學類

簡體書名	作者	出版單位	繁體書名	台灣出版社
中國文明的起源	夏鼐	中華書局		
中國古代文明研究	李學勤	華東師範大學出版社		
甲骨文字釋林	于省吾	中華書局		
西歐封建經濟形態研究	馬克垚	中國大百科全書出版社		

魏晉南北朝論叢	唐長孺	中華書局		
東晉門閥政治	田余慶	北京大學出版社		
宋代經濟	史漆俠	中華書局		
西夏史稿	吳天墀	廣西師範大學出版社		
明代的軍屯	王毓銓	中華書局		
太平天國史	羅爾綱	中華書局		
第二次鴉片戰爭	蔣孟引	生活·讀書·新知三聯書店		
辛亥革命史	章開沅	中國大百科全書出版社		
轉折年代——中國的1947年	金沖及	生活·讀書·新知三聯書店		
現代化新論——世界與中國的現代化進程（增訂本）	羅榮渠	商務印書館		
糖史	季羨林	江西教育出版社		
長水集	譚其驤	人民出版社		
走出中世紀（增訂本）	朱維錚	復旦大學出版社		

文學類

簡體書名	作者	出版單位	繁體書名	台灣出版社
馬烽小說選	馬烽	作家出版社		
周立波小說選	周立波	湖南文藝出版社		
瑪拉沁夫小說選	瑪拉沁夫	作家出版社		
王願堅小說選	王願堅	中國青年出版社		
李準小說選	李準	人民文學出版社		
王蒙小說選	王蒙	人民文學出版社		
汪曾祺小說選	汪曾祺	人民文學出版社		
林斤瀾小說選	林斤瀾	人民文學出版社		
李國文小說選	李國文	人民文學出版社		
鄧友梅小說選	鄧友梅	人民文學出版社		
陸文夫小說選	陸文夫	江蘇文藝出版社		
高曉聲小說選	高曉聲	江蘇文藝出版社		
茹志鵑小說選	茹志鵑	江蘇文藝出版社		
王安憶小說選	王安憶	人民文學出版社		
鐵凝小說選	鐵凝	人民文學出版社		
史鐵生小說選	史鐵生	人民文學出版社		
聞捷詩選	聞捷	人民文學出版社		
昌耀詩選人民	昌耀	文學出版社		
食指詩選	食指	人民文學出版社		
天安門詩抄	童懷周	人民文學出版社		

朦朧詩選	楊克、陳亮 編選	中國青年出版社		
楊朔散文選	楊朔	人民文學出版社		
秦牧散文選	秦牧	人民文學出版社		
劉白羽散文選	劉白羽	人民文學出版社		
蕭乾散文選	蕭乾	人民文學出版社		
柯靈散文選	柯靈	人民文學出版社		
楊絳散文選	楊絳	人民文學出版社		
賈平凹散文選	賈平凹	人民文學出版社		
邵燕祥散文選	邵燕祥	人民文學出版社		
1949~2009劇作選	老舍……等著	人民文學出版社		
1949~2009報告文學選	劉白羽……等著	人民文學出版社		
1949~2009兒童文學選	冰心……等著	中國青年出版社		
周揚文論選	周揚	人民文學出版社		
陳湧文論選	陳湧	人民文學出版社		
張光年文論選	張光年	人民文學出版社		
唐弢文論選	唐弢	人民文學出版社		
王瑤文論選	王瑤	人民文學出版社		
錢谷融文論選	錢谷融	上海文藝出版社		
王元化文論選	王元化	上海文藝出版社		
蔡儀美學文選	蔡儀	河南文藝出版社		
1949~2009文論選	錢鍾書……等著	人民文學出版社		

藝術類

簡體書名	作者	出版單位	繁體書名	臺灣出版社
歐洲繪畫史	邵大箴	上海人民美術出版社		
中國繪畫美學史	陳傳席	人民美術出版社		
中國工藝美術史	田自秉	東方出版中心		
中國書畫鑒定	謝稚柳	東方出版中心		
琴史初編	許健	人民音樂出版社		
宗白華美學與藝術文選	宗白華	河南文藝出版社		
王光祈音樂論著選集	王光祈 著			
馮文慈……等選注	人民音樂出版社			

科技文化類

簡體書名	作者	出版單位	繁體書名	臺灣出版社
北京城的生命印記	侯仁之	生活·讀書·新知三聯書店		
說園	陳從周	同濟大學出版社		
古海荒漠	許靖華	生活·讀書·新知三聯書店		

科學發現縱橫談	王梓坤	北京師範大學出版社		
中國科學思想史	席澤宗	科學出版社		
系統論——系統科學哲學	魏宏森、曾國屏	世界圖書出版公司		
科學的歷程（第二版）	吳國盛	北京大學出版社		

綜合／普及類

簡體書名	作者	出版單位	繁體書名	臺灣出版社
傅雷書信集	傅雷	生活・讀書・新知三聯書店		
詩詞格律概要詩歌格律十講	王力	世界圖書出版公司		
一氓書緣	李一氓	生活・讀書・新知三聯書店		
上學記（修訂版）	何兆武	生活・讀書・新知三聯書店		

第五輯

哲學社科類

簡體書名	作者	出版單位	繁體書名	台灣出版社
孫中山著作選編（全三冊）	陳錚 選編	中華書局		
黃興集	湖南省社會科學院編	中華書局		
宋教仁集（全二冊）	陳旭麓 主編	中華書局		
廖仲愷集	廣東省社會科學院歷史研究所 編	中華書局		
朱執信集	廣東省哲學社會科學院歷史研究所歷史研究室 編	中華書局		
中國政治思想史	陶希聖	中國大百科全書出版社		
民國政制史	錢端升……等	上海人民出版社		
民國政黨史	謝彬撰、章伯鋒整理	中華書局		
經學歷史	皮錫瑞 著 周予同 注釋	中華書局		
清代學術概論	梁啟超 著 朱維錚 校訂	中華書局		

新唯識論	熊十力	上海書店出版社		
邏輯	金嶽霖	中國人民大學出版社		
科學與玄學	羅家倫	商務印書館		
中國古代經濟史稿	李劍農	武漢大學出版社		
中國近代經濟史	汪敬虞 主編	人民出版社		
中國交通史	白壽彝	團結出版社		
中國經濟原論	王亞南	中國大百科全書出版社		
財政學	何廉、李銳	商務印書館		
中國經濟思想史	唐慶增	商務印書館		
貨幣與銀行	楊端六	武漢大學出版社		
刑法學	蔡樞衡	中國民主法制出版社		
鄉土中國	費孝通	人民出版社		
文化人類學	林惠祥	商務印書館		
優生概論	潘光旦	北京大學出版社		
西洋文化史綱要	雷海宗 撰 王敦書 整理導讀	上海古籍出版社		
西學東漸記	容閎 著、徐鳳石……等譯 鍾叔河 導讀	生活・讀書・新知三聯書店		
中國現代語法	王力	商務印書館		

語言學史概要	岑麒祥 編著 岑運強 評注	世界圖書出版公司		
蔡元培教育論著選	高平叔 編	人民教育出版社		
陶行知教育論著選	董寶良 主編 喻本伐、周洪宇 選編	人民教育出版社		
中國報學史	戈公振	生活・讀書・新知 三聯書店		
陸費逵文選	陸費逵	中華書局		
張元濟論出版	張元濟著 張人鳳、宋麗榮 選編	商務印書館		
韜奮文錄新編	鄒韜奮	生活・讀書・新知 三聯書店		

史學類

簡體書名	作者	出版單位	繁體書名	臺灣出版社
國故論衡疏證（全二冊）	章太炎 撰 龐俊、郭誠永疏證	中華書局		
國史大綱（全二冊）	錢穆	商務印書館	國史大綱（全二冊）	臺灣商務
通史新義	何炳松	商務印書館		

臺灣通史（全二冊）	連橫	生活·讀書·新知三聯書店	臺灣通史	五南文化
武昌革命史（全三冊）	曹亞伯	中國大百科全書出版社		
辛亥革命與袁世凱	黎澍	中國大百科全書出版社		
北洋軍閥史	來新夏……等	東方出版中心		
中國國民黨史稿	鄒魯編著	東方出版中心		
中華民國外交史	張忠紱 編著	華文出版社		
西洋史（全二冊）	陳衡哲	中國大百科全書出版社		
歐化東漸史	張星烺	商務印書館		
清末立憲史	高放	華文出版社		

文學類

簡體書名	作者	出版單位	繁體書名	臺灣出版社
秋瑾詩文選注	郭延禮、郭蓁 選注	人民文學出版社		
鄒容集	張梅 編注	人民文學出版社		
陳天華集	劉晴波、彭國興 編 饒懷民 補訂	湖南人民出版社		

于右任詩詞選	楊中州 選注	河南人民出版社		
鴛鴦蝴蝶派作品選（修訂版）	范伯群 編選	人民文學出版社		
南社詩選	林東海、宋紅 選注	人民文學出版社		
文學研究會小說選	李葆琰 編選	人民文學出版社		
創造社作品選	劉納 編選	人民文學出版社		
太陽社小說選	李松睿、吳曉東 編選	人民文學出版社		
湖畔派詩選	劉納 編選	人民文學出版社		
淺草—沈鐘社作品選	張鐵榮 編選	人民文學出版社		
《語絲》作品選	張梁 編選	人民文學出版社		
未名社作品選	黃開發 編選	人民文學出版社		
新月派詩選（修訂版）	藍棣之 編選	人民文學出版社		
象徵派詩選（修訂版）	孫玉石 編選	人民文學出版社		
新感覺派小說選（修訂版）	嚴家炎 編選	人民文學出版社		
現代派詩選（修訂版）	藍棣之 編選	人民文學出版社		
論語派作品選	莊鍾慶 編選	人民文學出版社		

京派小說選	吳福輝 編選	人民文學出版社		
東北作家群小說選	王培元 編選	人民文學出版社		
七月派作品選（全二冊）	吳子敏 編選	人民文學出版社		
西南聯大文學作品選	李光榮 編選	人民文學出版社		
九葉派詩選（修訂版）	藍棣之 編選	人民文學出版社		
荷花澱派小說選	馮健男 編選	人民文學出版社		
山藥蛋派作品選	高捷 編選	人民文學出版社		
紅樓夢辨	俞平伯 著	商務印書館		
中國詩史	陸侃如、馮沅君 著	百花文藝出版社		
中國文學發展史	劉大傑 著	復旦大學出版社		

藝術類

簡體書名	作者	出版單位	繁體書名	臺灣出版社
萬木草堂論藝	康有為	榮寶齋出版社		
中國繪畫史	潘天壽	團結出版社		
中國繪畫理論	傅抱石	江蘇教育出版社		
中國雕塑藝術史	王子雲	人民美術出版社		

中國陶瓷史	吳仁敬、辛安潮 著	團結出版社		
中國戲劇史	徐慕雲 撰	東方出版中心		
洪深戲劇論文集	洪深	東方出版中心		
焦菊隱戲劇論文集	焦菊隱	華文出版社		
中國古代樂論選輯	吳釗、伊鴻書、趙寬仁、古宗智、吉聯杭 編	人民音樂出版社		
素月樓聯語	張伯駒 編著	華文出版社		
中國書法理論體系	熊秉明	天津教育出版社		
夏衍電影論文集	夏衍	東方出版中心		
銀幕形象塑造	趙丹 著 趙青 整理	東方出版中心		

科技文化類

簡體書名	作者	出版單位	繁體書名	台灣出版社
自然辯證法在中國	龔育之	北京大學出版社		
科學家談21世紀	李四光……等	中國大百科全書出版社		
繼承與叛逆——現代科學為何出現於西方	陳方正	生活·讀書·新知三聯書店		

中國醫學史	陳邦賢	團結出版社		
化學史通考	丁緒賢	中國大百科全書出版社		
科學概論	王星拱	武漢大學出版社		
竺可楨科普創作選集	竺可楨	中國大百科全書出版社		

綜合普及類

簡體書名	作者	出版單位	繁體書名	台灣出版社
書林清話	葉德輝	華文出版社		
文壇五十年（正編續編）	曹聚仁	生活・讀書・新知三聯書店		
張菊生先生七十生日紀念胡適、蔡元培論文集	王雲五……等編	商務印書館		
佛教常識問答	趙朴初	華文出版社		
詞心箋評	邵祖平	復旦大學出版社		
西潮與新潮	蔣夢麟	東方出版社		

3、「百年百種優秀中國文學圖書」書目

簡體書名	作者	版本	繁體書名	臺灣出版社
官場現形記	李寶嘉	1903～1905年上海《世界繁華報》連載並陸續出版 《孽海花》曾樸 1905年上海小說林社版（20回本） 1928年上海真善美書店版（30回本）	官場現形記	三民
老殘遊記	劉鶚	1906年天津日日新聞社版	老殘遊記	三民
二十年目睹之怪現狀	吳趼人	1906～1910年上海廣智書局陸續出版	二十年目睹之怪現狀	三民
人境廬詩草	黃遵憲	1911年刊行於日本	人境廬詩草	
嘗試集	胡適	1920年上海亞東圖書館版	嘗試集	遠流
女神	郭沫若	1921年上海泰東圖書局版		
沉淪	郁達夫	1921年上海泰東圖書局版	沉淪	智邦

吶喊	魯迅	1923年北京新潮社版	吶喊	風雲時代
繁星	冰心	1923年上海商務印書館版		
南社叢選	胡朴安選錄	1924年上海國學社版		
雨天的書	周作人	1925年北京新潮社版		
志摩的詩	徐志摩	1925年上海中華書局代印	志摩的詩	百花文藝出版社
寄小讀者	冰心	1926年上海北新書局版	寄小讀者	小倉出版社
彷徨	魯迅	1926年北京北新書局版	徬徨	里仁書局
野草	魯迅	1927年上海北新書局版	野草	里仁書局
死水	聞一多	1928年上海新月書店版		
背影	朱自清	1928年上海開明書店版	背影	百花文藝出版社
在黑暗中	丁玲	1928年上海開明書店版		
倪煥之	葉聖陶	1929年上海開明書店版		

啼笑因緣	張恨水	1930年上海三友書社版		
緣緣堂隨筆	豐子愷	1931年上海開明書店版		
新月詩選	陳夢家 編選	1931年上海新月書店版		
魯迅雜感選集	何凝（瞿秋白）選編	1933年上海青光書局版		
望舒草	戴望舒	1933年上海現代書局版		
烙印	臧克家	1933年自印		
子夜	茅盾	1933年上海開明書店版	子夜	里仁書局
家（《激流三部曲》之一）	巴金	1933年上海開明書店版		
邊城	沈從文	1934年上海生活書店版	邊城	臺灣商務
南行記	艾蕪	1935年上海文化生活出版社版		
死水微瀾	李劼人	1936年上海中華書局版		
大堰河	艾青	1936年自印		
湘行散記	沈從文	1936年上海商務印書館版		

畫夢錄	何其芳	1936 年上海文化生活出版社版		
上海屋簷下	夏衍	1937 年上海雜誌公司版		
萍蹤憶語	韜奮	1937 年上海生活書店版		
包身工	夏衍	1938 年廣州離騷出版社版		
駱駝祥子	老舍	1939 年上海人間書屋版	駱駝祥子	三聯
黃河大合唱	光未然作詞、冼星海作曲	1939 年重慶生活書店版		
呼蘭河傳	蕭紅	1941 年重慶上海雜誌公司版		
屈原	郭沫若	1942 年重慶文林出版社版		
十四行集	馮至	1942 年桂林明日社版		
給戰鬥者	田間	1943 年桂林南天出版社版		
速寫三篇	張天翼	1943 年重慶文化生活出版社版		
小二黑結婚	趙樹理	1943 年華北新華書店版		

傳奇	張愛玲	1944年上海雜誌社版	傳奇：張愛玲短篇小說集	皇冠
小城風波	沙汀	1944年重慶東方書社版		
風雪夜歸人	吳祖光	1944年上海開明書店版		
白毛女延安魯藝工作團集體創作	賀敬之、丁毅執筆	1945年延安新華書店版		
穆旦詩集（1939~1945）	穆旦（查良錚）	1945年自印		
財主底兒女們（上下）	路翎	1945年重慶希望社版（上部） 1948年上海希望出版社（下部）		
解放區短篇創作選	周揚選編	1946年蘇南新華書店、東北書店版		
果園城記	師陀	1946年上海出版公司版		
王貴與李香香	李季	1946年太嶽新華書店版		
圍城	錢鍾書	1947年上海晨光圖書公司版	圍城	大地
人生採訪	蕭乾	1947年上海文化生活出版社版		

雅舍小品	梁實秋	1949年臺北正中書局版	雅舍小品	遠東
曹禺劇本選	曹禺	1949年上海文化生活出版社版		
保衛延安	杜鵬程	1954年人民文學出版社版		
紅旗譜	梁斌	1957年中國青年出版社版		
茶館	老舍	1958年中國戲劇出版社版	茶館	香港中文大學
關漢卿	田漢	1958年中國戲劇出版社版		
青春之歌	楊沫	1958年作家出版社版		
白洋澱紀事	孫犁	1958年中國青年出版社版		
城南舊事	林海音	1960年臺中光啟出版社版	城南舊事	爾雅
阿詩瑪（重新整理本）	雲南人民文工團圭山工作組搜集整理			
中國作家協會昆明分會重新整理	1960年人民文學出版社版			
創業史（第一部）	柳青	1960年中國青年出版社版		

紅岩羅	廣斌、楊益言	1961年中國青年出版社版		
燕山夜話	馬南	1961-1962年北京出版社版		
毛主席詩詞	毛澤東	1963年人民文學出版社版		
李自成（第一卷）	姚雪垠	1963年中國青年出版社版		
臺北人	白先勇	1971年臺北晨鐘出版社版	臺北人	爾雅
家變	王文興	1973年臺北環宇出版社		
將軍族	陳映真	1975年臺北遠景出版社版		
郭小川詩選	郭小川	1977年人民文學出版社版		
哥德巴赫猜想	徐遲	1978年人民文學出版社版		
百合花	茹志鵑	1978年人民文學出版社版		
四世同堂	老舍	1979年百花文藝出版社版		
重放的鮮花	多人創作	1979年上海文藝出版社版		

隨想錄（1~5）	巴金	1979-1986年香港三聯書店版		
射鵰英雄傳	金庸	1981年香港三聯書店版	射鵰英雄傳	遠流
傅雷家書	傅雷	1981年北京三聯書店版		
幹校六記	楊絳	1981年北京三聯書店版		
芙蓉鎮	古華	1981年人民文學出版社版		
白色花緣原	牛漢 編選	1981年人民文學出版社版		
九葉集1	辛笛……等	1981年江蘇人民出版社版		
汪曾祺短篇小說選	汪曾祺	1982年北京出版社版		
棋王	阿城	1985年作家出版社版		
北方的河	張承志	1985年百花文藝出版社版		
男人的一半是女人	張賢亮	1985年中國文聯出版公司版		
北島詩選	北島	1986年廣東新世紀出版社版		

活動變人形	王蒙	1986年人民文學出版社版		
平凡的世界	路遙	1986年中國文聯出版公司版		
紅高粱家族	莫言	1987年解放軍文藝出版社版	紅高粱家族	洪範
古船	張煒	1987年人民文學出版社版		
余光中詩選	余光中	1987年海峽文藝出版社版	余光中詩選	洪範
南渡記	宗璞	1988年人民文學出版社版		
蒲橋集	汪曾祺	1989年作家出版社版		
白鹿原	陳忠實	1993年人民文學出版社版		
舒婷的詩	舒婷	1994年人民文學出版社版		

4、「世界文學名著文庫」書目

簡體書名	著者	譯者	繁體書名	臺灣出版社
貝姨	〔法〕巴爾扎克	傅雷	貝姨	明田
兒子與情人	〔英〕勞倫斯	陳良廷、劉文瀾	兒子與情人	明田
復活	〔俄〕列夫・托爾斯泰	汝龍	復活	木馬文化
戈拉	〔印〕泰戈爾	劉壽康		
好兵帥克歷險記	〔捷〕雅・哈謝克	星燦	好兵帥克歷險記	風雲時代
還鄉	〔英〕哈代	張谷若		
幻滅	〔法〕巴爾扎克	傅雷		
靜靜的頓河（全四冊）	〔蘇〕肖洛霍夫	金人	靜靜的頓河（四冊）	遠景 王兆徽 譯
盧貢達人	〔法〕左拉	劉益庚		
綠衣亨利（上下）	〔瑞士〕凱勒	田德望	綠衣亨利（上下）	大地
馬亞一家	〔葡萄牙〕埃薩・德・凱依洛斯	張保生		
米德爾馬契（上下）	〔英〕喬治・愛略特	項星耀	米德爾馬契（上下）	光復書局
斯・茨威格小說選	〔奧〕斯・茨威格	張玉書選編	斯・茨威格小說選	商周出版
泰戈爾詩選	〔印〕泰戈爾石真	謝冰心	泰戈爾詩選	三民
堂吉訶德（上下）	〔西〕賽凡提斯	楊絳	堂吉訶德（上下）	聯經出版公司

庭長夫人（上下）	[西班牙] 克拉林	唐民權……等		
維廉·麥斯特的漫遊時代	[德] 歌德	關惠文		
維廉·麥斯特的學習時代	[德] 歌德	馮至、姚可昆		
一生 漂亮朋友	[法] 莫泊桑	盛澄華、張冠堯		
一位女士的畫像	[美] 亨利·詹姆斯	項星耀	一位女士的畫像	志文
源氏物語（上下）	[日] 紫式部	豐子愷	源氏物語（上下）	洪範 林文月 譯
《一千零一夜》故事選		納訓	《一千零一夜》故事選	遠流 李唯中 譯
安徒生童話故事集	[丹麥] 安徒生	葉君健	安徒生童話故事集	喜讀 周雅菁 編
巴黎聖母院	[法] 雨果	陳敬容	巴黎聖母院	明田
白癡	[俄] 杜斯妥也夫斯基	南江	白癡	立村文化
草葉集（上下）	[美] 惠特曼 楚圖南	李野光	草葉集（上下）	桂冠 吳潛誠 譯
軛下	[保] 伐佐夫	施蟄存		
海涅詩選	[德] 海涅	張玉書編選	海涅詩選	桂冠 錢春綺 譯
吉爾·布拉斯	[法] 勒薩日	楊絳	吉爾·布拉斯	

簡・愛	[英]夏洛蒂・勃朗特	吳鈞燮	簡・愛	臺灣商務 張玄竺 譯
金人	[匈]約卡伊・莫爾	柯青		
卡拉馬佐夫兄弟（上下）	[俄]杜斯妥也夫斯基	耿濟之	卡拉馬助夫兄弟們（上下）	桂冠 耿濟之 譯
癩皮鸚鵡	[墨]利薩爾迪	週末怡友		
母親 短篇小說選	[蘇聯]高爾基	夏衍……等		
南方與北方	[英]蓋斯凱爾夫人	主萬	北與南	商周出版 陳錦慧 譯
歐・亨利短篇小說選	[美]歐・亨利	王永年	歐・亨利短篇小說選	理得出版 李淑貞 譯
前夜 父與子	[俄]屠格涅夫麗尼	巴金	前夜 父與子	立村文化 劉韻韶 譯
青年近衛軍	[蘇聯]法捷耶夫	水夫		
唐璜	[英]拜倫查良錚	王佐良		
戰爭與和平（上下）	[俄]列夫・托爾斯泰	劉遼逸	戰爭與和平（上下）	臺灣東方
羅摩衍那選	[印]蟻垤	季羨林	羅摩衍那選	貓頭鷹
懺悔錄	[法]盧梭	黎星	懺悔錄	臺灣商務
浮士德	[德]歌德	綠原	浮士德	志文
格林童話全集	[德]格林兄弟	魏以新	格林童話全集	
家	巴金			

卡夫卡小說選	[奧]卡夫卡	孫坤榮	卡夫卡小說選	三民書局
列王紀選	[波斯]菲爾多西	張鴻年		
魯迅小說選	魯迅		魯迅小說選	小倉出版社 張秀楓 編選、趙延年 插圖
駱駝祥子 離婚	老舍		駱駝祥子 離婚	三聯、時報出版
瑪麗亞	[哥倫比亞]伊薩克斯	朱景冬、沈根發		
藍眼睛	[墨]阿爾塔米拉諾	卞雙成		
萌芽	[法]左拉	黎柯		
尼貝龍根之歌	[德]尼貝龍根	錢春綺		
歐也妮·葛朗台 高老頭	[法]巴爾扎克	傅雷	歐也妮·葛朗台 高老頭	桂冠
普希金小說戲劇選	[俄]普希金	盧永選編	普希金小說戲劇選	啟明出版
棄兒湯姆·鍾斯的歷史（上下）	[英]亨利·菲爾丁	蕭乾、李從弼		
童年在人間我的大學	[蘇聯]高爾基	劉遼逸、樓適夷、陸風		
伊利亞特	[古希臘]荷馬	羅念生、王煥生		
子夜	茅盾		子夜	里仁書局
罪與罰	[俄]杜斯妥也夫斯基	朱海觀、王汶	罪與罰	桂冠

悲慘世界（上中下）	[法]雨果	李丹、方於	悲慘世界（上中下）	
艾凡赫	[英]華特・司各特	劉尊棋、章益	撒克遜英雄傳	志文出版社 賴以立 譯
安娜・卡列尼娜（上下）	[俄]列夫・托爾斯泰	周揚	安娜・卡列尼娜（上下）	木馬文化 草嬰 譯
德伯家的苔絲	[英]哈代	張谷若		
名利場（上下）	[英]薩克雷	楊必	名利場（上下）	書林出版
涅曼河畔	[波蘭]奧若什科娃	施友松		
少年維特的煩惱	[德]歌德	楊武能……等	少年維特的煩惱	桂冠
雙城記	[英]查理斯・狄更斯	石永禮、趙文娟	雙城記	商周出版
死魂靈	[俄]果戈理	滿濤、許慶道		
傲慢與偏見	[英]簡・奧斯丁	張玲、張揚	傲慢與偏見	臺灣商務 樂軒 譯
無名的裘德	[英]哈代	張谷若		
李白選集	裴裴 選注			
悲翡達夫人	[西]加爾多斯	王永達、楊明江、郭有鴻		
打鹿將	[美]詹姆斯・庫柏	白濱	最後一個摩希根人（新版）	天衛文化 莊坤良 譯

都柏林人青年藝術家的畫像	[愛爾蘭]詹姆斯・喬伊絲	黃雨石……等	都柏林人	聯經出版
果戈理小說選	[俄]果戈里	滿濤		
近松門左衛門井原西鶴作品選	[日]近松西鶴	錢稻孫		
九三年	[法]雨果	鄭永慧		
驢皮記 絕對之探求	[法]巴爾扎克 梁均	王文融		
羅亭貴族之家	[俄]屠格涅夫	磊然	羅亭	臉譜 石國雄 譯
馬丁・伊登	[美]傑克・倫敦	殷惟本	馬丁・伊登	國家
美國的悲劇	[美]德萊塞	許汝祉		
摩訶婆羅多插話選（上下）	[印]摩訶婆羅多	金克木……等	印度史詩：摩訶婆羅多	貓頭鷹 黃寶生 譯
莫泊桑中短篇小說選	[法]莫泊桑郝運	趙少侯	莫泊桑小說選	高寶 顏湘如 譯
裴多菲詩選	[匈]裴多菲	興萬生		
普希金詩選	[俄]普希金	盧永……等	普希金詩選	桂冠 馮春等 譯
契訶夫小說選	[俄]契訶夫	汝龍	契訶夫小說選	桂冠
席勒戲劇詩歌選	[德]席勒	錢春綺……等		
雪萊詩選	[英]雪萊	江楓		
約婚夫婦	[意]曼佐尼	王永年	約婚夫婦	貓頭鷹

怎麼辦	［俄］車爾尼雪夫斯基	蔣路		
里爾克詩選	［奧地利］里爾克	綠原	里爾克詩集	桂冠
奧勃洛莫夫	［俄］岡察洛夫	陳馥、鄭揆		
奧德賽	［古希臘］荷馬	王煥生	奧德賽	貓頭鷹
曹植選集 陶淵明選集	俞紹初、王曉東選注		陶淵明集	中華書局
達洛維太太 到燈塔去 海浪	［英］維吉尼亞・伍爾芙	谷啟楠……等		
二刻拍案驚奇	凌濛初		二刻拍案驚奇	三民
郭沫若詩歌戲劇選	郭沫若			
警世通言	馮夢龍 編		警世通言	三民
魯濱遜漂流記 摩爾・弗蘭德斯	［英］笛福	徐霞村、梁遇春	魯濱遜漂流記	風雲時代
拍案驚奇	凌濛初、陳邇冬、郭雋傑 校注		拍案驚奇	幼獅文化
破戒家	［日］島崎藤村	柯毅文……等	破戒	立村文化 徐華金 譯
全本新注聊齋志異（上下）	蒲松齡 著 朱其凱 編			
神曲	［意］但丁	王維克	神曲	九歌 黃國彬 譯
史記選	王伯祥 選注		史記選注	里仁書局 韓兆琦 選注

唐宋傳奇選	張友鶴選注			
杜斯妥也夫斯基中短篇小說選	[俄]杜斯妥也夫斯基	文穎……等		
我是貓	[日]夏目漱石	尤炳圻、胡雪	我是貓	小知堂 卡絜 譯
辛棄疾選集	朱德才 選注			
醒世恆言	馮夢龍 編		醒世恆言	臺灣古籍 里仁書局
喻世明言	馮夢龍 編		喻世明言	三民
萊蒙托夫詩選 當代英雄	[俄]萊蒙托夫	余振…等	萊蒙托夫詩選 當代英雄	櫻桃園文化
艾青詩選	艾青		艾青詩選	
曹禺戲劇選	曹禺		曹禺戲劇選	
馮維辛 格里鮑耶陀夫 果戈里蘇霍沃－柯貝林果戈里戲劇選蘇霍沃－柯貝林	[俄]馮維辛 格里鮑耶陀夫	多人		
濟慈詩選	[英]濟慈	屠岸	濟慈名著譯述藏詩版	九歌 余光中 譯
苦難歷程（上下）	[蘇]阿·托爾斯泰	王士燮		
陸游選集	王永照、高克勤選注		新譯陸游詩文選	三民書局 韓立平 注譯 彭國忠 校閱

祕魯傳說	[祕]帕爾馬	白鳳森		
牡丹亭	湯顯祖		牡丹亭	三民
儒林外史	吳敬梓		儒林外史	三民
桃花扇	孔尚任		桃花扇	三民
托爾斯泰中短篇小說選	[俄]托爾斯泰	臧仲倫等	托爾斯泰中短篇小說選	故鄉
西班牙流浪漢小說選	[西班牙]克維多……等	楊絳等		
易卜生戲劇選	[挪]易卜生	潘家洵……等	易卜生戲劇集	書林出版
約翰・克利斯朵夫(上下)	[法]羅曼・羅蘭	傅雷	約翰・克利斯朵夫	桂冠
獵人筆記	[俄]屠格涅夫	豐子愷		
西廂記	王實甫		西廂記	里仁書局
長生殿	洪昇		長生殿	三民
惡之花 巴黎的憂鬱	[法]雨果	錢春綺	惡之華 巴黎的憂鬱	志文 花神文坊
金錢	[法]左拉	金滿成	金錢	野人 李雪玲 譯
巨人傳	[法]拉伯雷	鮑文蔚	巨人傳	桂冠 成鈺亭 譯
柳宗元選集	吳文治 選注			
梅里美中短篇小說集	[法]梅里美	張冠堯	卡門:梅里美中短篇小說集	海鴿 南宮雨 譯

彌爾頓詩選	〔英〕彌爾頓	朱維之選譯		
誰在俄羅斯能過好日子	〔俄〕涅克拉索夫	飛白		
湯姆・索亞歷險記 哈克貝利・費恩歷險記	〔美〕馬克・吐溫	成時	湯姆歷險記	成圖書出版
外祖母	〔捷〕鮑・聶姆佐娃	吳琦		
維加戲劇選	〔西班牙〕維加	胡真才、呂晨重		
亞・奧斯特洛夫斯基	〔俄〕亞・奧斯特洛	陳冰夷、臧仲倫……等		
契訶夫戲劇選	夫斯基 契訶夫			
珍妮姑娘	〔美〕德萊塞	潘慶舲		
愛倫・坡短篇小說集	〔美〕愛倫・坡	陳良廷、徐汝椿	愛倫・坡小說選	理得出版
古希臘戲劇選	人民文學出版社編選	羅念生……等		
十日談	〔義大利〕薄伽丘	王永年	十日談	桂冠 鍾斯 譯
包法利夫人三故事	〔法〕福樓拜	張道真、劉益庚	包法利夫人	商周出版
勃洛克葉賽寧詩選	〔俄〕勃洛克	葉賽寧、鄭體武、鄭錚		
杜甫選集	袁世碩……等選注		杜甫詩選	遠流

戈洛夫廖夫老爺們童話集	[俄]謝德林	楊仲德、張孟恢		
關漢卿選集	康保成、李樹玲選注			
吉姆爺	[英]康拉德	黃雨石、熊蕾	吉姆爺	桂冠 陳蒼多 譯
黑暗的心	[英]康拉德	黃雨石、熊蕾	黑暗的心	聯經出版 鄧鴻樹 譯
「水仙號」的黑水手	[英]康拉德	袁家驊		
魯達基 海亞姆 薩迪	[波斯]魯達基 海亞姆	潘慶舲……等		
哈菲茲作品選	薩迪 哈菲茲			
魯迅散文選集	人民文學出版社編		魯迅散文選	洪範
馬雅可夫斯基詩選	[蘇聯]馬雅可夫斯基	盧永……等		
屈原選集	金開誠 高路明選注		屈原楚辭	麥田出版
湯姆叔叔的小屋	[美]斯陀夫人	王家湘	湯姆叔叔的小屋	桂冠 黃繼忠 譯
塔杜施先生	[波蘭]密茨凱維奇	易麗君、林洪亮		
哥爾多尼戲劇集	[意]哥爾多尼	孫維世……等		

紅與黑	[法]司湯達	張冠堯	紅與黑	桂冠 黎烈文 譯
紅字 七個尖角頂的宅第	[美]霍桑	胡允桓		
呼嘯山莊	[英]愛米麗・勃朗特	張玲、張揚	咆哮山莊	商周出版 兆霖 譯
紀伯倫詩文選	[黎巴嫩]紀伯倫	冰心……等	紀伯倫的詩	海鴿 徐翰林 譯
詩經全注	褚斌傑 注		詩經全注	五南文化
斯特林堡小說戲劇選	[瑞典]斯特林堡	張道文、李之義	斯特林堡小說戲劇選	
歌德詩選	[德]歌德	馮至、錢春綺、綠原	歌德詩歌：德語抒情詩及藝術歌曲譯注	聯經出版公司 鄭芳雄 譯
金瓶梅詞話（上下）	蘭陵笑笑生		金瓶梅詞話：株式會社大安本（共21冊）	里仁書局
羅蘭之歌特利斯當與伊瑟列那狐的故事	[法]羅蘭	楊憲益、羅新璋		
埃涅阿斯紀	[古羅馬]維吉爾	楊周翰	伊尼亞斯逃亡記	聯經出版公司 曹鴻昭 譯
波斯人信劄	[法]孟德斯鳩	羅大岡		

大衛·科波菲爾（上下）	[英]狄更斯	莊繹傳		
古羅馬戲劇選	楊憲益、楊周翰、王煥生			
古希臘散文選	[古希臘]柏拉圖……等	水建馥		
樂府詩選	曹道衡 選注			
木桶的故事 格列佛遊記	[英]斯威夫特	主萬、張健	格列佛遊記	商周出版
你往何處去	[波蘭]顯克維奇	張振輝	你往何處去	遠景出版社 顏正儀 譯
施托姆小說選	[德]泰奧道爾·施托姆	關惠文……等		
田園三部曲	[法]喬治·桑	羅旭……等		
雨果詩選	[法]雨果	程曾厚		
變形記	[羅馬]奧維德	楊周翰	變形記	書林出版有限公司 呂健忠 譯
華茲華斯 柯爾律治詩選	[英]華茲華斯 柯爾律治	楊德豫	華茲華斯抒情詩選	書林出版有限公司 楊德豫 譯
莊子選集	陸永品 選注			
奧利弗·退斯特	[英]查理斯·狄更斯	黃雨石	孤雛淚	希代 王維君 譯
狄德羅小說選	[法]狄德羅	多人		

歐洲寓言選	[古希臘] 伊索	王煥生……等	伊索寓言選	三聯 羅念生、王煥文 譯
高乃依 拉辛戲劇選	[法] 高乃依 拉辛	張秋紅……等		
韓愈選集	吳小林 選注			
紅樓夢（上下）	曹雪芹、高鶚 著		紅樓夢	西北國際
基度山伯爵（上下）	[法] 大仲馬	蔣學模	基督山恩仇記（全四冊）	高寶 韓滬麟、周克希 譯
莫里哀喜劇選	[法] 莫里哀	趙少侯……等	莫里哀喜劇六種（已絕版）	桂冠文學 李健吾 譯
三國演義（上下）	羅貫中		三國演義	聯經出版公司
莎士比亞悲劇選	[英] 莎士比亞	朱生豪	莎士比亞四大悲劇（哈姆雷特＋奧瑟羅＋李爾王＋馬克白）	寂天
莎士比亞歷史劇選	[英] 莎士比亞	朱生豪	新莎士比亞歷史劇（一）（理查二世／理查三世／約翰王）	木馬文化 方平 譯
王爾德作品選	[愛爾蘭] 王爾德	黃源深……等	星星男孩：王爾德短篇故事選	麥田
西遊記（上下）	吳承恩		西遊記（上下）	三民

博馬舍戲劇二種	[法]博馬舍	吳達元			
莎士比亞喜劇選	[英]莎士比亞	朱生豪		莎士比亞四大愛情喜劇	晨星 吳湘湄 譯
尤利西斯（上下）	[愛爾蘭]喬伊絲	金隄		尤利西斯（上下）	九歌 金隄 譯
馬克・吐溫中短篇小說選	[美]馬克・吐溫 葉	冬心		馬克・吐溫中短篇小說選	海鴿 江小沫 譯
白鯨	[美]梅爾維爾	成時		白鯨記	天衛文化 陳思婷 譯
水滸傳（上下）	施耐庵、羅貫中			水滸傳套書（6冊）	人人出版
白居易選集	周勳初、嚴傑 選注				
蘇軾選集	張志烈、張曉蕾 選注				

5、「漢譯世界學術名著叢書」書目

哲學類

簡體書名	作者	繁體書名	台灣出版社
第一哲學（上下）	[德] 胡塞爾編		
哲學和自然之鏡	[美] 理查・羅蒂	哲學和自然之鏡	桂冠 李幼蒸 譯
人類理解論（上下）	[英] 洛克		
實驗醫學研究導論	[法] 克洛德・貝爾納		
科學—神學論戰史（全兩卷）	[美] 安德魯・迪克森・懷特		
釋夢	[奧] 佛洛德	夢的解析	左岸文化 孫名之 譯
倫理學中的形式主義與質料的價值倫理學	[德] 馬克斯・舍勒		
自然哲學			
悲劇的誕生	[德] 弗里德里希・尼采	悲劇的誕生	華滋出版 安婕工作室 譯
保衛馬克思	[法] 路易・阿爾都塞	保衛馬克思	遠流 陳璋津 譯 簡旭裕 編

倫理學的兩個基本問題	[德] 叔本華		
健全的思想	[法] 霍爾巴赫		
先驗唯心論體系	[德] 謝林		
論老年 論友誼 論責任	[古羅馬] 西塞羅	論老年 論友誼 論義務	聯經出版公司 徐學庸 譯
知性改進論	[荷蘭] 斯賓諾莎		
科學的規範	[英] 卡爾·皮爾遜		
示教千則	[印度] 商羯羅		
權力意志（上下）	[德] 尼采	超譯尼采II權力·意志	商周出版 楊明綺 譯
人是機器	[法] 拉·梅特裡		
歐洲科學的危機與超越論的現象學	[德] 胡塞爾	歐洲科學危機與超越現象學	桂冠 張慶熊 譯
認識的途徑	[美] 威廉·佩珀雷爾·蒙塔古		
人類理解研究	[英] 休謨		
論有學識的無知	[德] 庫薩的尼古拉		
愛因斯坦文集全三卷	[美] 愛因斯坦	紀念愛因斯坦文集	凡異出版社
宗教與科學	[英] 羅素		
懺悔錄	[古羅馬] 奧古斯丁	懺悔錄	臺灣商務
神聖人生論（上下）	[印度] 室利·阿羅頻多		

美學第一卷	[德]黑格爾		
美學第二卷	[德]黑格爾		
美學第三卷上冊	[德]黑格爾		
美學第三卷下冊	[德]黑格爾		
第一哲學沉思集	[法]笛卡兒	第一哲學沉思集	網路與書 王太慶 譯
泛神論要義	[英]約翰·托蘭德		
哲學研究	[奧]維特根斯坦	哲學探討	水牛 範光棣、湯潮 譯
游敘弗倫 蘇格拉底的申辯 克力同	[古希臘]柏拉圖		
人生的親證	[印度]羅賓德拉納特·泰戈爾		
原始思維	[法]列維－布留爾	原始思維	台灣商務 丁由 譯
拓撲心理學原理	[德]庫爾特·勒溫	拓撲心理學原理	昭明 竺培梁 譯
近代心理學歷史導引（上下）	[美]G·墨菲J·柯瓦奇		
詩學	[古希臘]亞里斯多德	詩學	五南文化 劉效鵬 譯
精神分析引論	[奧]佛洛德	精神分析引論	左岸文化 彭舜 譯

人類知識起源論	[法]孔狄亞克		
形而上學導論	[德]海德格爾		
善的研究	[日]西田幾多郎		
人類的知識	[英]羅素		
邏輯與演繹科學方法論導論	[波蘭]塔爾斯基		
基督何許人也	[日]幸德秋水		
談談方法	[法]笛卡兒	笛卡兒談談方法	網路與書出版 王太慶 譯
埃克哈特大師文集	[德]埃克哈特		
宗教經驗之種種	[美]威廉·詹姆士	宗教經驗之種種	立緒 蔡怡佳、劉宏信 譯 許純青 編
物種起源	[英]達爾文	物種起源	臺灣商務
思想錄	[法]巴斯卡	帕斯卡爾思想錄	正展
文明論概略	[日]福澤諭吉		
阿維斯塔	[伊朗]賈利爾·杜斯特哈赫		
普通認識論	[德]M·石里克		
人類理智新論(上下)	[德]萊布尼茨		
聖教論	[印度]喬荼波陀		
回憶蘇格拉底	[古希臘]色諾芬		

藝術的起源	[德]格羅塞	藝術的起源	五南文化 謝廣輝、王成芳 譯
十六、十七世紀科學、技術和哲學史(上下)	[英]亞·沃爾夫		
蘇魯支語錄	[德]尼采		
物理學	[古希臘]亞里斯多德		
純粹現象學通論	[德]胡塞爾	純粹現象學通論(精選本)	商務 李幼蒸
結構主義	[瑞士]皮亞傑		
基督教並不神祕	[英]約翰·托蘭德		
勸學篇	[日]福澤諭吉	勸學	五南文化
自然哲學的數學原理	[英]牛頓	自然哲學的數學原理	大塊文化出版 王克池 譯
偶像的黃昏	[德]尼采		
袖珍神學	[法]保爾·霍爾巴赫		
真理、意義與方法	[美]唐納德·大衛森		
性心理學	[英]靄理士		
算術基礎	[德]G·弗雷格		
心的概念	[英]吉伯特·賴爾	心的概念	桂冠 劉建榮 譯
法哲學原理	[德]黑格爾		

任何一種能夠做為科學出現的未來形而上學導論	[德] 康得		
理想國	[古希臘] 柏拉圖	柏拉圖理想國	聯經出版公司 侯健 譯
倫理學體系	[德] 費希特	倫理學體系	淑馨 何懷宏、廖申白 譯
給塞倫娜的信	[英] 約翰·托蘭德		
靈魂論及其他	[古希臘] 亞里斯多德		
歷史理性批判文集	[德] 康得		
論學者的使命人的使命	[德] 費希特		
西方哲學史（上卷）	[英] 羅素	西方哲學史（上卷）	左岸文化 何兆武、李約瑟 譯
西方哲學史（下卷）	[英] 羅素	西方哲學史（下卷）	左岸文化 何兆武、李約瑟 譯
發生認識論原理	[瑞士] 皮亞傑		
歷史與階級意識	[匈] 盧卡奇		
物理學和哲學	[德] W·海森伯		
科學與近代世界	[英] A·N·懷特海		
科學與方法	[法] 昂利·彭加勒		
基督教的本質	[德] 費爾巴哈		
做為意志和表象的世界	[德] 叔本華	做為意志和表象的世界	新雨 石沖白 譯

哲學辭典（上下）	〔法〕伏爾泰	哲學書簡	生活人文
科學社會學（上下）	〔美〕R・K・默頓		
自然宗教對話錄	〔英〕休謨		
人性論（上下）	〔英〕休謨		
動物四篇	〔古希臘〕亞里斯多德		
人有人的用處	〔美〕N・維納		
時間與自由意志	〔法〕柏格森		
哲學的改造	〔美〕杜威	哲學之改造	台灣商務
感覺的分析	〔奧〕馬赫		
電腦與人腦	〔美〕約・馮・諾伊曼		
斯賓諾莎書信集	〔荷〕斯賓諾莎		
邏輯哲學論	〔奧〕維特根斯坦	維根斯坦邏輯哲學論	唐山 郭英 譯
科學中華而不實的作風	〔俄〕赫爾岑		
自然的體系（上下）	〔法〕霍爾巴赫		
精神現象學（上卷）	〔德〕黑格爾		
精神現象學（下卷）	〔德〕黑格爾		
實驗心理學史（上下）	〔美〕E・G・波林		
自然哲學	〔德〕莫里茨・石里克		
哲學史教程（上卷）	〔德〕文德爾班		
哲學史教程（下卷）	〔德〕文德爾班		

我的哲學的發展	[英]伯特蘭・羅素		
一年有半、續一年有半	[日]中江兆民		
十七世紀英格蘭的科學、技術與社會	[美]羅伯特・金・默頓		
論靈魂	[阿拉伯]伊本・西那（阿維森納）	亞里斯多德・論靈魂・論夢	出版社：慧明
哲學做為嚴格的科學	[德]胡塞爾		
對萊布尼茨哲學的批評性解釋	[英]羅素		
全部知識學的基礎	[德]費希特		
人類知識原理	[英]喬治・貝克萊		
動物志	[古希臘]亞里斯多德		
精神分析引論新編	[奧]佛洛德	精神分析引論	左岸文化 彭舜 譯
論原因、本原與太一	[意]布魯諾		
行為的結構奧義書	[法]莫里斯・梅洛－龐蒂		
物理學理論的目的與結構	[法]皮埃爾・迪昂		
薄伽梵歌論	[印度]室利・阿羅頻多	薄伽梵歌：最偉大的哲學詩	自由之丘 黃寶生 譯
心的分析	[英]伯特蘭・羅素		
新系統及其說明	[德]萊布尼茨		

多元的宇宙	[美]威廉·詹姆士		
數學、科學和認識論	[匈]拉卡托斯		
尼耳斯·玻爾哲學文選	[丹麥]N·玻爾		
範疇篇 解釋篇	[古希臘]亞里斯多德		
萊布尼茨與克拉克論戰書信集	[德]萊布尼茨		
面向思的事情	[德]海德格爾		
純粹理性批判	[德]康得	純粹理性批判：康得三大批判之一	聯經出版公司 鄧曉芒 譯
詮釋學I II：真理與方法	[德]漢斯-格奧爾格·伽達默爾		
宗教的本質	[德]費爾巴哈		
感覺與可感物	[英]J·L·奧斯丁		
邏輯與知識	[英]伯特蘭·羅素		
路標	[德]海德格爾		
耶穌傳全兩卷	[德]大衛·弗里德里希·施特勞斯		
耶穌傳	[法]歐尼斯特·勒南		
道德原則研究	[英]休謨		
巴曼尼得斯篇	[古希臘]柏拉圖		
意義與真理的探究	[英]伯特蘭·羅素		
簡論上帝、人及其心靈健康	[荷蘭]斯賓諾莎		

科學與假設	[法]昂利·彭加勒		
道德情操論	[英]亞當·斯密	道德情操論	狠角舍文化 康綠島 譯
邏輯學講義	[德]康得		
自我的超越性	[法]讓-保爾·薩特		
形而上學	[古希臘]亞里斯多德	亞里斯多德：形而上學	昭明 苗力田、李秋零 譯
軀體的智慧	[美]坎農		
科學哲學的興起	[德]H·賴欣巴哈		
判斷力批判（上卷）	[德]康得	判斷力批判：康得三大批判之三	聯經出版公司 鄧曉芒 譯
判斷力批判（下卷）	[德]康得	判斷力批判：康得三大批判之三	聯經出版公司 鄧曉芒 譯
科學的價值	[法]昂利·彭加勒		
倫理學	[荷蘭]斯賓諾莎	倫理學（3版）	五南文化 國立編譯館、邱振訓 譯
狄德羅哲學選集	[法]狄德羅		
人類的由來（上下）	[英]達爾文	物種起源	臺灣商務
物性論	[古羅馬]盧克萊修		
佛教邏輯	[俄]舍爾巴茨基		
內時間意識現象學	[德]艾德蒙德·胡塞爾		

薄伽梵歌	[古印度] 毗耶娑	薄伽梵歌	中國瑜珈
邏輯大全	[英] 奧卡姆		
新工具	[英] 培根		
笛卡兒哲學原理	[荷蘭] 斯賓諾莎		
思維方式	[英] 懷特海		
聲音與現象	[法] 雅克·德里達		
對笛卡兒《沉思》的詰難	[法] 伽森狄		
實踐理性批判	[德] 康得	實踐理性批判：康得三大批判之二	聯經出版公司 鄧曉芒 譯
對萊布尼茨哲學的敘述、分析和批判	[德] 費爾巴哈		
培根論說文集	[英] 培根		
尼各馬可倫理學	[古希臘] 亞里斯多德		
在通向語言的途中	[德] 海德格爾		
最後的沉思	[法] 彭加勒		
藝術即經驗	[美] 約翰·杜威		
事實、虛構和預測	[美] 納爾遜·古德曼		
數理哲學導論	[英] 羅素		
小邏輯	[德] 黑格爾	小邏輯	臺灣商務
亞里斯多德的三段論	[波蘭] 盧凱西維茨		
天象論 宇宙論	[古希臘] 亞里斯多德		

認識與謬誤	[奥]恩斯特・馬赫		
尼采（上下卷）	[德]馬丁・海德格爾		
論個人在歷史上的作用問題	[俄]普列漢諾夫		
十八世紀科學、技術和哲學史（上下）	[英]亞・沃爾夫		
哲學史講演錄（第一卷）	[德]黑格爾		
哲學史講演錄（第二卷）	[德]黑格爾		
哲學史講演錄（第三卷）	[德]黑格爾		
哲學史講演錄（第四卷）	[德]黑格爾		
邏輯學（上下卷）	[德]黑格爾		

政法類

簡體書名	作者	繁體書名	臺灣出版社
實用主義	[美]威廉・詹姆士	實用主義	立緒 劉宏信 譯
保守主義	[英]休・塞西爾		

街角社會	〔美〕威廉・富特・懷特		
論平等	〔法〕皮埃爾・勒魯		
普通法的訴訟形式	〔英〕梅特蘭		
原始分類	〔法〕艾彌爾・涂爾幹 馬塞爾・莫斯		
布朗基文選	〔法〕布朗基		
論自由	〔英〕約翰・密爾	論自由（2版）	五南文化 孟凡禮 譯
神學政治論	〔荷蘭〕斯賓諾莎		
利維坦	〔英〕霍布斯	利維坦	臺灣商務 朱敏章 譯
英國憲法	〔英〕沃爾特・白芝浩		
歐文選集（第一卷）			
歐文選集（第二卷）			
歐文選集（第三卷）			
互助論	〔俄〕克魯泡特金		
遺書（第一卷）	〔法〕讓・梅葉		
遺書（第三卷）	〔法〕讓・梅葉		
遺書（第二卷）	〔法〕讓・梅葉		
聖西門選集（第三卷）			
海軍戰略	〔美〕艾・塞・馬漢		

和諧與自由的保證	[德] 威廉・魏特林		
為平等而密謀（上卷）	[法] 菲・邦納羅蒂		
為平等而密謀（下卷）	[法] 菲・邦納羅蒂		
塞瓦蘭人的歷史	[法] 德尼・維拉斯		
論特權第三等級是什麼？	[法] 西耶斯	論特權	紅桌文化 梁家瑜 譯
社會學方法的準則	[法] E・迪爾凱姆		
論人與人之間不平等的起因和基礎	[法] 盧梭		
格雷文集	[英] 約翰・格雷		
拿破崙文選（上卷）			
拿破崙文選（下卷）			
政治正義論（全兩卷）	[英] 威廉・葛德文		
華盛頓選集	[美] 喬治・華盛頓		
權力論	[英] 伯特蘭・羅素		
雪萊政治論文選	[英] 雪萊		
民族主義	[印度] 泰戈爾	民族主義的不正當性：泰戈爾與自我的政治	行人 戰凱 譯
司法過程的性質	[美] 本傑明・卡多佐		
聖西門學說釋義	[法] 巴劄爾安凡丹羅德里格		
基督城	[德] 約翰・凡・安德里亞		

聖西門選集（第一卷）			
聖西門選集（第二卷）			
美洲三書	[英]艾德蒙·柏克		
現實的人類和理想的人類 一個貧苦罪人的福音	[德]威廉·魏特林		
為英國人民聲辯	[英]約翰·彌爾頓		
革命法制和審判	[法]羅伯斯比爾		
自然政治論	[法]霍爾巴赫		
論美國的民主（上下）	[法]托克維爾	民主在美國	左岸文化 秦修明、湯新楣、李宜培 譯
女權辯護	[英]瑪麗·沃斯通克拉夫特		
婦女的屈從地位	[英]約翰·斯圖爾特·穆勒		
論世界帝國	[意]但丁	論世界帝國	臺灣商務 朱虹 譯
薩摩亞人的成年	[美]瑪格麗特·米德	薩摩亞人的成年	遠流文化 周曉虹 譯 曾淑正 編
政府論上篇	[英]洛克	政府論次講	唐山出版社
政府論下篇	[英]洛克	政府論次講	唐山出版社

論法的精神（上下）	[法] 孟德斯鳩	論法的精神	臺灣商務
伊加利亞旅行記（第一卷）	[法] 埃蒂耶納·卡貝		
伊加利亞旅行記（第二、三卷）	[法] 埃蒂耶納·卡貝		
自然法典	[法] 摩萊里		
通過法律的社會控制	[美] 羅斯科·龐德		
法學總論	[羅馬] 查士丁尼		
國家篇 法律篇	[古羅馬] 西塞羅	論共和國	譯林出版社
法律的道德性	[美] 富勒	法律的道德性	五南文化 鄭戈 譯
人類幸福論	[英] 約翰·格雷	人類幸福論	五南文化 張草紉 譯
關於國家的哲學理論	[英] 鮑桑葵		
波斯人信劄	[法] 孟德斯鳩		
懺悔錄（第一部）	[法] 盧梭		
懺悔錄（第二部）	[法] 盧梭		
傅立葉選集（第一卷）	[法] 傅立葉		
傅立葉選集（第二卷）	[法] 傅立葉		
傅立葉選集（第三卷）	[法] 傅立葉		
太陽城	[意] 康帕內拉		
公有法典	[法] 泰·德薩米		

自然法權基礎	[德] 費希特		
溫斯坦萊文選	[英國] 溫斯坦萊		
宗教生活的基本形式	[法] 艾彌爾·涂爾幹	宗教生活的基本形式（新版）	桂冠 芮傳明、趙學元 譯
唯一者及其所有物	[德] 麥克斯·施蒂納		
勞動組織	[法] 路易·勃朗		
論實證精神	[法] 奧古斯特·孔德		
自由主義	[英] 霍布豪斯		
社會主義神髓	[日] 幸德秋水		
菊與刀	[美] 露絲·本尼迪克特	菊花與劍	桂冠 黃道琳 譯
政治學	[古希臘] 亞里斯多德		
烏有鄉消息	[英] 威廉·莫里斯		
社會靜力學	[英] 赫伯特·斯賓塞		
權威與個人	[英] 羅素		
人類婚姻史全三卷	[芬蘭] E·A·韋斯特馬克		
人口問題	[英] 亞·莫·卡爾—桑德斯		
君主論	[意] 尼科洛·馬基雅維里	君主論	臺灣商務
社會契約論	[法] 盧梭	社約論	臺灣商務 徐百齊 譯

古代法	[英]梅因		
俄國社會思想史（第一卷）	[俄]戈·瓦·普列漢諾夫		
俄國社會思想史（第二卷）	[俄]戈·瓦·普列漢諾夫		
俄國社會思想史（第三卷）	[俄]戈·瓦·普列漢諾夫		
拿破崙法典（法國民法典）			
回顧	[美]愛德華·貝拉米		
政治學：誰得到什麼？何時和如何得到？	[美]哈樂德·D·拉斯韋爾		
自殺論	[法]艾彌爾·迪爾凱姆	自殺論	五南文化 馮韻文 譯
論出版自由	[英]彌爾頓		
對勞動的迫害及其救治方案	[英]約翰·勃雷		
烏托邦	[英]湯瑪斯·莫爾	烏托邦	志文 戴鎦齡 譯
艾彌爾（上下）	[法]盧梭	艾彌爾	臺灣商務 魏肇基 譯
形而上學的國家論	[英]L·T·霍布豪斯		
祖國在危急中	[法]奧·布朗基		

代議制政府	[英] J・S・密爾		
馬布利選集	[法] 馬布利		
社會命運（全兩卷）	[法] 維克多・孔西得朗		
麵包與自由	[俄] 克魯泡特金		
潘恩選集	[英] 湯瑪斯・潘恩		
什麼是所有權	[法] 蒲魯東		
貧困的哲學（上下）	[法] 蒲魯東		
新愛洛漪絲	[法] 盧梭		
聯邦黨人文集	[美] 亞歷山大・漢密爾頓、約翰・傑伊、詹姆斯・麥迪森		
人文類型	[英] 雷蒙德・弗思		
雅典政制	[古希臘] 亞里斯多德		
法的形而上學原理	[德] 康得		
羅馬盛衰原因論	[法] 孟德斯鳩		
阿奎那政治著作選	[意] 湯瑪斯・阿奎那		
論宗教寬容	[英] 洛克		
象徵之林	[英] 維克多・特納		
社會生活中的交換與權力	[美] 彼得・M・布勞	社會生活中的交換與權力	桂冠 孫非譯 譯
緬甸高地諸政治體系	[英] 艾德蒙・R・利奇		

大洋國	[英]詹姆士・哈林頓		
一個孤獨的散步者的夢	[法]盧梭		
傑弗遜選集	[美]湯瑪斯・傑弗遜		
皮佑選集	[法]讓・雅克・皮佑		
政府片論	[英]邊沁		
政治中的人性	[英]格雷厄姆・沃拉斯		
阿贊德人的巫術、神諭和魔法	[英]E・E・埃文思－普里查德		
休謨政治論文選	[英]休謨		
林肯選集	[美]亞伯拉罕・林肯		
人和公民的自然法義務	[德]撒母耳・普芬道夫		
托克維爾回憶錄	[法]托克維爾		
笛福文選	[英]笛福		
日本官僚制研究	[日]清明		
對德意志民族的演講	[德]費希特		
法國革命論	[英]柏克		
道德與立法原理導論	[英]邊沁		
互動儀式鏈	[美]蘭德爾・柯林斯		
馬基雅維裡主義	[德]弗里德里希・邁內克		

經濟類

簡體書名	作者	繁體書名	臺灣出版社
資本主義發展論	[美]保羅・斯威齊		
家庭論	[美]加里・斯坦利・貝克爾	家庭論	立緒 王文娟 譯
政治經濟學的國民體系	[德]弗里德里希・李斯特		
最能促進人類幸福的財富分配原理的研究	[英]威廉・湯普遜		
經濟學原理下卷	[英]馬歇爾	圖解：經濟學原理（彩色）	海鴿 賈開吉 譯
關於財富的形成和分配的考察	[法]杜閣		
資本主義與自由	[美]密爾頓・弗里德曼	資本主義與自由（3版）	五南文化 謝宗林 譯
穆勒政治經濟學概述	[俄]尼・加・車爾尼雪夫斯基		
企業的性質	[美]奧利弗・E・威廉姆森、西德尼・G・溫特		
通貨原理研究	[英]湯瑪斯・圖克		
關於德國國家經濟狀況的認識	[德]卡・洛貝爾圖斯		

論決定自然利息率的原因	〔英〕約瑟夫·馬西		
佛蘭克林經濟論文選集	〔美〕佛蘭克林		
經濟科學的性質和意義	〔英〕萊昂內爾·羅賓斯		
李嘉圖著作和通信集（第一卷）	〔英〕彼羅·斯拉法 主編		
李嘉圖著作和通信集（第三卷）	〔英〕彼羅·斯拉法		
自然價值	〔奧〕弗·馮·維塞爾		
歷史方法的國民經濟學講義大綱	〔德〕威廉·羅雪爾		
政治經濟學新原理	〔瑞士〕西斯蒙第		
中世紀經濟社會史（下冊）	〔美〕湯普遜		
政治經濟學原理	〔英〕約·雷·麥克庫洛赫		
民主財政論	〔美〕詹姆斯·M·布坎南		
用商品生產商品	〔英〕斯拉法		
改造傳統農業	〔美〕希歐多爾·W·舒爾茨		
政治經濟學理論	〔英〕斯坦利·傑文茲		
制度經濟學（上冊）	〔美〕康芒斯		

制度經濟學（下冊）	[美] 康芒斯		
貨幣和資本理論的研究	[瑞典] 林達爾		
政治經濟學研究（第一卷）	[瑞士] 西斯蒙第		
政治經濟學研究（第二卷）	[瑞士] 西斯蒙第		
魁奈經濟著作選集	[法] 魁奈		
財富理論的數學原理的研究	[法] 奧古斯丹・古諾		
中世紀晚期歐洲經濟社會史	[美] 詹姆斯・W・湯普遜		
投入產出經濟學	[美] 沃西里・里昂惕夫		
金融資本	[德] 魯道夫・希法亭		
人類交換規律與人類行為準則的發展	[德] 赫爾曼・海因里希・戈森		
就業、利息和貨幣通論	[英] 約翰・梅納德・凱恩斯	就業、利息和貨幣通論（精選本）	商務
價值與資本	[英] 希克斯		
貧困與饑荒	[印度] 阿馬蒂亞・森		
經濟學原理（上卷）	[英] 馬歇爾		
法國農村史	[法] 馬克・布洛赫		

貿易論（三種）	［英］湯瑪斯·孟、尼古拉斯·巴爾本、達德利·諾思		
資本主義的法律基礎	［美］約翰·R·康芒斯		
農業志	［古羅馬］M·P·加圖		
經濟週期理論研究	［美］小羅伯特·E·盧卡斯		
羅馬帝國社會經濟史（上下）	［美］M·羅斯托夫采夫		
資本實證論	［奧］龐巴維克		
政治經濟學概論	［法］薩伊		
休謨經濟論文選	［英］大衛·休謨		
亞當·斯密關於法律、員警、歲入及軍備的演講	［英］坎南編著		
貨幣萬能	［英］雅各·范德林特		
風險、不確定性與利潤	［美］弗蘭克·H·奈特		
經濟史理論	［英］約翰·希克斯		
亞當·斯密通信集	［英］歐尼斯特·莫斯納伊恩·辛普森·羅斯編		

中世紀經濟社會史（上冊）	［美］湯普遜		
十八世紀產業革命	［法］保爾·芒圖		
論英國本土的公共福利	［英］伊莉莎白·拉蒙德 編		
配第經濟著作選集	［英］配第		
利息與價格	［瑞典］魏克賽爾		
食利者政治經濟學	［俄］尼·布哈林		
有閑階級論	［美］凡勃倫	有閑階級論	左岸文化 李華夏 譯
貨幣、信用與商業	［英］馬歇爾		
企業論	［美］凡勃倫		
經濟分析史（第一卷）	［美］約瑟夫·熊彼特	經濟分析史（三卷）	左岸文化 朱泱、孫鴻敞 譯
經濟分析史（第二卷）	［美］約瑟夫·熊彼特	經濟分析史（三卷）	左岸文化 朱泱、孫鴻敞 譯
經濟分析史（第三卷）	［美］約瑟夫·熊彼特	經濟分析史（三卷）	左岸文化 朱泱、孫鴻敞 譯
阿克洛夫、斯彭斯和斯蒂格利茨論文精選	［美］喬治·阿克洛夫 ［美］邁克爾·斯彭斯 ［美］約瑟夫·斯蒂格利茨		

經濟和諧論	[法]弗雷德里克·巴師夏		
政治經濟學要義	[英]詹姆斯·穆勒	一八四四年經濟學哲學手稿 附錄「詹姆斯·穆勒《政治經濟學原理》摘要」	暖暖書屋 李中文 譯
資本與利息	[奧]龐巴維克		
貨幣均衡論	[瑞典]米爾達爾		
財富的分配	[美]克拉克		
政治經濟學大綱	[英]西尼爾		
經濟增長理論	[英]亞瑟·路易斯		
布阿吉爾貝爾選集	[法]布阿吉爾貝爾		
經濟落後的歷史透視	[美]亞歷山大·格申克龍		
國民財富的性質和原因的研究（上卷）	[英]亞當·斯密		
國民財富的性質和原因的研究（下卷）	[英]亞當·斯密		
論財富的分配和賦稅的來源	[英]理查·鍾斯		
論降低利息和提高貨幣價值的後果	[英]約翰·洛克		
經濟史上的結構和變革	[美]道格拉斯·C·諾思		

論貨幣和貿易	[英]約翰・羅		
經濟論 雅典的收入	[古希臘]色諾芬		
科學在現代文明中的地位	[美]托爾斯坦・凡勃倫		
孤立國同農業和國民經濟的關係	[德]約翰・馮・杜能		
現代經濟學導論	[英]瓊・羅賓遜、約翰・伊特韋爾		
人口原理	[英]馬爾薩斯		
資本主義、社會主義與民主	[美]約瑟夫・熊彼特	資本主義、社會主義與民主	左岸文化 吳良健 譯
純粹經濟學要義	[法]萊昂・瓦爾拉斯		
貨幣論(上卷)	[英]凱恩斯		
貨幣論(下卷)	[英]凱恩斯		
論財富的分配	[英]喬治・拉姆賽		
論影響社會上勞動階級狀況的環境	[英]約翰・巴頓		
施蒂格勒論文精粹	[美]庫爾特・勒布、湯瑪斯・蓋爾・莫爾 編		
資本主義經濟制度	[美]奧利弗・E・威廉姆森		

政治經濟學原理（上下）	[俄]M·N·杜岡－巴拉諾夫斯基		
早期經濟思想	[美]A·E·門羅 編		
現代英國經濟史（上卷一、二分冊）	[英]克拉潘		
現代英國經濟史（中卷）	[英]克拉潘		
現代英國經濟史（下卷）	[英]克拉潘		
論農業	[古羅馬]M·T·瓦羅		
商業性質概論	[愛爾蘭]理查·坎蒂隆		
官僚體制的政治	[美]戈登·塔洛克		
各國的經濟增長	[美]西蒙·庫茲涅茨		
福利經濟學（上下）	[英]A·C·庇古		
經濟發展理論	[美]約瑟夫·熊彼特	經濟發展理論	左岸文化 何畏、易家詳 譯
進步與貧困	[英]亨利·喬治		
國民經濟學基礎	[德]瓦爾特·歐肯		
英國得自對外貿易的財富	[英]湯瑪斯·孟		
俄國工人階級狀況	[俄]恩·弗列羅夫斯基（瓦·瓦·別爾維）		

歷史類

簡體書名	作者	繁體書名	臺灣出版社
德國南部中心地原理	[德]沃爾特·克里斯塔勒		
哲學與人文地理學	[英]R·J·約翰斯頓		
法國革命史	[法]馬迪厄		
地理學與地理學家	[英]R·L·約翰斯頓		
菲力浦二世時代的地中海和地中海世界（全兩卷）	[法]費爾南·布羅代爾	地中海史（二冊）	臺灣商務 曾培耿、唐家龍 譯
區位和土地利用	[美]威廉·阿朗索		
阿古利可拉傳 日爾曼尼亞志	[古羅馬]塔西佗		
馬可波羅行紀	[法]沙海昂	馬可波羅行紀	臺灣商務 馮承鈞 譯
思想自由史	[英]J·B·伯里		
歷史著作史（上下卷全兩冊）	[美]J·W·湯普森		
哥特史	[拜占庭]約達尼斯		
伯羅奔尼薩斯戰爭史（上下）	[古希臘]修昔底德	伯羅奔尼薩斯戰爭史	臺灣商務 謝德風 譯
新史學	[美]詹姆斯·哈威·魯濱遜		

長征記	[古希臘] 色諾芬		
歷史學的理論和實際	[意] 貝奈戴托・克羅齊 [英] 道格拉斯・安斯利英譯		
比較城市化	[美] 布賴恩・貝利		
法蘭克人史	[法蘭克] 都爾教會主教葛列格里		
十六世紀的無信仰問題	[法] 呂西安・費弗爾		
羅馬史（上卷）	[古羅馬] 阿庇安		
羅馬史（下卷）	[古羅馬] 阿庇安		
羅馬帝國衰亡史（上冊）	[英] 愛德華・吉本	羅馬帝國衰亡史第一卷	聯經出版公司 席代嶽 譯
羅馬帝國衰亡史（下冊）	[英] 愛德華・吉本	羅馬帝國衰亡史第二卷	聯經出版公司 席代嶽 譯
美國文明的興起（上下）	[美] 查理斯・A・比爾德、瑪麗・R・比爾德		
喀提林陰謀朱古達戰爭	[古羅馬] 撒路斯提烏斯		
征服新西班牙信史（上下）	[西] 貝爾納爾・迪亞斯・德爾・卡斯蒂略		
蒙塔尤	[法] 埃馬紐埃爾・勒華拉杜里		

世界征服者史（上下）	［伊朗］志費尼		
新科學（上下）	［意］維柯		
十九世紀歷史學與歷史學家（上下）	［英］喬治・皮博迪・古奇		
路易十四時代	［法］伏爾泰	路易十四時代	臺灣商務 吳模信、沈懷潔、梁守鏘 譯
歷史的觀念	［英］柯林武德	歷史的觀念（精選本）	商務 何兆武、張文傑 譯
羅馬十二帝王傳	［古羅馬］蘇維托尼烏斯		
地理學中的解釋	［英］大衛・哈威		
舊制度與大革命	［法］托克維爾	舊制度與大革命	時報出版 李焰明 譯
古代的地理學	［蘇聯］波德納爾斯基編		
封建社會（上下）	［法］馬克・布洛赫		
祕魯征服史	［美］普萊斯考特		
拿破崙時代（上下）	［法］喬治・勒費弗爾		
歷史的地理樞紐	［英］哈・麥金德		
英國的家庭、性與婚姻 1500~1800	［英］勞倫斯・斯通	英國十六至十八世紀的家庭、性與婚姻（上下）	麥田出版 刁筱華 譯
法國文明史（第一卷）	［法］基佐		

法國文明史（第二卷）	[法] 基佐		
法國文明史（第三卷）	[法] 基佐		
法國文明史（第四卷）	[法] 基佐		
塔西佗歷史	[古羅馬] 塔西佗	塔西佗編年史	臺灣商務
偉大的德國農民戰爭（上下）	[德] 威廉·戚美爾曼		
法國革命史	[法] 米涅		
氣候與生命	[蘇聯] JIC·貝爾格		
地理學的性質	[美] 理查·哈特向		
歷史是什麼？	[英] E·H·卡爾		
明日的田園城市	[英] 埃比尼澤·霍華德		
地理學	[德] 阿爾夫雷德·赫特納		
工作與時日神譜	[古希臘] 赫西俄德	工作與時日神譜	臺灣商務
查理大帝傳	[法蘭克] 艾因哈德聖高爾修道院僧侶	查理大帝傳	臺灣商務 戚國淦 譯
三十年戰爭史	[德] 弗里德里希·席勒		
聖路易（上下）	[法] 雅克·勒高夫		
工業區位論	[德] 阿爾弗雷德·韋伯		

亞歷山大遠征記	[古希臘]阿里安	亞歷山大遠征記	臺灣商務 李活 譯
義大利文藝復興時期的文化	[瑞士]雅各·布克哈特	義大利文藝復興時期的文化	聯經出版公司 花亦芬 譯
內戰記	[古羅馬]凱撒	凱撒戰記	臺灣商務 任炳湘、王士俊 譯
歐洲文明史	[法]基佐		
大陸和海洋的形成	[德]阿·魏根納		
一六四〇年英國革命史	[法]F·基佐		
英吉利教會史	[英]比德		
地理學性質的透視	[美]R·哈特向		
戰爭史(上下)	[拜占庭]普洛科皮烏斯		
經濟空間秩序	[德]奧古斯特·勒施		
蒙古帝國史	[法]雷納·格魯塞		
希羅多德歷史(上下)	[古希臘]希羅多德	希羅多德歷史—希臘波斯戰爭史	臺灣商務 王以鑄 譯
論歷史上的英雄、英雄崇拜和英雄業績	[英]湯瑪斯·卡萊爾		
往年紀事	[俄]拉夫連季編		

摩奴法典	[法] 迭朗善	摩奴法典	台灣商務 迭朗善、馬香雪 譯
理論地理學	[美] 威廉・邦奇		
巴布林回憶錄	[印度] 巴布林		
人文地理學問題	[法] 阿・德芒戎		
風俗論（上冊）	[法] 伏爾泰		
風俗論（中冊）	[法] 伏爾泰		
風俗論（下冊）	[法] 伏爾泰		
兩次世界大戰之間的國際關係 1919~1939	[英] E・H・卡爾		
印卡王室述評	[祕魯] 印卡・加西拉索・德拉維加		
法國革命史	[法] 喬治・勒費弗爾	法國大革命：從革命前夕到拿破崙崛起	廣場出版 顧良、孟湄、張慧君 譯
塔西佗《編年史》（上下）	[古羅馬] 塔西佗	塔西佗《編年史》	臺灣商務
美國政治傳統及其締造者	[美] 理查・霍夫施塔特		
德國的浩劫	[德] 弗里德里希・邁內克		
草原帝國（上下）	[法] 勒內・格魯塞		
盎格魯-撒克遜編年史	[英] 壽紀瑜 譯		

萊茵河	[法]呂西安·費弗爾		
高盧戰記	[古羅馬]凱撒	高盧戰記	臺灣商務
佛羅倫斯史	[意]尼科洛·馬基雅維里	佛羅倫斯史	臺灣商務
中世紀的城市	[比利時]亨利·皮雷納		
美國憲法的經濟觀	[美]查理斯·A·比爾德		
憲章運動史	[英]R·G·甘米奇		
西印度毀滅述略	[西]巴托洛梅·德拉斯·卡薩斯		
克拉維約東使記	[西班牙]羅·哥澤萊滋·克拉維約		
琉璃宮史（全三卷）			
古代社會（上下）	[美]路易士·亨利·摩爾根	古代社會：從蒙昧·野蠻到文明	臺灣商務
史集（第一卷第一分冊）	[波斯]拉施特 主編		
史集（第一卷第二分冊）	[波斯]拉施特 主編		
史集（第二卷）	[波斯]拉施特 主編		
史集（第三卷）	[波斯]拉施特 主編		

語言類

簡體書名	作者	繁體書名	臺灣出版社
語言論	[美]布龍菲爾德		
語言	[法]約瑟夫·房德里耶斯		
普通語言學教程	[瑞士]費爾迪南·德·索緒爾		
語言分析綱要	[美]B·布洛赫、G·L·特雷傑		
語言論——言語研究導論	[美]愛德華·薩丕爾		
語法哲學	[丹麥]奧托·葉斯柏森	語法哲學	臺灣學生書局
漢語的本質和歷史	[瑞典]高本漢		
普遍唯理語法	[法]安托尼·阿爾諾、克洛德·朗斯洛		
論語言的起源	[德]J·G·赫爾德		
對人類語言結構的差異及其對人類精神發展的影響	[德]威廉·馮·洪堡特		

國家圖書館出版品預行編目 (CIP) 資料

閱讀力 / 聶震寧著 . -- 第一版 . -- 臺北市 : 樂果文化出版 :
紅螞蟻圖書發行 , 2018.7

面 ; 公分 . -- (樂生活 ; 43)
ISBN 978-986-95906-4-8(平裝)

1. 讀書法 2. 閱讀指導

019.1 107008247

樂生活 43

閱讀力

作　　者 ／ 聶震寧
總 編 輯 ／ 何南輝
行銷企劃 ／ 黃文秀
封面設計 ／ 引子設計
內頁設計 ／ 沙海潛行

出　　版 ／ 樂果文化事業有限公司
讀者服務專線 ／ (02) 2795-3656
劃撥帳號 ／ 50118837 號 樂果文化事業有限公司
印 刷 廠 ／ 卡樂彩色製版印刷有限公司
總 經 銷 ／ 紅螞蟻圖書有限公司
地　　址 ／ 台北市內湖區舊宗路二段 121 巷 19 號 (紅螞蟻資訊大樓)
電話 : (02) 2795-3656
傳真 : (02) 2795-4100

2018 年 7 月第一版 定價／ 320 元 ISBN 978-986-95906-4-8